钱塘法律评论

2021年第1卷

杭州师范大学沈钧儒法学院 主 办
於兴中 主 编
邵 劢 执行主编

知识产权出版社
全国百佳图书出版单位
—北 京—

图书在版编目（CIP）数据

钱塘法律评论. 2021 年. 第 1 卷 / 於兴中主编. —北京：知识产权出版社，2022.10
ISBN 978 - 7 - 5130 - 8285 - 3

Ⅰ. ①钱…　Ⅱ. ①於…　Ⅲ. ①法律—文集　Ⅳ. ①D9 - 53

中国版本图书馆 CIP 数据核字（2022）第 169593 号

责任编辑：薛迎春　　　**责任校对**：潘凤越
封面设计：乔智炜　　　**责任印制**：刘译文

钱塘法律评论

（2021 年第 1 卷）

杭州师范大学沈钧儒法学院　主办

於兴中　主编　邵　劭　执行主编

出版发行：知识产权出版社有限责任公司　　**网　　址**：http：//www.ipph.cn
社　　址：北京市海淀区气象路 50 号院　　**邮　　编**：100081
责编电话：010 - 82000860 转 8724　　**责编邮箱**：471451342@qq.com
发行电话：010 - 82000860 转 8101/8102　　**发行传真**：010-82000893/82005070/82000270
印　　刷：北京建宏印刷有限公司　　**经　　销**：新华书店、各大网上书店及相关专业书店
开　　本：710mm×1000mm　1/16　　**印　　张**：16.25
版　　次：2022 年 10 月第 1 版　　**印　　次**：2022 年 10 月第 1 次印刷
字　　数：282 千字　　**定　　价**：88.00 元
ISBN 978 - 7 - 5130 - 8285 - 3

《钱塘法律评论》编委会

CONTENTS 目录

Table of Contents

论“自由例外”的治理决断
——基于COVID－19期间“阿甘本命题”的思考之二

谢　晖*

摘　要　在阿甘本看来，COVID－19期间一些国家所采取的严控措施，乃是为了安全而牺牲自由的举措。按照这种观点，在目前全球应对疫情的两种主要举措——“群体免疫”（事实上的）和“封锁隔离”中，政府只能选择前者。然而，凡是选择后者的，反倒实现了“例外生存”，从而为人的自由争取到了更大的空间和条件；而凡是选择前者的，则把国民推向了一种“自由死亡”的境地。因之，在紧急状态下，究竟选择以自由优先的“自由的生命公平”，还是选择以公平和安全优先的“公平的生命自由”？这是两种完全不同的抗疫策略。后者着眼于“例外生存”，前者直通向“自由死亡”。政府的治理理性，必须以平等地确保生命安全为前提来追求自由，而不是相反。

关键词　“自由例外”　群体免疫　封锁隔离　自由的生命公平　公平的生命自由

一、弁　言

在《论“例外生存”的治理决断——基于COVID－19期间“阿甘本命题”的思考之一》[1]一文中，笔者针对阿甘本对疫情治理的态度以及疫情所导致的对例外状态的警惕，提出了“阿甘本命题”。这一命题的核心，用阿甘本的话来说，就是例外状态将导致人们“生活在一个为了所谓的‘安全理性’而牺牲自由的社会里，并且将被迫永远生活在恐惧和不安状态中”[2]。其实，由“阿甘本命题”所引出的，

＊ 谢晖，广州大学人权研究院教授，主要研究方向：法政哲学、民间法与法律方法。

〔1〕 该文发表于《法治社会》2021年第2期。

〔2〕［意］吉奥乔·阿甘本：《阿甘本再论疫情》，岛夷译，微信公众号“乌尔姆之夜”，最后访问日期：2020年3月29日。

不仅是“例外生存”及其治理决断问题，而且涉及“自由死亡”——它是指为了自由，人们面对疫情义无反顾，奔向自由，从而也可能与平时相较，更容易奔向“自由的死亡”（即便死亡是人的必然归宿，人们也要“面死而生”——经由生的通道坦然面对死亡，重新认识生命，而不是莽撞地罔顾生命，甚至丢弃生命而直接赴死）。

如果说“例外生存”乃是在例外状态下人们寻求最大的生命安全，从而退一步、进两步地寻求人类更大的自由的话，那么，“自由例外”就是这一“例外生存”的必要条件。这表明：所谓例外状态，突出地表现为“自由例外”，相应地表现为“权力例外”。所谓“自由例外”，乃是指在例外状态下，人们的自由，以及表达自由的形式规范——权利受到了自我的或者权力的克减，从而日常状态下的某些权利及自由，成为例外状态下的义务和秩序——日常状态下，人们不需要戴口罩，但在例外状态下，戴口罩就成为必要。所谓“权力例外”，则是和日常状态下的权力相较，例外状态的权力范围明显扩张，力度明显增强，从而出现由权力主导的国家治理格局。其他社会主体对社会治理的参与，在很大程度上只是配合强大的权力之作为。如上两个方面，正是阿甘本特别担心之所在：

> 这场流行病明白无疑地表明，过去政府在个别时候让我们适应的例外状态已经真正地成为一种常态。过去曾经有过更加严重的流行病，但是从未有像现在这个一样能够被作为宣布紧急状态的原因，限制我们的流动。人们如此习惯于生活在永久的危机和永久的紧急状态中，以至于他们甚至没有注意到他们的生命已经被限制在完全的生物的状态，不仅失去了所有社会和政治的维度，更失去了人性和情感。一个处于永久的紧急状态的社会不可能是一个自由的社会。我们实际上生活在一个为了所谓的“安全的原因”而牺牲了自由的社会中，并因此使自己陷于永久的恐惧和不安全的状态。[3]

尽管阿甘本的担心不无道理，但就此次 COVID－19 而言，其有些说法却言过其实。事实业已证明，被阿甘本所诟病的那些治理举措，恰恰是透过对人们权利和自由的依法克减，对政府权力和治理权限的依法扩大和强化，从而保障生命安全，进而实现更大的自由之必要举措。所以，前述“自由例外”与“权

---

〔3〕《阿甘本对自己关于新冠病毒言论的澄清》，Constantius 译，“知乎”，https：//zhuanlan.zhihu.com/p/142161204，最后访问日期：2020年8月5日。

力例外”，在实质上乃是紧急状态法的必然要求。然而，问题是在阿甘本的笔下，紧急（例外）状态乃是对日常法律的一种打断和悬置状态[4]。因此，它不但不应被扩大适用范围及作用，而且应当被限制甚至避免。哪怕在 COVID－19 这样的紧迫、危害全人类安全和健康的疫情面前，治理也应循着开放的自由原则（本文称之为“自由的生命安全”），而不是遵循封闭的安全原则（本文称之为“公平的生命自由”）。那么，阿甘本的这种策略在实践中的结果是什么？事实证明，它只能是一种开放“自由死亡”的策略。面对这种“自由死亡”，治理者果真能听之任之吗？可供治理者选择的方案究竟有哪些？何种方案可能会是最佳方案？“自由例外”是抛弃自由，还是通过挽救生命安全而拯救自由？笔者将围绕这这些问题，并结合“阿甘本命题”进一步加以探讨。

二、“自由死亡”及其治理风险

截至 2020 年 9 月上旬，持续近 8 个月的 COVID－19 疫情，全球确诊患者已超过 2700 万人[5]。无论从病毒的传播范围、感染强度、确诊患者还是从罹难人数来看，其都是自第二次世界大战以来最严重的瘟疫。由此所引发的重大学术论争、文化论争、道德论争、政策论争、制度论争、法律论争[6]，都是前所未有的。固然，

---

[4] “……必要状态（status necessitatis），以例外状态与革命这两种形式，显现为一个暧昧而不确定的地带：其中超法律或反法律的事实性程序过渡为法，而法规范与单纯事实之间亦彼此混淆——也就是说，作为一个其间事实与法仿佛变得无法决定的门槛。如果，在例外状态中事实被转化为法的论点已经被有效地提出……那么相反的论点也可以成立，亦即一个逆向的运动在例外状态中作用着，使得法在事实之中被悬置和涂销。无论如何，关键都在于一个无可决定性的门槛被创造了出来，其间事实（*factum*）与法（*ius*）相互隐没到对方之中。”［意］吉奥乔·阿甘本：《例外状态 〈神圣之人〉二之一》，薛熙平译，西北大学出版 2015 年版，第 40 页。

[5] 《全球新冠病毒最新实时疫情地图》，微信公众号“丁香医生”，https：//ncov. dxy. cn/ncovh5/view/pneumonia，最后访问日期：2020 年 9 月 7 日。

[6] 严格说来，以上论争中皆有学术论争部分，也存在政治论争部分，其中前三者更重学术论争。如围绕阿甘本之于疫情对策的批判在世界各地展开的学术讨论，参见王悦：《因为疫情，欧洲哲学家们吵翻了！》，腾讯网，https：//new. qq. com/rain/a/20200331A0 MAZS00。围绕韩炳哲有关儒家文化更能有效应对病毒的观点，参见［德］韩炳哲：《为什么东亚对疫情的控制比欧洲有效?》，苏子滢译，腾讯网，https：//new. qq. com/omn/20200325/20200325A0CH7N00. html；我国学者张生所做出的反驳参见张生：《与韩炳哲商榷：儒家文化真的从新冠中拯救了东亚吗?》，澎湃新闻，https：//www. thepaper. cn/newsDetail_ forward_ 6695421，最后访问日期：2020 年 3 月 26 日。

这一方面是因为现代资讯的发达，只要有不同的声音发出，就会迅速传遍全球，引起人们关注并讨论，但另一方面，更在于此次疫情实在事关重大，影响巨大。其中，在纯粹学术领域的争论中，关键词是要管制的安全还是要放开的自由，并因之在政府层面有完全不同的应对。其结果要么是“例外生存”，要么是“自由死亡”——尽管“自由”未必一定死亡，但在 COVID－19 面前，自由主体却面临着极大的死亡风险。下文只论述后者。

（一）若为自由故，一切皆可抛？

疫情之初，当世界卫生组织再三警告人们要尽量避免大规模集会或聚会，美国其他地方已经发生严重疫情传播的情况下，在佛罗里达的迈阿密海滩，人们还是发起了一场“甜蜜”的冬季派对活动。一位青年男子曾豪爽地、义无反顾地向世人宣布：“即使我得了新冠，我得了新冠到了最后一刻，我也不会让病毒阻碍我去派对”〔7〕，结果是参加派对的一些人真的为此付出了生命的代价。这种对自由的极度热爱，以及客观上对病毒侵扰的无所畏惧〔8〕，自然令人钦佩，但其导致的对健康和生命的听之任之，毕竟不是一个通过慷慨激昂的表态就能轻松言说的话题。

毫无疑问，自由确实是人类所创造的最伟大的字眼。所以，当美国人帕特里克·亨利 1775 年在一次演讲中提出“Give me liberty or give me death”这一响亮口号以来，它的理念已经传遍世界，成为热爱和追求自由的人们所共持的理念。在中国，当梁启超将帕特里克这句名言翻译为“不自由，毋宁死”时，也获得了无数仁人志士的赞美和追求。其后，匈牙利诗人裴多菲的那首诗，被柔石以优美、传神的文字——“生命诚可贵，爱情价更高，若为自由故，两者皆可抛”——翻译到中土，其更是在这个东方古国，促进了人们对自由和死亡关系的重新打量和审视。自由在人们生存、交往和生活中越来越重要，乃至形成一种理论的假设和虚构——生命即自由。

自然，以自由来定义生命，并无不可，这甚至是近代以来西方主流意识形

〔7〕 Al Arabiya English，“If I get corona，I get corona：Miami Spring-breaker Issues Apology over Viral Comments”，*Youtube*（Mar. 25，2020），https：//www. youtube. com/watch? v = Zy4JX7qlGa8.

〔8〕 据新浪微博报道，在美国“亚拉巴马州，有大学生举办‘新冠派对’，称谁先感染可赢钱，派对组织者还特意邀请那些新冠病毒检测呈阳性的客人”。

态、价值观念的基本“政治正确”，对于文化史上并不特别关注自由的东方世界而言，这一定义标准的传播，对冲决既有文化形态、价值观念和秩序模式之罗网，以自由之因子加工、改造并重新结构其文化理念、价值选择以及生命观照的意义，无论怎么评估都不为过。但以自由定义生命时的以偏概全，也不应被我们所忽略，毕竟自由在人类价值系统中，只是其中一个方面。尽管它是最为重要的方面之一，但并不是唯一重要的，更不能对人类生活——交往的其他价值越俎代庖。所以，当以自由为核心理念的形形色色的“人权宣言”风靡全球，并因此带来不少明显的社会问题和治理难题时，主要由各国著名政治家组建的非官方组织“国际行动理事会”起草了一份影响甚大的宣言——《世界人类责任宣言》。起草该宣言的根据之一就是：片面坚持权利可产生冲突、分裂及无止境的争执，而忽视人类责任则可导致法纪荡然、秩序混乱。[9]

尽管起草该宣言的另一根据，是为了“不可剥夺的权利”和建立“世界自由、公正、和平的基础”，从而自由及权利是该宣言的题中应有之义，但通观该宣言，其明显在寻求一种“公平的自由”，而不是“自由的公平”。长期以来，人类自由的制度实践及其理论根据，乃是以“自由”的公平为奠基的，因此，“权利至上（本位）”就是其基本手段，“自由至上（本位）”就是其基本目的。这种“自由的公平”，由于是对古典社会盛行已久的教权奴役、政权压迫和特权欺凌的反制和反抗，获得了人类广泛的青睐以及制度的支持。但值得反思的是，这一举措，在“矫枉”的同时，也嫌“过正”。它坚持个体自由、自治和自主的合理性，但较少考虑个体先天和后天的巨大差异；它强调“自由的公平”所带来的巨大效益，但忽略了普遍存在的“自由的不公平”（贫富差距、种族差异、信仰差别等）；它笃信精神自由的至上意义，但轻视物质保障和精神自由的互为前提性——一个饥肠辘辘、衣不蔽体、朝不保夕的人，在精神上如何可能是真正自由的？

显然，“自由的公平”（“自由的生命”）遇到了瓶颈，必须寻求有效的救济机制予以拓宽。这一机制就是“公平的自由”（“生命的自由”）。在字面意义上，“公平的自由”指向公平优先于自由，但在事实上，它强调的是经由公平而

---

〔9〕 国际行动理事会：《世界人类责任宣言》，https：//www. interactioncouncil. org/sites/default/files/Chinese%20simplified. pdf，最后访问日期：2020 年 9 月 7 日。

保障自由。它不仅指向有能力、有实力、有权力者的自由，而且指向能力不足、实力不够、权力有限者的自由。因之，如果说“自由的公平”在实然层面呈现为“特殊自由”的话，那么，“公平的自由”却追求应然层面的“普遍自由”。在 COVID－19 这种来势汹汹，传染面广、危害度大的疫情面前，当此种紧急状态打断、悬置了常态生活和常态秩序时，即当自由与生存不可得兼时，人们究竟要选择何种自由？要选择“若为自由故，二者皆可抛”的“大义凛然”，还是选择“保全生命，以图自由”的“苟且偷生”？这确实是一个重大的权衡。这种权衡中隐藏的就是“自由的公平”（“自由的生命”）和“公平的自由”（“生命的自由”）之关系问题。严格说来，处理相关的关系并非多么复杂的事，其核心是应当分清楚“私人处理”还是“公共（政府）处理”。

私人处理涉及不可得兼的两难问题，个人完全可以在“大义凛然”和“苟且偷生”之间，在自由赴死和保全生命之间，在“自由的生命”和“生命的自由”之间自由地、任意地抉择，从而私人自由的空间具有明显的敞开性。这是因为私人对其自由、生命以及其他价值具有选择性。但在公共领域，特别是在政府直接出面组织、构造和治理的公共领域，它不可能永远地抛开统治，反而还会不可避免地保有“统治”属性。这诚如哈贝马斯所言：

> 公共领域本身在原则上是反对一切统治的，但是，在公共性原则的帮助下，却建立起了一种政治制度，其社会基础并没有消灭统治。[10]

可见，即便在公共性原则下，以政府为核心的政治制度，其基本功能就是统治。但凡统治，都有其最基本的前提，那便是统治对象——人或公民的存在。所以，即便是再专断残暴的制度，政府出面对公共事务（社会）进行管理时，也不能放任生命的自由牺牲，而必须设法保全生命、保障生命，以避免其统治出现“皮之不存、毛将焉附”的现象[11]。所以，政府在 COVID－19 这样的疫情面前，究竟放任“自由的生命”，还是坚守“生命的自由”，似乎是不言自明的。公民一般也不会过于拒绝这种统治，因为他们知道，拒绝来自政府的

---

〔10〕［德］哈贝马斯：《公共领域的结构转型》，曹卫东等译，学林出版社 1999 年版，第 97 页。

〔11〕例如，人们在殷墟墓葬中随处可见一个嗜杀成性、令人毛骨悚然的朝代，但所祭杀者，多为战俘，而非本邦人。参见唐际根：《一个王朝的背影：殷墟》，科学出版社 2009 年版，第 149—166 页。

强有力的且事实上对保障生命自由有益、有效的举措，就意味着情愿看到像黑死病这样历史上的大疫情，夺去千百万人的生命。这恐怕即便是“阿甘本们”同意，其他人也一定不会同意的事体。然而，正如世人所看到的那样，在应对肆虐的COVID－19时，世界各国采取了完全不同的策略。其中最有对勘意义的是人们耳熟能详的“全民免疫策略”和“封城隔离策略”。因此，以这两种策略及其后果作为分析对象，是理解“自由死亡”及其风险的重要捷径。

（二）群体免疫——“自由的生命”?

自从COVID－19疫情在西方世界大规模暴发以来，“群体免疫”已经广为人知，如何理解之？“百度百科”根据郭何生主编的《农业大词典》这样解释：

> 群体免疫（herd immunity，group immunity），是指人群或牲畜群体对传染的抵抗力。群体免疫水平高，表示群体中对传染具有抵抗力的动物百分比高。因为，疾病发生流行的可能性不仅取决于动物群体中有抵抗力的个体数，而且与动物群体中个体间接触的频率有关。如果群体中有70%—80%的动物有抵抗力，就不会发生大规模的暴发流行。[12]

2020年3月13日，英国科学家、英国政府首席科学顾问帕特里克·瓦兰斯在CVOID－19于英国大流行之际，提出了一个面对病毒，让英国国民得以免疫的论断，即让60%的英国国民感染病毒。一般认为，这一论述是配合首相鲍里斯有关抗疫进入迟延阶段的一个主张。这一主张甫一提出，就引致英国229位科学家和超10万民众的强烈反对[13]。该主张被人们以讹传讹地普遍表述为“全民免疫”。尽管瓦兰斯本人之后对此做了辟谣，并进而阐述了其提出“群体免疫”的前提条件，即病情无药可救、无法控制：

---

〔12〕“群体免疫”的释义参见百度百科，https：//baike. baidu. com/item/% E7% BE% A4% E4%BD%93% E5%85%8D% E7%96% AB/22504754? fr＝aladdin，最后访问日期：2020年7月31日。

〔13〕《群体免疫遭炮轰！英国229位科学家联名反对 超10万人请愿积极行动》，百家号，2020年3月16日，https：//baijiahao. baidu. com/s? id＝1661300891096526635&wfr＝spider&for＝pc，最后访问日期：2020年7月31日。

> 不错，我们曾经论述过“群体免疫”。但是我是说，那是在未来，如果有事实证明，新冠病毒在全世界无药可医，无法控制，修炼成精了——“这种病毒很可能会变成季节性流感般的存在，每年都会再次出现”，然后我们才会采取“群体免疫”。[14]

尽管“始作俑者”对“群体免疫”设定了这么多条件，但一方面，即使在英国国内，人们把这一主张当作一种实际措施，所以，才有不少科学家公开反对[15]。另一方面，或许由于COVID－19疫情出乎人们意料地广泛传播已严重危及人民健康和经济发展，不少国家的政府在应对疫情和恢复经济之间摇摆不定，左支右绌，甚至在事实上把战胜疫情寄望于“群体免疫”上。始作俑者英国，可谓在欧洲列国中抗疫最为不力者，而美国、巴西两国的总统，一直以来并不把抗疫作为顶顶重要的事——尽管没有资料明确显示其在政府层面推行“群体免疫”的路线，但事实上，其推行的就是这一路线，对美国的此种抗疫路线，已经有人论及[16]。在印度，虽然疫情初期，政府也能严阵以待，封城、隔离种种措施都曾用过，但由于疫情的迅速蔓延以及政府管理手段的不尽人意，终然放弃这种对抗疫情的方式。据报道，由于在“Chembur、Matunga和Dahisar这三个孟买贫民窟地区接受测试的人群中，有57%的人曾暴露于新冠病毒当中（即感染过新冠病毒）”[17]以及新德里1/5的人有了抗体，印度一些专家建议“应开放学校，快速实现群体免疫”[18]。与此同时，印度卫生部

[14] 《英国“群体免疫力”的真相是什么？这个医学概念，并非洪水猛兽》，搜狐网，2020年3月30日，https：//www. sohu. com/a/384258319_ 100030950，最后访问日期：2020年7月30日。

[15] 参见《英国科学家反对“群体免疫”政策》，半岛电视台媒体网络版，https：//chinese. aljazeera. net/news/2020/3/17/british-scientists-reject-herd-immunity-policies，最后访问日期：2020年7月31日。

[16] 参见《美国正在从最初的反对“群体免疫”，走向了事实上的“群体免疫”》，半岛电视台媒体网络版，https：//baijiahao. baidu. com/s？ id＝1664996760419645763&wfr＝spider&for＝pc，最后访问日期：2020年7月31日。

[17] 《惊人发现：印度孟买贫民窟率先“群体免疫”?!》，百家号，https：//baijiahao. baidu. com/s？ id＝1673624375043086184&wfr＝spider&for＝pc，最后访问日期：2020年7月31日。

[18] 玖玖等：《印度走向群体免疫？印专家建议：应开放学校，快速实现群体免疫》，百家号，https：//baijiahao. baidu. com/s？ id＝1673720354570977489&wfr＝spider&for＝pc，最后访问日期：2020年7月31日。

则唱反调：“群体免疫在印度不可取，遵守防疫规范是唯一可行方法。”[19] 除上述三国之外，瑞典更是公开实行“群体免疫”，成为全球首个“达成群体免疫”的国家。

可见，无论人们对“群体免疫”作何种前提预设，也无论人们在“群体免疫”策略上如何遮遮掩掩，事实上，已然存在一些主张并或明或暗地推行“群体免疫”的国家。但问题是在这些国家，是否如其主张者和推行者设想的那样，实现了理想的“自由的生命”？据报道，第一个在政府层面公开主张并推行“群体免疫”的国家瑞典，其政策举措虽然得到了世界卫生组织及西方一些国家的肯定[20]，但事实是，其因 COVID－19 而死亡的人数居高不下，截至 2020 年 4 月中旬，其死亡率惊人地达到 9%[21]；而到 6 月中旬时，其获得抗体的民众只有 6%[22]。大概正是基于这种事实，连在瑞典首倡实行“群体免疫”的专家也深表悔意[23]。

而被人们广泛关注的如今罹患 COVID－19 人数最多的三个国家美国、巴西、印度，以及最早动议“群体免疫”的英国，截至 2020 年 9 月 5 日，前三者确诊人数位居全球前三，分别超过或接近 640 万、410.2 万和 410.1 万。其罹难人数也分别位居全球前三位，分别为 19.2 万、12.6 万和 7 万（仅在此一个月之前，印度的罹难人数还排在墨西哥和英国之后）。至于英国，尽管患者人数相对较

---

〔19〕 高琳琳：《印度卫生部：群体免疫在印度不可取遵守防疫规范是唯一可行方法》，中国日报， http：//world. chinadaily. com. cn/a/202007/31/WS5f239052a310a859d09db 45 d. html? from =timeline，最后访问日期：2020 年 7 月 31 日。

〔20〕 参见历史文武君：《瑞典群体免疫得到世卫点赞和西方国家认同，那是成功还是失败了?》，百家号，https：//baijiahao. baidu. com/s? id =1668309910309548524&wfr =spi der&for = pc，最后访问日期：2020 年 7 月 31 日。

〔21〕 参见《瑞典采取“三不战略”，靠“群体免疫”对抗疫情》，新浪视频，https：//video. sina. com. cn/p/news/2020-04-16/detail-iirczymi6639660. d. html，最后访问日期：2020 年 7 月 31 日。

〔22〕 “Around 6% in Sweden Have Developed COVID－19 Antibodies-Swedish Health Agency”，*Reuters*（Jun. 18，2020），https：//www. reuters. com/article/health-coronavirus-sweden-immunity/around-6-in-sweden-have-developed-covid-19-antibodies-swedish-health-agency-idUSL8N2DV3N2.

〔23〕 Rafaela Lindeberg，“Man Behind Sweden's Controversial Virus Strategy Admits Mistakes”，*Bloomberg*（Jun. 3，2020），https：//www. bloomberg. com/news/articles/2020-06-03/man-behind-sweden-s-virus-strategy-says-he-got-some-things-wrong.

少，有 34.4 万，但罹难人数超过 4.1 万[24]。如上冷冰冰的数字表明，如果没有强有力的法律管控措施，那么，依靠“群体免疫”以实现“自由的生命”这种“美好”的追求，事实上正在面临严峻的考验。这也导致我们尽管不情愿看到，但确实在这些国家发生的严重的，甚至是前所未有的混乱。这尤以世界国民自由的“典范”——美国为甚。这种混乱的实质，是为了追求“自由的生命”，反而导致了无数生命的“自由死亡”。对此，美国国家疾控中心前代理主任理查德·贝瑟提出了严肃的批评：

> 我们是世界上最富有的国家，我们看到世界上许多国家已经采取了措施，让疫情处于控制之中，但我们却相差甚远。那些认为我们应该对现状和措施感到满意，无所作为坐等疫苗问世，或者认为疾病传播到达一定程度就会自行消失的想法是完全无法接受的。[25]

在此情此景下，强化通过法律的治理甚至统治，是政府应对疫情的必要举措，因为两害相权取其轻，没有一个国家——无论是民治国家，还是专权国家——期望在疫情面前，其国民死亡越多越好。反之，如何真正保障国民的生命安全，是政治家必须优先考量的问题，只要经济能够支撑人们不至于饿毙，那么，当生命安全与物质生产不可得兼时，生命安全优先于物质生产，就是最基本的价值排列。这似乎是一个无须特别论证的话题。更进一步的问题是：在如此严峻的疫情面前，究竟何种策略有利于在更大程度上确保人们的生命安全，并以之为基础，实现“生命的自由”和经济的发展齐头并进？上文已经道出了以“自由的生命”为价值取向的“群体免疫”所致的尴尬。下文笔者将在此基础上，进一步透过对抗击疫情的另一种策略——“封锁隔离”的检讨，比较说明在严峻疫情这种例外状态下，究竟何种举措更有利于保障生命自由。

（三）“封锁隔离”——“生命的自由”

自从 COVID－19 在我国武汉暴发以来，湖北省政府的“封城令”，创造了

---

〔24〕 参见《新型冠状病毒肺炎疫情实时追踪》，腾讯新闻，https：//news. qq. com/zt2020/page/feiyan. htm#/global，最后访问日期：2020 年 7 月 31 日。

〔25〕《五位美国疾控中心前主任齐发声，批评政府抗疫不力》，百家号，https：//baijiahao. baidu. com/s? id＝1674436419442488926&wfr＝spider&for＝pc，最后访问日期：2020 年 7 月 31 日。

“封城”的抗疫模式。效法此种模式，意大利等国有“封国令”、韩国有“社交距离令”，还有一些国家有“居家隔离令”“口罩令”等，因此，下文中笔者以“封锁隔离”模式来概括之。

“封锁隔离”模式，可以说从宏观到微观，国家把例外状态时期的社会治理和控制方式，深入到社会的方方面面——既涉及大规模的社会整体性控制，也涉及个人生活细节的控制。如果说“封国”是在宏观的国际关系层面严格控制人员的自由交流、自由流动，“封城”是在中观的国内不同区域关系层面严格控制，甚至禁止公民之间自由交流、自由流动的话，那么，“居家令”“禁止（限制）社交令”以及“社交距离令”则是在中观的家庭关系、公民社会交往关系层面严格“筑墙”。至于“口罩令”，则是在微观层面规定了社区内每一个个体在例外状态下的生活方式。用“封锁隔离”来总结这一模式，更能够尽量周全地概括疫情期间各国的相关举措。

众所周知，这一模式在全球范围内引起了巨大的争议，甚至因为文化的巨大差异而引起了族际关系、国际关系的巨大波动，当然也带来了文化内部的巨大变化。人们不会忘记，在欧美世界因为亚裔戴口罩而发生的令人不快的“种族—文化歧视”，但不无吊诡的是，那位曾经对人们戴口罩嗤之以鼻的执拗的美国领导人，在病毒肆虐的现实面前不得不低头，自己在特定场合也会别扭地戴上口罩——毕竟形势比人强〔26〕。人们也不会忘记，那位在澳洲已经生活惯了的华人，因为违反疫情期间中国行之有效的“居家令”和“口罩令”而被举报，被遣返澳洲，并因此丧失了其中意的工作〔27〕！显然，这样一种在现代社会罕见的高强度的社会控制，都基于一种客观事实——COVID-19 疫情引致的紧急状态。正是这种紧急状态，使得禁止性规范的适用范围更为扩大和深入。按照阿甘本一直坚持的立场，这似乎是一种合法性丧失的表现。他曾这样指出：

---

〔26〕《特朗普一反常态戴上口罩，真的是他觉悟了吗？都是选票“逼”的》，网易新闻，https：//3g.163.com/news/article/FIT4GIDV053178UK.html，最后访问日期：2020 年 7 月 31 日。

〔27〕孔令晗、付垚：《澳籍华人返京后不戴口罩外出跑步 拜耳回应：系本公司员工，已辞退》，东方网，http：//news.eastday.com/eastday/13news/auto/news/society/20200318/u7ai9164693.html，最后访问日期：2020 年 7 月 31 日。

> 世界政府所持续公布的种种危机——永久的例外状态和紧急状态——事实上是教会对末日审判的不断推迟的一种世俗化的戏仿。随着有关法律和时间之极点的弥赛亚经验黯然失色，法律的一种前所未有的过度膨胀到来了：它打着把一切合法化的幌子，通过法制的过度，背叛了它的合法性。〔28〕

那么，应对COVID－19疫情的如上种种强化法律控制的举措，果真如阿甘本所说的那样，“背叛了它的合法性”吗？首先应说明，前引阿甘本的言论，不是其针对此次疫情的专门论述，而是其对现代法律膨胀的一般论述；但同时需说明，自从COVID－19疫情在意大利大规模暴发，当局依法采取强有力的隔离控制措施以来，阿甘本正是运用其一以贯之的理念，对相关隔离举措予以无情鞭挞和批评。因此，把他的这一观点置诸抗击COVID－19疫情以分析相关举措的合法性，不但不会产生“秦琼战关公”之类的轩轾，反而更能拉长镜头，深刻照见和洞察阿甘本及相关主张，也更能帮助我们分析相关问题。

不难发现，自表象看，阿甘本的上述言论很像我们身边正在发生的事实，所谓“抗疫常态化”的说法〔29〕，在一定意义上，就是人们把例外状态和紧急状态“永久化”，从而把政府的强力治理、控制和统治“永久化”。诚然，如果这种“常态化”举措缺乏事实之根据或必要性，也就背叛了其合法性。反之，如果其依然具有事实根据或必要性，那么，其自然具有合法性。在这方面，谭德赛于2020年6月22日和7月31日代表世界卫生组织的发言，或许能帮助人们认知相关举措的事实根据和必要性。在这两个场合，他都强调“新冠肺炎疫情的影响将持续数十年”；“各国必须学会和新冠疫情并存”〔30〕。固然，世界卫生组织的说法，也只是一种预测，但问题是哪种涉及全方位治理的举措，不是对预测的回应呢？“凡事预则立，不预则废”，国家的治理不依赖预测，法律的举

〔28〕［意］吉奥乔·阿甘本：《论友爱》，刘耀辉等译，北京大学出版社2017年版，第58页。

〔29〕参见《抗疫常态化，中国社会心理需更强大》，载《环球时报》2020年6月16日，第14版。

〔30〕参见《谭德赛：新冠大流行仍在加速，影响将持续数十年》，健康界，https：//www.cn-healthcare.com/article/20200623/content-538444.html，最后访问日期：2020年7月31日；《谭德赛：新冠肺炎疫情影响将持续数十年》，新华网，http：//m.xinhuanet.com/video/2020-08/01/c_1210730356.html，最后访问日期：2020年7月31日。

措不借助预测，那还能借助什么呢？正是出于这种考量，笔者并不赞同阿甘本上述断言对目前通过“封锁隔离”模式应对 COVID－19 的举措具有什么适切性。毋宁说，这种看似不无专断的举措在紧急状态下，更具有明显的合法性。这就不能不涉及相关举措对“生命的自由”之追求。

我们知道，“封锁隔离”的抗疫模式，其目的是阻却病毒因为人群聚集而快速传播，从而消除或减少病毒对人类可能造成的更大危害，进而最大限度地保障生命的健康和安全。那么，此种举措，能否达致这一目的？

对此，人们只要不抱偏见，再回顾一下中国、韩国、新加坡等疫情最早暴发的国家，在全球尚没有任何抗疫经验时严格的隔离控制措施，以及通过严格的、大规模的流行病学调查而做的隔离观察和筛检等举措，就能够发现：这些举措既较为成功地控制了疫情的蔓延，挽救和保护受到疫情严重威胁的公民的生命和健康安全；也因为对生命的保障，树立起全体国民面对疫情、战胜疫情的坚定信心，保障公民在面对疫情时的镇定自若和精诚团结；还力所能及地恢复了生产，挽回了经济的损失。截至 2020 年 9 月 5 日，中国作为世界人口第一大国，也是疫情第一个大规模暴发的国家，且其医疗基础设施和技术手段远不及欧美发达国家，其累计确诊病例为 90517 例（含港澳台地区），大体上是美国确诊病例的 1/71，巴西和印度确诊病例的 1/45。中国累计罹难人数 4735 例，大体是美国罹难人数的 1/40，巴西罹难人数的 1/27，印度罹难人数的 1/15。由于在人口基数、医疗水平上，这些国家存在不少差异，其中美国、巴西之人口数量远低于中国，而美国的医疗水平远高于中国，中国所取得的抗疫成果，无论如何，是所有关爱生命、奉行生命至上的政府和公民，都不能无视的。韩国、新加坡、卡塔尔、尼泊尔等国的抗疫举措，在保障公民生命安全方面，都可圈可点。

上述事实表明，与“群体免疫”的抗疫策略相较，“封锁隔离”的抗疫策略在保障生命安全方面确实具有明显的优势。后者事实上奉行的是生命较之自由优先的价值，以“生命的自由”为目的，其结果与预期大体合辙，实现了“留得生命在，不怕没自由”的实际效果。同时，它也表明，冒着“自由死亡”的风险去追求一劳永逸的所谓“群体免疫”，不可预知的代价实在太大，也太盲目。前者奉行自由优先的价值，并以“自由的生命”相号召，但其结果已然造成骇人听闻的生命之“自由死亡”[31]。回过头来再探究所谓“自由死亡”——面对近乎放任的“群体免疫”所导致的“自由死亡”，究竟谁“优先”去“自由死亡”？

(四)“自由死亡”，谁“优先死亡”？

疫情至今仍然于全球肆虐，防疫抗疫形势仍然吃紧，因此罹难的人数仍在增长。而罹难人数较多甚至最多的国家，反而是那些无论社会经济发展，还是医疗条件和水平都明显具有全球领先性的国家，特别是美、英、意、西、法等国家，其是世所公认的经济发达、医疗基础设施齐备的国家。但令人感到遗憾的是，恰恰是这些国家，因疫情而毙命的人数名列全球前茅。英国一些科学家针对其本国的情况进行了“清算”，他们——

> 指责鲍里斯·约翰逊政府及其顾问团队犯了两个致命错误：其一是不了解英国的疫情走势；其二是他们认为如果过早进行地区封锁，将会使公众感到疲劳。[32]

尽管这一检讨代表了反思抗议策略的一个方向，但如果对疫情暴发以来，在显性或隐性的“群体免疫”策略下，究竟哪些人无可奈何地走向了“自由死亡”之路这一问题予以检讨和反思，可能会补充上述检讨的不足。此次疫情中的罹难者有三个明显的特征：一是在年龄上，老年人罹难者的比例远高于年轻人；二是在社会身份上，穷人罹难者的比例远高于富人；三是在种族上（以美国为例），有色人种（特别是黑人）罹难者远高于白人。关于年龄特征，在疫情的前期，美国有一份报道（截至 2020 年 3 月 19 日）：

> 85 岁以上的患者死亡率最高，介于 10%—27%，其次是 65—84 岁的患者，死亡率为 3%—11%，55—64 岁的患者死亡率为 1%—3%，20—54

[31] 以美国为例，COVID-19 已然造成其 19 万人的罹难。这个数字是二战以来美国在其参加的所有战争中罹难人数的近 2 倍。在美国因 COVID-19 罹难人数达到 10 万时，美媒就哀叹：“10 万是一个令人悲伤的里程碑”；“这一‘几个月前还无法想象的数字’超过了二战结束后，美国在历次军事行动中死亡人数的总和……”参见《美国新冠肺炎死亡人数超 10 万，美媒感慨：一个令人悲伤的里程碑》，百家号，https://baijiahao.baidu.com/s?id=1668126056609164653&wfr=spider&for=pc，最后访问日期：2020 年 9 月 5 日。

[32] 《英国专家：英政府犯下致命错误导致死亡人数欧洲最多》，网易新闻，http://news.163.com/20/0730/19/FIQBU6TD00018AOR.html，最后访问日期：2020 年 7 月 31 日。

> 岁的患者死亡率小于 1%，没有 19 岁以下的死亡病例。[33]

而在穷人和富人之间，有报道称英美因新冠肺炎罹难者中，穷人是富人的 2 倍[34]。

至于在种族之间，有一份针对美国的统计：

> 黑人的死亡风险是最高的，每 10 万人里面有 15. 4 个人死于新冠肺炎；拉美族裔为 10. 06%，亚裔 10. 01%，白人只有 9. 4%。[35]

我们暂且抛开这些冰冷的统计数据，透过这种现象追究其背后的问题：在人们对“自由的生命”之追寻中，老年人、穷人、有色人种就该“自由死亡”吗？

诚然，老年人的生命进程在自然意义上与死亡更为接近，其更容易受到病毒感染，这是人类生命的自然进程，老年人无法改变。但是，这并不意味着老年人就理所当然地在严重的疫情面前，首先面对死神的召唤。更不意味着公共医疗资源就应当向年轻人倾斜，而对老年人采取放任的姿态。当武汉同济医院第 1000 例患者、93 岁的陈婆婆治愈出院[36]的消息传来时，人们有截然不同的反应：一种反应是认为在生命面前应一视同仁，无论少壮还是耄耋，只要能救治，一个都不能弃；另一种反应则是认为都这么大年纪的人了，还耗费那么多的医疗资源，图个啥呀？

---

〔33〕《美国 CDC 首份本土新冠结果报告：85 岁以上死亡率超 10%》，新浪网，http：//news. sina. com. cn/o/2020-03-19/doc-iimxyqwa1782857. shtml。大致在同一时间（2020 年 3 月 5 日），意大利也有一份有关罹难年龄的统计：“42. 2% 的死者年龄在 80—89 岁，32. 4% 介于 70—79 岁，8. 4% 介于 60—69 岁。”参见《疫情因何会在意大利肆虐》，参考网，http：//www. fx361. com/page/2020/0324/6481707. shtml，最后访问日期：2020 年 7 月 31 日。

〔34〕参见正解局：《英美新冠死亡率，穷人是富人 2 倍：贫穷比病毒更致命》，凤凰网，http：//news. ifeng. com/c/v002FLW-_ LTxkE0MiKEGbJPUoVj3FWU4j--KLuNpkG96g4jwU _ _，最后访问日期：2020 年 7 月 31 日。

〔35〕凤凰网财经频道：《为什么美国新冠肺炎死亡病例中黑人比例高于白人？专家解答》，百家号，https：//baijiahao. baidu. com/s? id = 1666267337252314817&wfr = spider&for = pc，最后访问日期：2020 年 7 月 31 日。

〔36〕《泰康同济（武汉）医院第 1000 例患者——93 岁陈婆婆出院了》，中国非公立医疗协会网，http：//www. cnmia. org/LiveReportDetail_ 7C9D974EAA3D4794ADEF17FEC85DEF65. html，最后访问日期：2020 年 7 月 31 日。

显然，这是对待生命的截然不同的态度。前一种态度，代表生命的平等价值，尤其在中国尊老爱幼、弱者优先的文化传统中，这一价值更容易获得大众的支持。即便在现代人权理论和人权法上，弱者优先也已经是一种被普遍关注的价值和事实。这正是在一个国家要专门为老人、儿童、妇女、少数族群以及残疾人制定法律予以保护的缘由。后一种态度，则表现生命的等差价值。它把保障生命的资源、同情以及权衡选择，更多地投注到年轻人身上，而对老年人在严重疫情面前的感染和死亡，似乎"政府失效、市场失灵"[37]。

诚然，在社会意义上，老年人对人类的贡献，整体地看似远不及那些年轻力壮的、正在成长中的少年儿童和青年壮岁。但是，生命的价值，却不能这样以"有用"或"无用"、"用处大"或"用处小"来算计。在生命的历程中，老年人已经为社会做出过他们的时代、他们的能力所能做出的贡献了，他们有权安享晚年——正如少壮有权学习、有权工作，并有权憧憬未来安享晚年一样。因此，即便疫疾易侵入老年人肌体，剥夺老年人生命，但政府的基本姿态，应是对他们给予和年轻人同样的保护，而不能对他们的生命、健康有任何歧视；再严重的疫情、死亡，无论谁面对它，都只能是自然选择，而不是也不应是政府主导下的自由选择[38]，政府更不能以经济或社会的功利标准，判断谁该"自由死亡"。

再来看穷人和少数种族的死亡。把二者置于一处观察和分析，是因为在疫情中穷人和有色人种的死亡，具有明显的内相关性。之所以用两个词语分开表述，只是由于事实指向的两分所导致的词汇类型之差异。一般来说，在欧美世界，有色人种同时也是穷人。所以，当数据显示在疫情期间有色人种

---

[37] 牛弹琴:《杀死美国养老院里那11000人的，不止是新冠病毒……西方养老体系出了什么问题?》，新浪财经，http://finance.sina.com.cn/wm/2020-05-07/doc-iirczymk0239659.shtml，最后访问日期:2020年7月31日。

[38] 值得关注的是，"美国疾病控制中心(CDC)6月16日发布的数据称，美国新冠肺炎死亡病例的年龄'明显偏年轻'。数据显示，在美国新冠死亡病例中，80多岁的人仅占不到一半，与此同时，40岁至60岁的人占绝大多数。不仅如此，报道还提到，美国新冠肺炎患者的平均年龄是48岁，但意大利是63岁。"参见崔妍:《美疾控中心公布数据:美国新冠死亡病例年龄明显偏低》，百家号，https://baijiahao.baidu.com/s?id=1670745982607930968&wfr=spider&for=pc。这也说明，只要是"自然死亡"而不是"自由死亡"，疫魔对人的戕害，未必一定倾向于老年人、穷人、有色人种，正如人们已经意识到的那样，它或许对所有人都是公平的。

特别是黑人死亡率更高时，大体也是在重复穷人的死亡率更高。穷人就该“优先死”吗？有色人种就该“优先死”吗？或许站在财富精英主义或白人至上主义的立场上，这是可以接受的一种观点。但这种期望在主体间性结构中，并非单向度的，而是双向度的。对穷人和有色人种而言，何尝不想将此种“优先”让位给富人或白人呢？

群氓可以如此设想，但政府尤其是现代政府——无论它是民治的，还是专权的——都不能，也没资格这样想，更没资格这样做。不同生命创造或拥有的资本、财富固然有别，不同生命的肤色也固然有别，但其生命本身并无不同。资本、财富以及肤色的伦理，不能用来划定人们的身份，更不能以此种身份给人们以不同的待遇，而应服务于全人类，服务于所有的人。这对于政府面对疫情，进行健康的保护、生命的救治、社会的治理而言尤为重要。政府不能恪守此种财富伦理和资本义务，不能恪守肤色平等理念，就只能是资本的堕落、财富的犯罪和肤色理论的凶残。因此，资本、财富、肤色无权决定谁“优先死亡”，政府更无权如此。行文至此，不禁想起一个论断：

> ……只有在生命本身获得了这种伦理重要性的情况下，在管理和改善生命的技术能够将自身表现为不仅仅是对利润和私利的不道德追求，而是让自身服务于健康和生命的情况中，生物资本才有可能这样控制我们的希望、想象和利润经济……在这一意义上，身体伦理学与“生物资本的精神”内在地联系在一起。[39]

三、“生存”与“死亡”的治理权衡

（一）统治、管理与治理

在强调国家治理问题时，人们首先不禁要问的是：国家治理这一概念日渐时髦，受到人们特别是行政管理者和相关学者重视，难道在人类既往的历史上，就不存在治理这样的事实吗？或者说，作为如此重要的处理公共事务的一个范畴，治理问题只是新近才产生，并被纳入公共事务之管理范畴的吗？笔者以为，

〔39〕［英］尼古拉斯·罗斯：《生命本身的政治：21世纪的生物医学、权力和主体性》，尹晶译，北京大学出版社2014年版，第320页。

对这些问题的厘清，还要从统治、管理和治理三个既有关联，更有区别的概念谈起。那么，三者的关联和区别究竟是什么？[40]

就三者的关联看，其最大的公约数一是维护秩序，二是信守规则，三是必要强制（权力和权威）。

首先，维护秩序是三者的共同目的——价值要素。任何一种社会形态，都以秩序的存在为前提，否则，“皮之不存，毛将焉附”。不但如此，社会秩序维系的根据、好坏和状态，决定着一个时代、一个国家的文明形式[41]。尽管维系秩序并不是三者的直接目的（三者各自有其直接目的），但一定是其共同目的。

其次，信守规则是三者共同的根据——形式要素。任何秩序，必须建立在一定规则基础上。无论是伦理秩序、宗教秩序还是法治秩序，其外在化、形式化的根据都是规则，并且都是被升华为法律的规则，故有所谓伦理法、宗教法和理性法这样的分类。只有把秩序之价值目的代入或结构进形式的社会规则，秩序才在形式上是可操作的、有效的。在这个意义上，统一的规则是秩序的应然框架。无论统治、管理还是治理，其秩序模板、图式都是统一的

---

〔40〕 对这一问题，“百度问答”有一份简略的解释，在治理这一概念上的参考价值不大，但也说明人们对相关问题的应有关注：“统治是指在阶级社会中，掌握了国家政权的统治阶级在政治领域对被统统治阶级进行的统治，以保障其在经济上的统治地位和利益。管理就是国家权力按照某种特定的秩序和目标对政治生活进行自觉的、有计划的约束或制约的一定方式。就是说，通过这种特殊的约束方式使政治生活的各方面都能按照某种既定的秩序和目标来运行和发展。治理是政府的治理工具，是指政府的行为方式，以及通过某些途径用以调节政府行为的机制。”参见《统治 治理 管理区别》，百度知道，https：//zhidao. baidu. com/question/1515613098053171220. html，最后访问日期：2020 年 7 月 31 日。

〔41〕 於兴中把人类文明秩序一分为三，即以智性为根据的伦理文明秩序，其代表是儒教文明；以灵性为根据的宗教文明秩序，其代表是佛教文明以及基督教、伊斯兰教文明等；以理性为根据的法律文明秩序，其代表是近代以来的西方文明（参见於兴中：《法治与文明秩序》，中国政法大学出版社 2016 年版，第 18—33 页）。笔者以为这三类划分，更像是一种历时代的文明分类，而不是共时代的文明分类。即人类每一种延续久远的文明，都曾经历了伦理文明、宗教文明和法治文明这样的过程。由于现（当）代对历史的涵摄性和回溯性（参见汪民安：《什么是当代?》，载［意］吉奥乔·阿甘本：《论友爱》，刘耀辉等译，北京大学出版社 2017 年版，第 80—113 页），在每种文明的后来历程中，都会或多或少地遗存、运用和保留既有的文明成果。这正是在现代法治文明国家中，照例可见伦理文明和宗教文明的缘由。从而，至少就今天而言，是三种文明共享了共时代，而不是分领了共时代。

社会规则。在这方面，我国古老的格言“无规矩不能成方圆”，可谓一语中的。

最后，必要强制（权力和权威）是三者共同的保障——权威要素。无论统治、管理还是治理，其都是为缔造特定时期、特定区域统一的社会秩序，它们构成了三者的常态目的，并经由统一规范的落实，变成一种常态的秩序事实。但此种常态并不能，也不可能排除例外，即不排除对统一目的——秩序和统一形式——规则的有意破坏或者不可抗力的阻却。面对此情此景，常态的处理机制无以维系统一规则，更难以缔造统一秩序，因此，需运用权力及其权威的强制手段，或者在惩罚意义上矫正被破坏的秩序，或者在对抗、阻却意义上宣布紧急状态。在一定意义上，最典型的统治、管理和治理，不是在常态意义上，而是在例外意义上。这正如最典型的司法并不是平铺直叙、按部就班地对常见案件的处理，反而是那些疑难案件、复杂案件更能彰显司法创造，并表达司法的精神。这或许正是海德格尔、福柯、施密特、罗斯托以及阿甘本等哲学家或政治哲学家皆把例外状态作为其研究的主要对象之缘由〔42〕。其实，垂注例外状态，就是观察权力在其中的权威的强制作用。

再来看三者的区别。笔者认为，三者在背景、主体、具体目的、作用方式以及结果等五个方面皆有明显区别。具体表现在：

其一，在背景上，统治的基本社会背景是一个身份型社会的存在。由于身份的凝固以及为了维系这种“天不变、道亦不变”的凝固身份，统治的基本手段是压制性的。管理的基本社会背景则是一个流动型社会的存在〔43〕。流动型社会打破了人们身份的凝固性，导致身份的开放。但在管理型社会仍然延续了谁有权、谁管理的特征，因此，管理的基本手段是命（指）令性的。而治理的基本社会背景，是一个自由型社会的存在。它表明，人们的身份，

---

〔42〕 特别是阿甘本，直接强调例外状态是“治理的典范”（参见［意］吉奥乔·阿甘本：《例外状态——〈神圣人〉二之一》，薛熙平译，西北大学出版社2015年版，第1—44页）。

〔43〕 应说明的是，一个身份流动型的社会具有相对性。在古代社会，就有身份流动，特别是诸如“耕战取士”“察举取士”“科举取士”等官员选取方式，已然在制度上保障了皇帝以下百官的流动（相关系统论述，参见何怀宏：《世袭社会及其解体》，生活·读书·新知三联书店1996年版，第162—199页；何怀宏：《选举社会及其终结》，生活·读书·新知三联书店1998年版，第131—144页）。而近代以来的代议制民主，却提供了在更大范围、更广层面、更深境界推动身份流动的制度。

无论出身身份、职业身份、性别身份还是财产身份，都是平等的，因此，身份流动就失去了特别的意义，而自由的身份选择才更为重要。它必然要求所有主体对社会事务具有参与权，这就是治理。所以，治理的基本手段是协商性的。

其二，在主体上，统治是身份型社会的必然结果，故其主体是一部分人对另一部分人通过手中掌握的权力所采取的压制性管理。因受身份型社会结构的影响，在统治机制不发生结构性改变的情形下，统治者和被统治者的身份也大体上是固定的，因之，不存在或很少存在阶层流动。所谓“龙生龙，凤生凤，老鼠生儿会打洞”“唯上智与下愚不移”〔44〕的古老格言或名言，强调的正是统治主体的这一特征。管理是流动型社会的要求，其主体是一个国家中掌握权力的主体（广义上的政府）或其他社会组织中的当权者。与统治的主体不同，流动型的社会结构，决定了其主体的变通性、可进可出性、可上可下性。“三十年河东，三十年河西”，是管理主体特征的基本写照。而治理则是自由型社会的要求。其主体表现为明显的多元性。如政府（广义）、企事业单位、社区村社组织、社会自治组织、农户家庭以及公民个人等，都是治理的参与者。显然，治理主体的此种多元性，乃是与自由型社会的特征息息相关的。

其三，在具体目的上，统治的基本使命是满足获得权势的统治阶级的利益——无论精神利益、物质利益还是其他利益，因此，在统治体系下，必然存在一个利益上大体固定的特权阶层。除非发生朝代鼎革，否则，这种特权阶层是不会改变的。而鼎革后的朝代，倘若不打破身份凝固，则不过是一场换汤不换药的改朝换代而已。治理的直接目的是当权者为社会或被治理者提供公共服务。它也取决于流动型社会的基本要求。如果当权者不为其管理对象提供公共服务，那么就不能得到人们的支持。这会迫使掌握权力的人透过管理为社会提供服务。这似乎与前述管理的命（指）令性有所轩轾，但只要当权者把一种自己认为有益于公共的主张、制度、政策和其他制度产品一般性地推向被治理者，其在本质上就是一种命令。治理的直接目的则是人的自由之全面发展，保障每个自由主体各安其位，各尽其能，各享其需。而这一切之实现，必须以自由个体的参与为前提。

---

〔44〕《论语·阳货第十七》，载康有为：《论语注》，中华书局 1984 年版，第 258 页。

其四，在作用方式上，统治和管理具有类似的特点。无论压制，还是命（指）令，都具有明显的单向度的特征。尽管两者的程度明显不同。前者是绝对的单向度——它不允许被统治者与统治者分庭抗礼，否则，只能以强制的方式予以处置。而后者是相对的单向度——它允许人们对命令进行监督、反馈，因此，它尽管在单向度上与统治具有明显勾连，但在一定意义上开放了公众参与的渠道，使之与治理之间有了勾连，从而具有一定的双向性。而治理在作用方式上，自来就是双向、多向的。自由主体的自由参与，即便是国家权力也必须尊重之，并进而依据统一的法律保障之。

其五，在结果上，由于它是和三者各自的目的紧密相关的，因此，其结果透过前述三者各自的目的就能够大体推知。这里不再继续展开。

强调统治、管理和治理三者的关系，不是把三者截然分开，似乎它们之间井水不犯河水。一方面，作为一个历史进程，后来的举措总会回溯之前的举措，如同当下总会回溯过去一样。另一方面，三个概念所代表的事实越向后发展，越具有统摄性特征〔45〕。这种统摄性，特别在紧急状态的治理中，更为明显。下文我们继续通过对一些命题的分析证明之。

（二）紧急状态中自由本位的治理思路：“自由的生命公平”

如前所述，针对 COVID－19 流行中的政府举措，阿甘本或许是在全球范围内的哲学家中，持反对立场最卖力者。他称这不过是一种“无端的例外状态”，这是一种“疯狂、不合理、毫无依据的紧急措施”〔46〕。显然，按照这一指责，政府抗击疫情的严格举措，不过是不顾实情的刻意为之，而并非恢复自由的真正需要。其指责背后的所思所念，是基于其所坚守的自由价值立场，也是其一直以来对政府借口例外状态，人为制造紧急事项，并割断人们生活交往的正常状态，使自由沦陷于例外状态的深刻担忧。

其实，此种指责和批判，预设了面对 COVID－19 的一种基本治理思路，即“自由的生命公平”思路。前文笔者已经阐述“自由的公平”这一概念，它是指在自由与公平两种价值不可得兼的时候，自由先于公平，进而自由也优于公平——这是价

---

〔45〕 参见［意］吉奥乔·阿甘本：《何谓同时代人》，载［意］吉奥乔·阿甘本：《裸体》，黄晓武译，北京大学出版社 2017 年版，第 18—35 页。

〔46〕 ［意］阿甘本：《疫情与例外状态（三则）》，搜狐网，https：//www.sohu.com/a/382243466_365770，最后访问日期：2020 年 7 月 31 日。

值衡量的一般标准。其基本立足点是个人（体）本位的价值观。因为只要强调个体本位，就意味着除了情非得已，私人领域的任何事项都是“风能进，雨能进，国王不能进”的。这几乎是自由主义的一条神圣条款，一条“帝王原则”。该原则意味着人应该生活在一种自由的、“活生生的存在”状态，而不应该被“装置”在权力体系中〔47〕。只有这样的状态，才可能真正通往那种自由优先的公平世界。

在“自由的公平”这一概念之间，嵌入“生命”二字，即“自由的生命公平”，已然意味着即使在“生命公平”面前，当自由与生命不可得兼时，仍应恪守自由优先的基本立场。只有这样的存在，才是不受权力装置制约的“活生生的存在”状态，即自由状态。诚然，这种状态看上去令所有崇尚自由，怀有深深的个体本位冲动的人兴奋不已，也愿意投身于对自由优先于公平的所有事业，同时也抗拒应对疫情的所有严格、严厉举措。但稍加分析就知道，这种“自由的生命公平”，经不起推敲和检验。

首先，此种“活生生的存在”，究竟是“丛林法则”的自然状态，还是美好莫名的自由状态？如果是后者，就意味着自由对每个人而言都是现实的，每个人究竟选择自由的生、自由的死，还是自由的安居、自由的流浪，抑或自由的利己、自由的利他……全然是自己的事。当人们不能自主地在这些对立的范畴之间进行选择，而只能把自由无可奈何地交由病毒去摆布，被病毒选中了，就“自由”受伤害，“自由”去死亡，没被病毒选中，就“自由”享快乐，“自由”去生活时，则所谓自由，显然逃离了其本意。与其说这是种自由状态，不如说它是自然状态。是任由人对人像狼对狼一样的自然状态。诚然，在学术史上，人们对自然状态给予全然不同的描绘，有些给予高度礼赞，仿佛是那世外桃源，如卢梭〔48〕；而有些则给予深刻批判，如韩非〔49〕、霍布斯〔50〕。但如论如何，这是一种遵循物竞天择、适者生存的优胜劣汰的社会，是一个“丛林法则”的世界。如果放任人类

〔47〕 参见姜宇辉：《装置、机器与生命—战争——一次阿甘本与德勒兹的“潜在”对话》，载［意］吉奥乔·阿甘本：《论友爱》，刘耀辉等译，北京大学出版社 2017 年版，第 114—178 页。

〔48〕 参见［法］卢梭：《论人类不平等的起源与基础》，李常山译，商务印书馆 1962 年版，第 74—110 页；卢梭：《社会契约论》（第 2 章），何兆武译，商务印书馆 1963 年版，第 1—12 页。

〔49〕 参见《韩非子·五蠹第四十九》，载梁启雄：《韩子浅解》（下册），中华书局 1960 年版，第 465—490 页。

〔50〕 参见［英］霍布斯：《利维坦》，黎思复等译，商务印书馆 1985 年版，第 92—97 页。

在这样的“活生生的存在”中，不但无以彰显人类的进步，而且人类能否真正循着自然法则而进化，尚未可知。

其次，正是对这种“丛林法则”的自然状态的反思，才导致那种不被阿甘本欣赏，但也无可奈何的权力装置的出现。对此，韩非子就曾根据传说做过大胆的设想和生动的描述，说明人们“法后王”：“上古之世，人民少而禽兽众，人民不胜禽兽虫蛇。有圣人作，搆木为巢以避群害，而民说之，使王天下，号之曰有巢氏。民食果蓏蚌蛤，腥臊恶臭而伤害脾胃，民多疾病。有圣人作，钻燧取火，以化腥臊，而民说之，使王天下，号之曰燧人氏。中古之世，天下大水，而鲧、禹决渎。近古之世，桀、纣暴乱，而汤、武征伐。今有构木钻燧于夏后氏之世者，必为鲧禹笑矣；有决渎于殷周之世者，必为汤武笑矣。然则今有美尧、舜、禹、汤、武之道于当今之世者，必为新圣笑矣。是以圣人不期修古，不法常可。论世之事，因为之备。”[51]因为在自然状态中人类个体渺小，人们只能采取使个体力量加以聚合的组织方式，让渡其权利，形成聚合性、但同时具有号令能力和组织技巧的权力。霍布斯、卢梭等人更是对其加以社会契约论的包装，并使这种包装在其后人类制度建设、变迁和进化的历程中不但有了用场，且获得了合法性。可见，人类的社会化进化历程，就是把“活生生的存在”这种自然状态装置到权力体系的过程。

再次，人类的“活生生的存在”要摆脱权力装置，几乎是不可能的。对此，阿甘本看得很清楚，其描述也极深刻：“一方面，是活生生的存在（或者说实体，living beings），另一方面，则是装置，活生生的存在不断陷于其中”；这二者之间，存在“残酷斗争”[52]。这种情形，可以更进一步描述为“自然状态与社会状态的博弈或缠斗”，在笔者看来，这才是人类历史的真正的“活生生的存在”。人类摆脱不了赋能其社会性的装置，就不但无法把装置本身排除于“活生生的存在”之外，反而必须赋予装置本身以“活生生”的属性。因此，如果要硬性地把“活生生的存在”和装置两者对立起来，并在情感上更倾向于前者，在对疫情的社会治理中强调“自由的生命公平”，其所缔造的并非理

---

〔51〕《韩非子·五蠹第四十九》，载梁启雄：《韩子浅解》（下册），中华书局1960年版，第465—466页。原文将禹排在汤、武之后，引用时更改之。

〔52〕姜宇辉：《装置、机器与生命—战争——一次阿甘本与德勒兹的“潜在”对话》，载［意］吉奥乔·阿甘本：《论友爱》，刘耀辉等译，北京大学出版社2017年版，第122—123页。

想的自由社会，反而是令人遗憾的“丛林法则”。“活生生的存在”摆脱不了权力装置，否则，必将导致类似自然状态的那种“丛林法则”，从而使人们相互戕害、相互提防、无所保障；同时，人性本身也不可靠。因此，一方面，要通过权力装置制约人性之不可靠；另一方面，要通过权力分制和“活生生的存在”，制约装置本身的不可靠。所谓“活生生的存在”和权力装置之间的“残酷斗争”，如斯而已。所谓“自由的生命公平”，并不是要抛弃装置，毋宁说它就是一种独特的装置，并在价值上把“活生生的存在”置于装置之上的装置。

复次，论述至此，我们还不能忘记的是，这种装置，曾经在资本主义的早期——自由资本主义时期，是一种普遍的存在。人皆以为，只要有了自由，只要自由优先，人世便是一片祥和、敦睦的乐土。但这一设想，严重忽视了自由条件下每个主体的自由和自治能力。一旦放任这一前提，则“自由的生命公平”所带来的，往往不但不是乐土，反而会是可怕的焦土。对此，马克思曾形象、深刻地表述为：“资本来到世间，从头到脚，每个毛孔都滴着血和肮脏的东西。”他还借用托·约·邓登宁的话说：“一旦有适当的利润，资本就大胆起来。如果有 10% 的利润，它就保证到处被使用；有 20% 的利润，它就活泼起来；有 50% 的利润，它就铤而走险；为了 100% 的利润，它就敢践踏一切人间法律；有 300% 的利润，它就敢犯任何罪行，甚至冒绞首的危险。”〔53〕尽管彼时有《拿破仑法典》、英国普通法等蜚声世界的法典和法律，但因其调整根据和方略存在严重问题，而被后来的法律如《德国民法典》和英国衡平法所矫正〔54〕。至于在思想世界，提出矫正的思想家及其论著，更是汗牛充栋，不一而足。社会主义、福利主义、社群主义、生态主义等学说，皆可谓对自由优先策略的矫正。平常尚且如此，在疫情肆虐的紧急状态中，果真能实现“自由的生

〔53〕《马克思恩格斯全集》第 23 卷，人民出版社 1972 年版，第 829 页。

〔54〕众所周知，《拿破仑法典》奉行自由至上的个人主义或个体本位原则，而《德国民法典》对之做了一定的调整，在不反对个人本位的同时，突出社会（团）的价值［参见龙卫球：《法律主体概念的基础性分析》（下），载《学术界》2000 年第 4 期］。衡平法对普通法的矫正是多方面的，但其中一点，就是通过大法官以及衡平法的良心，矫正当事人的良心：“……法院的法律规定的良心，它成为了一种新的法律体系。当事人的良心慢慢不属于人们考虑的范围了。”（［英］S. F. C. 密尔松：《普通法的历史基础》，李显冬等译，中国大百科全书出版社 1999 年版，第 95 页。）

命公平”吗？

最后，疫情期间放任自由的惨痛教训。如前所述，或明或暗、或隐或显的“群体免疫”政策，不但使相关国家陷入明显的混乱，人民因此忍受巨大的痛苦和苦难，生命因此遭受无辜的戕害，而且全球面临战胜疫情遥遥无期的困境，国际关系也因此而冲突不断、摇摆不定。尽管不少国家或主动或被迫地“闭关锁国”，但毕竟世界仍处在全球化交流的时代。就严重的传染病而言，你家的并非是你家的，也可能是他家的、我家的、世界的。

阿甘本先生最近似乎在疫情问题上未见发声，不知当全球的疫情已经发展到如此境地，灾难已危及每一个追求自由的人时，他是否还坚持先前的立场？倘若一位纽约客直飞意大利去拜见他，他还能否从容自如地与不接受隔离、不戴口罩、不保持社交距离的客人自由交流？他还能否允许政府恢复客人因例外状态而被悬置的自由和权利？

（三）紧急状态中公平本位的治理思路：“公平的生命自由”

在美国疫情十分吃紧的时候，愿意牺牲自由以自律，而不太愿意接受“居家令”“社交距离令”“口罩令”这种由政府提出的“清规戒律”的美国人，找到了一个绝好的泄气孔，即警察在粗暴执法中，对黑人弗洛伊德的数次求饶不理不睬，终致其窒息死亡。该事件不仅引爆了全美范围内黑人不顾一切禁令而参与街头抗议的火山[55]，而且也引燃了早已忍受不了政府控制的其他民众走向街头，参与抗议的烈火。在俄勒冈州的波特兰市，抗议活动如火如荼，到9月2日（2020年），通宵达旦的抗议活动整整持续了100天！

就本文的分析主旨而言，“弗洛伊德事件”颇有两面性：一方面，抗议弗洛伊德之死的民众，明显怀有对“自由的生命公平”之追求，恰是这种追求，促使美国政府在抗议方面的策略明显暧昧不明、举棋不定（当然，这不是唯一的促成因素，政府此种行为的背后，尚有更多促成力量），甚至在多数情况下遵循

---

〔55〕 这一抗议活动，在8天之内迅速引发全美300多个城市的抗议（参见上观数据：《一个黑人的死亡如何在8天内引爆全美300多个城市的抗议活动》，澎湃新闻，https://www.thepaper.cn/newsDetail_forward_7698870），可谓“传播”速度惊人。这除了人们对长期以来警察粗暴执法的愤怒，也应当与疫情的久治不愈，人们对政府种种抗疫举措的不满息息相关，甚至不排除人们借此冲出“管制”的牢笼，而追求“自由的生命公平”的思量。

前述自由优先的抗疫策略。另一方面，在抗议过程中提出的那个举世瞩目的口号“黑人的命也是命”，则昭示着面对重大疫情的另一种对策：以公平优先来保障生命自由的对策。这不禁让笔者想起一位作者在阅读了一则有关三代黑人对话内容后的评论：

> 在生存面前人人平等，马丁·路德·金领导的黑人民权运动在消灭黑人贫穷的问题上发挥了重要作用。在生存面前人人平等不只是黑人的心声，也是全人类的心声。[56]

从“在生存面前人人平等”，到“黑人的命也是命”，我们还可以这样推论下去：“穷人的命也是命”“老人的命也是命”“弱者的命也是命”……在面对生命保护和自由保障两者不可得兼时，在政府保护意义上，究竟应如何更好地面对之？究竟应选择自由优先的“自由的生命公平”，还是选择公平优先的“公平的生命自由”？对于前者，笔者已在上文中予以论述，这里将进一步展开对后者的论述。

和“自由的公平”一样，在上文中，笔者已经简略论及“公平的自由”。申言之，所谓“公平的自由”，是指当自由和公平两者不可得兼时，在政府的应对策略上，应优先选择公平，而不是相反，优先选择自由。尽管我们知道，自由和公平的关系，乃是一个重大的权衡[57]。再果决伟大的政府，在面对二者的冲突时都必须做出审慎的权衡，甚至在制度上设计能够充分审慎权衡的机制。现代政治中的诸多设计，如法律至上制、多党制、权力分制、议会两院制、政与治的分制等，其基本目的，就是制约某种观点或治理策略的莽撞、专横，并在出现这种情形时能安排有效的纠错机制。所以，在日常的治理策略上，“自由

---

〔56〕《全美 70 多城抗议活动愈演愈烈，街头三代黑人对话曝光》，百家号，https：//baijiahao. baidu. com/s? id＝1668377856040521026&wfr＝spider&for＝pc，最后访问日期：2020 年 7 月 31 日。

〔57〕参见阿瑟·奥肯：《平等与效率——重大的权衡》，这是该书最早的中文译名，由王忠民等译，四川人民出版社 1988 年出版。除此之外，该书中文版还有王奔洲译本，由华夏出版社 2010 年出版，以及陈涛译本，由中国社会科学出版社 2013 年出版。尽管译名略有不同，但足见该书在我国的影响。驰名全球的萨缪尔森的《微观经济学》（萧琛译，人民邮电出版社 2012 年版）之第 17 章，也以“效率与公平：重大权衡”为题。如果考虑到效率在经济学上基本上是一个和自由息息相关的概念，那么，所谓平等与效率的关系就是公平与自由的关系。

的公平”与“公平的自由”可谓在不断变换面目地出现。

但我们要论述的是政府面对严重的紧急状态这种情形。在此情此景下，倘若政府仍然在如上两种举措之间徘徊，甚至举棋不定，所失去的既是生命，也是自由。这从前文对 COVID－19 疫情暴发以来的回顾中不难发现，更在全球目光对疫情的深切关注中不难体味。这势必迫使政府考虑自由优先在特定时期对生命公平的巨大危害。因此，笔者在“公平的自由”这一命题中，嵌入生命二字，强调“公平的生命自由”。所谓“公平的生命自由”，就是政府在生命面临公平和自由不可得兼、难以共存、非此即彼的情形时，优先公平地保护生命，以图实现更为广泛的生命自由。

“公平的生命自由”绝不是不重视自由，相反，与“自由的生命公平”相比较，它更重视自由，不过前者特别关注的是保障中的“生命自由”，是人们（生命）的“普遍自由”，而后者关注的是竞争中的生命自由，通常会体现为人们（生命）的“个别自由”。尽管一个国家的法律可以为所有公平设置一个机会均等的前提，从而更有利于人们在同样的机会面前自由竞争，但谁都知道一位编程天才凭借其技术可以在数年内富可敌国，而一位只懂得刨土种田的人，可能一辈子在县城里买不起一套遮风挡雨的住房。可见，以机会公平为根据的、经由竞争的自由，其往往只能走向“个别自由”，走向“自由的奴役”。特别是在发生类似 COVID－19 这类严重危害人民健康、公共安全的疫情，或其他自然灾害与社会灾难造成的紧急状态下，政府治理的基本使命，是公平地保护所有生命的安全，而不是放任生命去自由竞争。谁都知道，一位腰缠万贯的富商比一位无立锥之地的流浪汉在对稀缺医疗资源的占有、“抢夺”上具有明显优势。所以，在此情此景下，政府如果抛弃公平优先的治理策略，而选择自由优先，其无异于与病毒“共谋”，戕害穷人、老人和其他弱者。可见，之所以说在类似 COVID－19 这样的紧急状态中，政府理应选择“公平的生命自由”这一治理策略，基本的理由在于：

一方面，这取决于现代政府治理的基本职责，也是公民和其他社会主体参与治理的基本使命。现代政府的目的，不在于参与市场竞争，而在于保障竞争的公平；不在于参与貌似“优胜劣汰”的弱肉强食，而在于不断发现社会的贫富差距、发展失衡，并通过合法的权力予以矫正，实现所谓矫正公正[58]。此种情形，在紧急状态这种例外的、极端的事件或事实中，尤应为政府所关注。当然，如前所述，治理的主体不仅有政府，而且有企事业单位、社会团体、社区和村社组织、家庭组织、国际组织、非政府国际组织，更有每一个公民。如果说在紧急状态中政府必须把公平保护作为优先考量的话，那么，政府外的其他组织、个人亦应与政府的举措保持呼应，才能构织起一套严格、严密的“公平的生命自由”体系。当然，这并不意味着其他社会主体对政府的治理措施亦步亦趋，反之，参与既包括了遵循，也包括了必要的建议甚至批评。限于主题，对此不予赘述。

另一方面，这取决于生命普遍自由的法益高于生命个别自由的法益的事实。普遍自由的法益高于个别自由的法益，同理，生命普遍自由的法益也高于生命个别自由的法益。这在现代社会中，应是一个不言自明的真理。对政府的治理行为选择和民众的治理行为参与而言，优先选择大法益，也是不言自明的真理。这正如阿伦特所言：“在政治领域中，事情都是关乎多数人而不是少数人的，创新性的感召力到达这一领域，就不仅要采取更激进的表达，而且还要具备一种政治领域特有的现实性。”[59]在笔者看来，实现所谓生命普遍自由的大法益，在紧急状态中，只有“公平的生命自由”这一治理策略才能奏效。这并不是说该策略就必须否定“自由的生命公平”这一治理策略，并且事实上也不可能否定，因为它在常规的秩序体系中，通过自由竞争可能实现更高层次的生命自由和社会公正。问题是我们讨论的前提是紧急状态。如前所述，在这种情形下，强调“自由的生命公平”，无异于生命的“自由死亡”——生命都不存在了，遑论生命的自由。

（四）紧急状态治理之常态和例外

包括阿甘本在内的不少欧洲先锋思想家，对人类社会的研究每每不走常规，剑出偏锋，从一个全新的视角解释复杂的人类社会和其中的哲学问题。譬如他们不太关注社会运动的常态，而更加关注常态运转的社会是如何被一种例外状

---

[58] “矫正公正”是亚里士多德伦理学中一个重要的概念，“它生成在交往之中，或者是自愿的，或者是非自愿的。”“在争论不休的时候，人们就诉诸裁判者。去找裁判者就是去找公正。裁判者被当作公正的化身。诉诸裁判者就是诉诸中间，人们有时把裁判者称为中间人，也就是说，如果得到中间，也就得到了公正。公正就是某种中间，所以裁判者也就是中间人。”参见［古希腊］亚里士多德：《尼各马可伦理学》，苗力田译，载苗力田主编：《亚里士多德全集》（第 8 卷），中国人民大学出版社 1994 年版，第 101 页、第 102 页。

[59] ［美］汉娜·阿伦特：《论革命》，陈周旺译，译林出版社 2011 年版，第 35 页。

态所遮蔽的。这大概是因为所谓例外状态，更能凸显社会的特殊性，并因这种特殊性引致社会或多或少的冲突和变革。诚如前述，对一位政治哲学家而言，这种例外状态就像典型的疑难案件之于法学家。这里不但存有常态社会（常规案件）罕见的特殊性，而且其中充满了矛盾、冲突的事实。所以，没有或不关注例外状态的政治哲学，不过是一碗白开水，索然无味；而把例外状态作为主要研究对象的政治哲学，如浓烈的酒水或茶水，回味无穷。在阿甘本的笔下，例外状态是“作为治理的典范。”

然而，不得不说的是，阿甘本以及其同时代垂注例外状态的所有政治哲学家，如福柯、阿伦特、施密特、德勒兹等，所关注的例外状态，乃是所谓日常状态的例外状态。例如，战争是和平的例外状态，苦难是幸福的例外状态，天灾是丰年的例外状态，疫情是平安的例外状态，等等。同时，作为政治哲学家，他们所研究的例外状态，并不是作为纯粹事实的例外状态，而是例外状态的权力装置——对日常状态下法律及其秩序的悬置，对阿甘本而言，这一点尤为重要，因为这属于其政治哲学和法哲学的关键词。所以，例外状态不是或主要不是已然发生的自然或社会事实，而是一种治理态度，特别是权力视角的治理态度。阿甘本既反对将例外状态作为可以纳入法律的状态，也反对将例外状态排除于法律秩序之外。他认为：

> 事实上，例外状态既非外在也非内在于法秩序，而它的定义问题正关系着一个门槛，或是一个无法区分的地带，其中内与外并非相互排除，而是相互无法确定。规范的悬置并不意味着它的废除。而它所建立的无法地带亦非（或至少宣称并非）与法秩序无关。
>
> ……例外状态像是为了保护规范的存在，以及其对于正常情境的适用，而在秩序之中开启了一个虚拟的漏洞。缝隙并不在法律之中，而是关乎它与现实的关系，以及它的适用可能性本身。这就仿佛在法中蕴含着规范的设立与其适用之间的根本断裂，而在极端的情况下，只能用例外状态的方式加以填补。也就是说，透过创造出一块区域，在其中适用悬置，但法律本身却依然有效[60]

---

〔60〕［意］吉奥乔·阿甘本：《例外状态——〈神圣之人〉二之一》，薛熙平译，西北大学出版社2015年版，第32页、第43页。

不得不指出的是，尽管阿甘本剖析了那种把日常状态的法律悬置起来的例外状态，但一方面，他忽视了在实施层面，例外状态和日常状态一样，是人类自古而今面临的两种“常规”事实。人类的历史行程，并非都是鲜花，还常有毒草，并非都是和平，还常爆发战争，并非都是祥和，还常产生恐惧，并非总是健康，还常发生瘟疫，并非全然山川秀美，还不时有山呼海啸……因此，在根据法律的治理上，像对待日常状态那样对待例外状态，并不是法律的断裂、悬置或另起炉灶，而是法律的一种必要面向。在这个意义上，紧急状态法律，与日常状态法律一样重要，它是紧急状态治理的必要的法律装置[61]。

另一方面，套用阿甘本的说法，如果说存在一个和日常状态相对应的例外状态的话，那么，当例外状态因为瘟疫、战争、技术故障、经济危机以及自然灾害而越来越多地成为人类必须面对的一种法律—政治应对事实时，如何反思在例外状态中的常态和例外？这是考察例外状态，并进而关注日常状态和例外状态之关系的一个新视角。在这个新视角上，完全可说例外状态本身包含了其常态（例外的常态）和例外（例外的例外）两种情形。它的常态和例外，与日常状态的常态和例外在结构上正好相反。在日常状态中的例外举措，就是例外状态中的常规举措；反之，在日常状态中的常规举措，就是例外状态中的例外举措。

进而，一定要用打断、悬置这样的词汇来表述的话，则如果说例外状态是对日常状态及其法律的打断和悬置，那么，毫无疑问，在例外状态中，运用日常状态的法律举措，则是对例外状态中常规的打断和悬置。这恰如一个国家在整体上宣布了“口罩令”“居家令”“社交距离令”等，而其一个具体地方却宣布人们出行无须戴口罩，无须居家隔离，社交自由，可以保持距离，也可以零距离……显然，这是对例外状态中常态的打断和悬置。这意味着，对例外状态的研究，只有把例外状态看作日常状态，是人类所面临的难以避免的事实，才能在面对这些事实的治理举措时，更清楚地在一个复杂的社会运行结构中照见更为多样性的常规和例外。提出例外状态的基本目的，不仅是对权力装置的批判和提防，更是对一种事实状态及人类应对（无论政府应对还是其他社会主体应对）的阐述。只有在对日常状态和例外状态的复杂结构予以剖析，并从中观察、描述复式的、多向度的常态和例外时，我们才可能以冷静和平静的心态

---

〔61〕 参见谢晖：《论紧急状态中的国家治理》，载《法律科学》2020 年第 5 期。

“同情地理解”例外状态，也更为深入地理解日常状态。

进一步的问题是，例外状态中的常态和例外又分别是什么呢？笔者以为，这就是前述“公平的自由”和“自由的公平”状态。“公平的自由”，即例外状态之常规应对。它首先需要以公平优先的姿态，保障在例外状态和紧急状态下每个人能得到公平保护——像我们熟悉的那部电影的名字——“一个都不能少”。何以如此？这与例外状态下社会治理的主导因素相关。如果说日常状态下的社会治理，政府尽管很重要，但其他社会主体的参与至少与其旗鼓相当的话，那么，紧急状态中的社会治理，尽管也需要其他社会主体的积极参与，但它必须是一种政府在其中起主导作用的治理行为。政府一旦在治理中起主导作用，意味着其权力的聚合性、强制性程度远超以往。它不但可分配资源，而且可征调资源；它不但可强化公共服务，而且可限缩、克减私人权利；它不但可依法强制，而且可“宪法专政”……所以，在例外状态中，人们平日所提防的，却成了必要和必然——这不是人们愿意被装置于权力结构中，而是只有如此，只有人们更服从地装置于权力结构中，权利和自由的根基——生命、健康和安全才有可能保全。所以，在例外状态的这种常态中，政府势所必然地成为主导，其他社会主体对这种常态的参与，被动多于主动，服从多于创造。

但这并不意味着例外状态中只存在其治理常态，也有治理之例外，这就是“自由的安全”。它意味着即使在例外状态中，哪怕像 COVID－19 这类严重危害世界甚至使得人类可能陷入“世界内战”的严峻事件中，人们照例可以自由为理由，对抗政府的主导，政府也可以对这种主张和要求予以接受性回应。世界何其广大，文化何其多样，人类何其复杂。面对每一种社会事实的多元主张、多元态度和多元行动，不但无须多怪，而且应看到其对恢复日常状态的积极作用。正是此种例外状态的“例外”情形，连接并通向日常状态之“日常”，才能为取消紧急状态，恢复正常状态创造应有的条件。在这个意义上，例外状态中的“例外”，也就获得了其存在的必要性与合法性。当然，这并不是说在任何情形下，例外状态都要容忍这种“例外”，一旦此种“例外”严重威胁例外状态中的常态，且在事实上对社会、对公民整体带来极大的风险和危害，从而破坏紧急状态中的治理措施时，以例外状态之常态取缔其“例外”，则理所当然。

可见，在应对 COVID－19 之“例外”实践中，世界各国都无不面对公平与自由之博弈、“公平的自由”与“自由的公平”之博弈，以及更进一步，“公平的生命自由”与“自由的生命公平”之博弈。这些博弈，既体现为事实博弈，也体现为理论博弈，既体现为政策博弈，也体现为政治博弈。一言以蔽之，这种博弈，乃是紧急状态治理中，其常态和例外之博弈。

四、结语：以“自由例外”救济“生命常态”

在一定意义上讲，阿甘本们所讲的例外状态，乃是“自由例外”。尤其在此次 COVID－19 疫情暴发之初，他所坚持批判的，就是政府（特别是意大利政府）所采取的措施，过度肢解了既有自由社会的基本理念。导致邻人不再、友爱丧失、关系疏远、恐惧加剧。在此，笔者愿意引述其一篇短文中几乎全部的内容，说明他的担忧和心曲：

> 恐惧是不合格的导师，但它让很多人们假装没有看见的东西浮现出来。问题不在于对这一疾病的严重性发表意见，而在于询问这场流行病的伦理和政治的后果。使整个国家瘫痪的恐慌浪潮首先表现出我们的社会除了赤裸生命之外不再相信任何事情。很显然，意大利人愿意为可能生病的危险牺牲几乎所有东西——生命的正常状况，社会关系，工作，甚至友谊，感情以及宗教和政治的信仰。赤裸生命——以及失去它的可能——并不能使人们团结起来，而是使他们盲目而彼此分离……其他人类仅仅是可能的瘟疫的传播者，人们必须以一切代价避开他们并且人们必须要和他们保持一米以上的距离。死者——我们的死者——没有权利获得一场葬礼而且我们也不知道自己所爱的人的尸体会被如何处理。我们的邻里往来被取消了，奇怪的是教堂对此竟保持沉默。人类关系在一个不知道还要持续多久这样生活的国家变成了什么样子？一个除了生存之外没有其他价值的社会又是什么样的？
>
> ……人们在谈论病毒时联想到战争并不令人惊讶。紧急措施实际上强迫我们生活在戒严的状态下。但一种有着可以潜藏在其他任何人身上的敌人的战争是所有战争中最荒谬的。它事实上是一场内战。敌人并不在外部，而在我们之中。[62]

---

〔62〕《阿甘本对自己关于新冠病毒言论的澄清》，Constantius 译，https：//zhuanlan. zhihu. com/p/142161204，最后访问日期：2020 年 8 月 5 日。

毫无疑问，阿甘本对疫情及其防控措施的上述反思，在哲学上是深刻的。他真切地揭示了在一场疫情面前自由成为例外的悲哀，痛苦地反思人像动物而不是像人一样的可怜生存，大胆地追索何以导致人不成为人的例外状态之权力装置，严肃地批判那种“赤裸生命”和“神圣人”的境况之于人类的万劫不复。显然，阿甘本在这里以反思和批判者的姿态，观察、反思和践行自己对“同时代人”的定义：

> 同时代人就是感知时代之黑暗的人，他将这种黑暗视为与己相关之物，视为永远吸引自己的某种事物。〔63〕

这样一位甘于“不合时宜”的“同时代人”，一位甘于洞察同时代之黑暗的人，无论如何都是令人敬佩的，其在学术上的探幽发微、奇思妙论、鸿篇巨制更是令人叹为观止。但不得不指出的是，阿甘本虽然指出了时代可能潜藏的黑暗，包括在貌似正义的举措下可能潜藏的对自由、人权和法治的解构，但他所执着的对“自由例外”的伤痛，也无可例外地蕴含了另一种可能的伤痛，那就是“生命例外”。因此，如果说阿甘本所处的时代及其权力对待 COVID－19 这类紧急状态的过度敏感，明显含有黑暗的话，那么，按照阿甘本的设想，政府在如此严重的疫情面前一任之前日常状态下的法律而放任自由，任由病毒“自由传染”，生命“自由死亡”，这是否也是“阿甘本命题”本身的黑暗呢？这是否在更大程度上和更广范围内销蚀人类自由的基础——生命本身呢？或许人类作为“思想的苇草”，无处不面临着“人类一说话，上帝就发笑”的尴尬——感知“感知时代之黑暗的人”之黑暗，自然，也应当是“不合时宜”的“同时代人”。

从此种哲学上的高蹈论断回到现实中，毋宁说在 COVID－19 这样的例外状态中，“自由例外”的存在乃是为了救济“生命常态”。从表面看去，这是一种明显缺乏高调道德理想的言说，然而，它却是人类在紧急状态的治理中进行认真的法益权衡的结果。毕竟对每个个体而言，生命只有一次。任何人，都经不起自由的一次性消费，故对绝大多数人而言，其宁愿选择克减自由、克减权利，也愿确保生命能够尽量多地反复“消费”。这不能不说也是自由，甚至是基础性的自由和更重要的自由。誓言不戴口罩的美国硬汉特朗普先生，面对疫情对美国人民已然

---

〔63〕［意］吉奥乔·阿甘本：《裸体》，黄晓武译，北京大学出版社 2017 年版，第 26 页。

造成的危害后果和可能产生的更严重的威胁，作为一国之元首，即使他不情愿，也必须做出选择——不但自己戴口罩，而且以“爱国者都戴口罩”[64]对美国人民相号召。这位硬汉有点难堪的左支右绌，说明其在不同法益面前的艰难权衡和选择。一国元首是如此，对于那些普罗大众而言，照例有在不同法益面前如何抉择的问题。人们不会忘记疫情之初，欧美民众中普遍存在的对喜欢戴口罩的亚裔人的歧视行为，但仅仅几十天的工夫，当欧美人意识到白人人种并不是病毒豁免的天然对象的时候，他们对戴口罩不但接受了，而且淡然处之了。

我们不能因此就说这是自由的黑暗，是时代的黑暗，是政府的强加和群氓的集体无意识，相反，作为理性动物，谁都有权说什么对自己而言是黑暗，什么对自己而言是光明。当生命面临死亡威胁，只要暂时性地牺牲些许自由（如社交自由、呼吸自由等），就能挽回或确保生命，那又何乐而不为呢？究竟图一时快乐的自由重要，还是在生命安全之下，图长久快乐的自由重要？显然，这是一个不需要太多高深的算计，凭借人类好利无害、两害相权取其轻的“经济人理性”就完全可以权衡。反之，如果人们皆因为贪图一时的自由，而不顾疫情的大规模流行和威胁，慷慨赴自由，同时也慷慨赴死亡，说真的，这才是一种不折不扣的例外状态，因为它违反了人类好利恶害、利弊权衡的天性，而把那种高调的政治道德理想强加于芸芸众生。问题是这种强加的高调道德理想，或许连强加者自身也不肯去实践，因为未经利弊权衡的莽撞所获得的，并不是更为持久的自由，反而是因为健康、生命的丧失而对生活链条、社会关系的打断。所以，若为长远故，在 COVID－19 这样严重的、为我们时代所罕见的疫情面前，悬置一时的自由，无论对于个体，还是对社会，无论对安全，还是对（永久）自由，都利大于弊。进而，“自由例外”并不是绝对不可接受的坏事，是否可接受，在于其能否救济“生命常态”，并在“生命常态”之下，追求长远的生命自由。

中国人强调“好死不如赖活着”，自表面看来，它确实没有“生命诚可贵，爱情价更高。若为自由故，两者皆可抛”那样“高尚”，但它表达了存在者的普遍追求——“活着”，才是生命的常识，以自由状态或其他更为高尚的状态活

[64] 参见《特朗普顿悟！对口罩态度 180 度转变，CNN 主播见状发出灵魂拷问》，腾讯网，https：//new. qq. com/rain/a/20200805A0FR5H00。

着，那只是“活着”的副产品。所谓“留得青山在，不愁没柴烧”，所讲的正是东方的这种生命智慧和生存追求。政治和权力的使命，不仅要保护把精神自由和无间社交凌驾于生命之上的精英，而且要保护把生命凌驾于其他价值之上的普罗大众、芸芸众生。正如世界卫生组织助理总干事兼新型冠状病毒项目负责人布鲁斯·艾沃德（Bruce Aylward）博士所言：

> 如果我感染了冠状病毒，我会去中国。
> 他们知道如何让人们活下去。〔65〕

〔65〕［美］阿吉特·辛格：《新冠病毒危机与中国应对：替代以美国为首的新自由主义秩序是可能的》，王晓青译，微信公众号“华中师范大学国外马克思主义政党研究中心”，最后访问日期：2020年4月6日。

天人合一与伦理台阶

江　山*

摘　要　善之奉为人类或人类社会的灵魂，一是，唯人才能发现基于理智和性智而成立的善；二是，善乃社会正向行为成立的内在根据，没有善指引和约束的社会及其个体，将会与动物无异；三是，无论人类发生了何种冲突与纷争，唯善才是唯一真正的软化剂，它能软化刚性本能、情绪及负向行为，从而归社群于和谐与秩序之中。以此故知，人类智慧的意志即善的意志，而善的意志，恰是人类之为人类的秉承所在。没有善之意志纠察、归置、规范、引导的社会，将不成其为社会，人类亦不成为人类。善之构成是由伦理的层次结构实现的，此结构犹若登高的台阶，循阶而上，登高绝顶，而若试图跨越，很可能适得其反。善的台阶当由如下伦理形态构成：血亲伦理、熟人伦理、地域伦理、契约伦理、群域伦理、公共伦理、人际伦理、存在伦理。

关键词　天人合一　善的构成　伦理台阶　契约伦理

中国社会已然处在转型期的忙乱与纷杂的状态中，政治的、社会的、经济的、商业的、法律的、心性的、观念的、职业的、传统的、地域的、国际的、外交的、军事的、意识形态的、体制的、利得或欲望的……诸多因素与事项，纠结在我们的生活与生存之中，其张力之强盛，几乎无人无有压力与背负的感受，因此，国人的心理敏感度及与压力对冲的准确度，常出现极端或失准的状态，这在很大程度上积聚了社会的焦虑症候。如果我们再加入考虑另外两个正负盈亏的因素，则会更容易理解，何以当下之中国会有如此多的烦躁不安与心理骚动。这两个因素是：以盈正之比量观察，近几十年来，中国的经济快速发

---

* 江山，清华大学法学院教师，主要研究方向：法理学。

展，已成世界第二大经济体，此事实表明，无论有多少贪腐、浪费、谋误包裹其中，国人的富煦，特别是所谓“中产者”的财力成长，已是不容置疑的；反之，观察国人的亏负之值，则又会发现，国民的心性教养与培育缺失，国人被迫置于心性本能化的茫然与无助状态。这种正负的反差，使当代中国人有张扬之力而无轨持之心。

因为能力的初级具备和欲望与本能的冲动，我们很容易观察到国人的负向行为表达。比如：公共场所任意妄为（如高声喧哗、插队、吐秽物）；外出旅游时的抢购、抢位；公共物品的肆意窃取（如公厕抽纸、自来水、超市食品袋之类的不节制使用与窃走）；公共域地的私占（如公地搭建、楼道放杂物垃圾、人行道摆摊之类）；公物、公利的占有、窃用（如单位办公品、公车等公力资源及公费的私用或消费）；交谈交流及会议场所与过程中的自以为是、无视礼貌；官场、职场中的熟人利益优先、权力寻租、私权政治、利得交换……以致近几年来，媒体及有识之士均在不断呼吁：重建国民的道德素养。

坦率地讲，重建与呼吁有着相当的差距，重建之前无疑有一不能缺失的作业——何以会出现如此负向的社会状态！观中华历史与文化积淀，无人不惊呼其博大与悠久，其志向与义理之高雅也可谓登峰造极：天人合一。一个崇尚天人合一、世界大同的社会，其民其人何以出现了如此严重的负向行为表达呢？这是值得究虑与深诠的。

一、善的意志与功德

人是社会性的动物，其行为可依其对社会、对他人的利害性区分为三类：正向、负向、中性，一般情形下，社会反对负向行为，鼓励正向行为，许可中性行为。然则，人更是超越本能和感觉意愿，而有理智能力亦有性智觉悟的动物。此表明，人之行为是可以超出本能驱使，服从理智判断和性智指导的。一当人的行为不只受本能驱使，更有理智、性智[1]参合其中时，人的殊异性就已

---

〔1〕 理智与性智为人类的两种智慧认知天赋，二者相互对应。概括说来，理智是对等、有利条件下的选择与判断；性智是一种破除界域、化除自我的智慧，标识人是一种自觉、主动、能动的智慧者。作者在下文第二部分善的构成之公共伦理部分有更为详细的论述。——编者注

彰明：行为是内在意志的外显。

我们素知，个人理智是高于感觉智的智慧现象。此意是说，它有一特殊的选择与判断能力——自利不能以线性的方式去实现，而当以非线性的方式去实现。所谓线性的方式是说，自利是本能的、冲动的、不顾及他者的，这是以力能见长的动物性现象；而非线性的方式则是，当利益出现时，依交换或付出代价而有的利益，可能更优于依赖力能所获得的利益。当一个群体出现受理智指导的利益获取方式时，便表明自利行为转移为社会化的互利、共利行为，于社群言，这是正向的行为，故是值得褒奖和鼓励的。以此，即使在一个原始社群中，亦可说，因理智而有的善出现了。

善之奉为人类或人类社会的灵魂，一是，唯人才能发现基于理智和性智而成立的善；二是，善乃社会正向行为成立的内在根据，没有善指引和约束的社会及其个体，将会与动物无异；三是，无论人类发生了何种冲突与纷争，唯善才是唯一真正的软化剂，它能软化刚性本能、情绪及负向行为，从而归社群于和谐与秩序之中。以此故知，人类智慧的意志即善的意志，而善的意志，恰是人类之为人类的秉承所在。没有善之意志纠察、归置、规范、引导的社会，将不成其为社会，人类亦不成为人类。

基于此意志的必然性，近一万年来，人类无论依经验本能，还是追寻诸贤哲圣人的开化教导，我们无疑已确知一条自我演化的由路：开发善的意志和规则，实践善的价值与功德，拓展善的界域和边限，让善无所不善。至中国贤哲提出天人合一、民胞物与之时，实可谓人类之善已成完善。

善的终极化，彰显了人之性智觉悟的高妙与虚远，它的内涵与意义又非理智之善所能比拟。大约而论，理智之善是对等的善，是交换而有的善，而性智之善则是化除自我、回归还原本原而有的善。撇开二者的质地不论，约略可说，它们构成递进关系，是善之完整链条的相续环节，故这里不做深度分述。

善不仅是人之禀赋的精要，是人之所以为人的标识，所以非得有理智与性智方可承载，而且善的广谱化、真实化复得依赖道德与伦理，只有道德与伦理承载的善，方是可能之善。此意所指，乃因为道德是善的原则化、实质化，而伦理则是善的规则化、具体化。可以说，若非这样原则化、实质化、规则化、具体化的落实，任何善只能是空善，不会对人和他的行为产生实质性影响。是以，讨论善，就必得讨论道德、伦理，且当优先讨论道德伦理的含义与价值。

二、善的构成：伦理台阶

哲人殚精竭虑，体悟出善的最高境界是天人合一、民胞物与，它有文化的标杆意义，也有人的品质意义。然而，于俗世大众言，如何寻向标杆，如何获取品质，却非有人说了即可，它得有教化与人生体验的双重拱卫，还得循序渐进，逐次提升，方为正途。若依善的构成论，善绝非说只要终善即了，它的前续过程与低位善的铺陈，恰是终善得以成就的前提。循此便知，俗世民人为善的现实可能性和善之构成层级结构的渐进性，是我们理解善和为善的条件与基础，若不充分关注这些条件和基础，善终不得其善。

善之构成是由伦理的层次结构实现的，此结构犹若登高的台阶，循阶而上，登高绝顶，而若试图跨越，很可能适得其反。为此，先为备说伦理台阶的样态。

善的台阶当由如下伦理形态构成：血亲伦理、熟人伦理、地域伦理、契约伦理、群域伦理、公共伦理、人际伦理、存在伦理。现依次略说其要。

血亲伦理　血亲关系为人类从动物世界承续而来的自然的、本能的关系，它的存在具有先天性、不可替代性，甚至为其他关系所难以超越。以这种特殊的、先天性的、本能的关系为基础而有的善待，即血亲伦理。与其他伦理现象相比较，血亲之善几乎可说为绝对的，不过，这种绝对的善是有边界的，血亲正是其边界之限。如果说血亲之内是绝对的善，那么，与之相反，血亲之外则是恶，甚或绝对的恶。此种情态在人类的狩猎时代即大为明显。故知，血亲伦理是典型的善恶二致性伦理：善其所善，恶其所恶。一般说，早期的血亲关系也是构筑人类生存单元的前提，一个血亲群即一个社会单元，它是其个体成员的全部，所谓血亲伦理的边界实即此群的边界。依照善恶二致性的生存原则，一个群能尽享所有的内部善，甚至以生命贡献的善，同态反逆，它也能对外施加完全的恶。此意味着，一个群实即一个“自我”，故可称为“群自我”。就此而论，说血亲伦理即群自我伦理亦可。后世，群自我伦理解体，血亲伦理狭义化，成为小家庭成员之间的一种善待现象，故不足为论。

熟人伦理　全新世以后，农业生产方式成为人类生存的主要手段，自由自在的狩猎者相继转型成农民。与狩猎生存的流动、变迁不同，农业对土壤、水分、肥料之类有不能替代的依赖性，而具备这样条件的地域在农业文明的中前期是特定的，主要限于河谷及大湖盆地，这导致农民的聚居与定居，结果是，不同血缘关系的群体，以及即使同一血缘关系而随着人口膨胀、人数激增，也相互疏远了血亲关系的人群，必得生活在同一区域，积久之后，便形成了熟人关系。农业收成的稳定和生活的安逸，最终造就了农民心性的柔和与谦让，这样农民之间，尤其是熟识的农民之间，相互的善待便成了生存利益的重要组成内涵。这便是熟人伦理。

熟人伦理是构筑乡村秩序及邻里和睦的善性基础，也是熟人之间纠纷、损害事态平息、解决的前提，故为典型的农业社会所崇尚。一般来说，在有陌生人的环境中，熟人伦理所施加于熟人的善待，是十分明显的，其等差之本意自然是善恶二致性在作怪。正因为熟人之间的善待容易成为利益保障的便捷方式，所以熟人伦理可以顺势从农业社会延伸进入现代文明中，如若其他形态的伦理不能有效平衡熟人伦理的自发性张力，则会频发熟人（同学、同事、亲友、故旧等）利益链现象。此表明，在善恶二致性的怂恿下，过分的单一伦理会制造出恶的后果。

地域伦理 农业文明中期始，成熟的农业区域开始出现政治性的地域控制事象，是为农业帝国。帝国体制强制特定区域的人民成为同一社会单元，其内部则实行区域划分与科层管理制度，这样便出现行政性的地域分割事实。地域的行政性人为分割和其层级设置，本意是为了帝国的管理，而其意外的后果却是依之出现了地域伦理现象。所谓地域伦理是说，当若干下级地域单元的人参与到上级行政事务之中时，同一地域的人之间会出现倾向性善待的事实。后来，这样的善待现象又有变异，当人们离开本（如祖居、出生）地域，在他地域碰到本地域的人时，其善待照样有效，即使这个他地域已越出国界亦如此。地域伦理的本意是，同一社会单元内，特定地域中的人更容易形成共同的利益诉求，所以便有善待求利的向往，这可视为原状性地域伦理的动机，而变异后的地域伦理，其动机的利得性依然存在，然其情感方面的冲动亦不可忽视，这种情感包括怀旧、思念的寄托、异乡的孤寂之类。一般来说，交谈中的地域确认和乡音对话会实现这种伦理的实在化。

契约伦理 观察人类的伦理现象，但凡血亲伦理或群自我伦理、熟人伦理、地域伦理，乃至后面的群域伦理，其为伦理，虽无不最终与施授者的利得动机相关，但多为间接性相关。这个间接性所指，有时让人感觉其中完全没有利益、得失的考量，纯是一种善意的付出，其回报很可能要待若干时空之后才会发生。与之相对逆，有一种伦理则直接以利益甚或功利本身为动机，非利益所需、所在、所得不为伦理，以至于这种伦理不是单向的付出、施授，而变成对等的、有偿的、合意的利益交换。这种伦理叫契约伦理。若以利他来定义善，则知，契约伦理与此定义不符，它是一种对等的善，付出有回报的善。通常情形下，这种伦理也被称为正义，意含诚信、对等、有偿、合意诸义。然则，广义而论，它还是一种善，因为对等、有偿之后，它实现了社会秩序，丰富了人们的生活内涵，提升了人们的生活品质，因此故，有一种法律即依此伦理（正义）而成立，是为契约法。

事实与经验都指明，契约伦理——尤其是作为一种制度文明的正义观——不会发生在单一的农业社会（虽然其中也不乏契约现象），它更容易产生和成长于杂合的产业方式和杂合的种族构成的环境中。是这样地域的几近于强盗化的生存恶境最终逼出了暴力化生存的妥协与退让，从而渐慢有了合意与对等交易，以至于最终成就一种独特的制度文明。可以说，这样的履历与锤炼，不是农民们所能轻易理解和把握的，个中，除了功利、利益的冲动之外，人们愿意遵守契约，执守正义，还有一个重要背景，便是神的意志与命令。神——早先的原神、后来的宗教神——均支持和裁判契约伦理和它的表达载体，这一超距的权威力量直接强化了契约伦理和契约法的功能、价值，以及效力。

契约伦理本意旨在规范私事行为，后来它有两个方向的延展。其一是向陌生人领域延伸，从而在强盗社会中有了善待陌生人的伦理原则。这一原则的确立，至少可推至特洛伊战争[2]的年代。以此，它让西方社会有了一种独特形式的破域求和方法，此方法和理念最终推进人类世界的交流和公共化。其二是向公权领域延伸，这是西方城邦制和其独特的民主、法治、宪政所以缘起的善性依凭。

群域伦理 群域伦理是指，越出传统的种族地域界域，人们因为信仰、追随某种主张、理念或领袖而结成一定形式的组织，其组织成员间的善的对待。通常情形下，这种伦理和其载体的发生有两个前提条件，一是种群界域与地域实体界域明显分立，二是人类的智慧形态已步入解释哲学之境，其中的一些领袖人物依据解释的可能性昭明了某种相关世界、人生或社会的学说，并以此吸引追随者、信仰者，或其信仰者、追随者视其学说为绝对真理。早期的群域及

---

〔2〕 对于特洛伊战争（Trojan war）的历史考证仍众说纷纭。古希腊人认为特洛伊战争是公元前 13 世纪至公元前 12 世纪的历史事件，载于古希腊诸多神话与文学中，其中最有代表性的是荷马史诗《伊利亚特》，大约指的是仍处在青铜时代的迈锡尼时期。——编者注

其伦理形态不一定越出种群域或地域，它可能发生在某单一种群地域之中，如犹太教，不过后来的群域及其伦理现象大多跨越了种族、国界。典型的群域现象有如宗教团体、政党、行业性协会等，因为信仰、主张相同或近似，或因组织身份诸因，它们内部相互间很容易出现善的对待。这样的善待，即使不相识、不同域亦无妨。群域伦理的长处是，除了信仰，别无条件要求，有一种善的纯洁性。然，如同其他界域性伦理一样，群域伦理亦无免善恶二致性之累，因之，群域之外，恶的现象往往容易发生，且可能较之其他界域伦理有更为恶的表达。中古以来，所有宗教冲突和政党之争，正是此域外之恶所致之罪。

公共伦理 农业文明的兴起，致使人类社会产生了组织结构和公共场所、公共物品，于是人们在私的生活之外，经常会进入此种公共领域，参与其活动、行为。这样的公共领域构成人类社会事项中的特殊所在，它的早期形态多以物理性的场所、物品为主，至当下，公共之义已有广延，涉及言论、表演、网络诸空间。基此便知闻，所谓公共伦理，即公共领域中的善待与善行，或说公共领域中的自我约束与限制。公共伦理与前此诸伦理形态有重大差异，即它无有条件前提，或说只有间接条件前提。所谓无有条件前提是指，既非功利目的、动机，也非因为熟识、同地域、同信仰，更非同血缘关系，只是为了公共处所、物品或环境的良好状态，人们必须善待它们，以此营造良性公共秩序和公共氛围；而说有间接条件前提则是指，良好的公共领域、公共环境会让所有的相关者心情愉悦、感觉良好，从而有了高品位生活质量的享乐，亦是人类文明状态的标识。这样的利得，非其具体、个体化，而是利得广普、大众均沾的。

究其所由来，很难找到公共伦理与前此诸伦理之间的渊源关系，唯契约伦理中的善待陌生人之意与之有近似性。那么该伦理又从何而来呢？它来自人的理性判断和性智觉悟。说为理性判断，是因为随着人类文明程度的提升，人们的交往日益越界并频繁，这便更多地产生了公共领域，以致人们离不开公共领域生活、生存，一旦公共领域左右人们的生活和生存，其环境与秩序的优良，就成了有理性人的向往与欲求，于是付出与回报的理性法则便会自动支持人们的心理和外在行为：善待公共领域即善待自己。因此，界域的开放、生活的多样化、交往的多元化，是形成其领域的前提，而理性意识与判断则是形成优良公共领域的前提。

不过，依据公共的量级，这里所说的公共进而可区分为两种类型，一为生活、交往意义上的公共领域，它是具体与直观感觉的公共领域，如网络、旅行、社交、交易行为、言论诸生活领域；二为人域意义上的公共，即人类为一同类，基于同类意识而为全体、一体的意识。具体公共领域之伦理的发生由之理性判断，故开放式教育和交往的多样化可促进普及，而人域公共伦理的发生则非仅是理性可单一作为，它得有性智觉的引导。性智或性智觉是一种破除界域、化除自我的智慧，它的目标所向，是善的无限化和善的无条件化，一般来说，人域公共伦理正是一种无条件之善的初级表达，与之相对应，理性智慧则是对等、有利条件下的选择与判断，所以二者有质的差别。如若一定要寻求性智的价值与意义，那可能只能是，标识人是一种自觉、主动、能动的智慧者。这是一种智慧高尚的奖赏。

人际伦理　与人域公共伦理同向，人际伦理仍是一种破界、化域求和的伦理，只是，它的破界能力更强，其所破的是人域之大界，而所善待者则是人类之外的他者，特别是其中的动植物诸生态要素。其目标是善待生态体系，让生命世界和睦繁荣。以此含义固知，这里的人际之人，非指个人、个体，而是人类全体，人际即人类与生态体系之间。

人是智慧的动物，而智慧的本性有二，一是其能力不可限量，甚或可至于世界本原意志本身；二是它必然内含责任观念和觉悟。依此推断，人类的伦理走向，必然是责任意识及强度愈演愈烈，以至于会出现最终的单向责任之善。我们过去的伦理形态中，基本上都带有利得交换的含意，虽然其中的利得动机大多数较为间接或不明显，然其隐含却是不争的事实。这表明，善的利他本意并没有完全展开。从公共伦理开始，其利得动机得以明显间接化，而至人域公共伦理则有利他本意的显现。其间，几乎与公共伦理同时发生的人际伦理——亦称自然伦理、大地伦理〔3〕——其前期有较强的功利动机表达，而渐进之后，

---

〔3〕 大地伦理（Land Ethics）是生态伦理的一个派别，由 1933 年美国哲学家利奥波德（Aldo Leopold）首先提出。其著作《沙乡年鉴》（*A Sand County Almanac*）的最后一章“大地伦理”重新阐述了奥德赛及其女奴的故事，从另一个角度解释道德的起源及意义：“简言之，大地伦理是要把人类在共同体中以征服者的面目出现的角色，变成这个共同体中的平等的一员和公民。它暗含对每个成员的尊敬，也包括对这个共同体本身的尊敬。”即伦理学正当行为的概念必须扩大到对自然界本身的关心，尊重所有生命和自然界；道德上“权利”概念应当扩大到自然界的实体和过程，赋予它们永续存在的权利。——编者注

它的利他善意亦会更加明显。如此之类即证明，人类伦理的演化是渐近能力强化和责任单向的。这是人之所以为人的必然所由。

存在伦理 存在伦理是以人为说项条件下的最高伦理台阶，它的本意即，天人合一、民胞物与，人类的性智之善与天地万物同化、同流，人亦再无自我的纠绊。说之为伦理的最高态和完善态，因其非理智所能成就，非性智之充分不可为，故向来只是作为目标说及，事实上，我们与之还距离遥远。至于其含义与价值之论，中印圣哲均有宏大发挥，此处暂不论。

三、中国人的伦理缺位

伦理的完整性，即伦理构成链条或阶位承接的完整性，一个人或一个社群均是伦理的受造者，亦是伦理的施予者，问题不在于他或他们有没有伦理，而在于他或他们有什么样的伦理，或其伦理之彰显是否完整。以此为说，反观中国民人大众的伦理观念和素养，可明显见出其缺位现象。以大多数人之具备言，其所缺之环节或台阶主要有二：一是契约伦理，二是公共伦理。这两个环节或台阶的缺失，导致的后果是：中国人有终极的天人合一之向往，却无法在旅游、排队、吃饭、如厕、乘车、交易之类的具体行为和生活细节中成为一个“正常人”，高声喧哗、争吵、插队、占小便宜、抢购、传谣……诸多不雅、不洁、不入流的习性一展无遗。依主观论，这不是国人追求的结果，然而，一入环境便身不由己，肆意非为习为正常，却是不争的现实。追根溯源，实在于我们缺失公共伦理的观念与意识，内心没有了匡限，外在行为无法不放任。

何以中国人会缺失这两个重要环节或台阶呢？这里有较复杂的前因，一一详述，无此可能，亦无必要，现简说一二。

先说契约伦理。

前言已明，契约伦理产生的环境乃杂合产业方式与杂合种族结构交合而成的强盗社会，是强盗心性理性驯化的一项智慧成就。这两个杂合所表明的前件意义非常重要，它意味着在生命搏击、猎杀、抢劫、艰辛、痛苦诸多惨烈中，人的智慧终于赢得了唯有人才有的特定生存空间和方式，其中的开放性、竞争性、理性、功利性缺一不可。正是这样的锻造、锤炼和历劫，才产生了当事人的合意即法律的定则，也因之有了善待陌生人的善意，更进而有了政治共同体的体制——民主、法治、宪政。

回观中华文明，我们看到的是完全异态的生境与传承。大地域的良好农业生态条件，几近于封闭的地理环境，成熟的谷物农业，单一的亚种构成，结果是成就了优良且单一的农业产业方式和文明形态。它的内部，在必然崛起的帝国统一管制下，人们的生活样式与秩序有条不紊、世代相依。一个人从出生到死亡，可以足不出家门五十里，即可安顿终生，熟人、熟事、熟状态，甚或邻居身上有几颗痣、每顿所餐、每夜所寝均在相互的记忆中，但凡有邻里纠葛、纷争，一依族长乡绅权威即告解消。为数不多的几样生活必需品（如盐、铁、茶之类）的交易，均有政府垄断，不必远途冒险交易。它的外部，早期的强大，难为周边零碎的族群撼动，中后期才有了外患之扰，然文化的强劲同化力量，已无惧王朝的改换或他者的入主，国人依然可我行我素，继续经营其田园的生活。可以说，对外，它基本上算是封闭的社会。

没有交易承载和激烈生存竞争的社会，其人众很难依契约方式自为其生存样态，中国人的生活在帝国强权的统一安置之下，有心性与作为双重的被动性，而此，熟人伦理、地域伦理，血亲伦理足以应对所需，反之，契约伦理恰是一种主动、能动、个性化的行善方式，它与任何强加直接对抗。以此，中国人自来缺失契约的能动性、自主性训练，亦未能接受对等、公平、有偿的正义观念，结果在现代社会产业方式和生活中，露出了不适应的“马脚”。我们的“三角债”之为、“阴阳合同”、招投标中的“暗度陈仓”之举、契约法失衡，如此之类，均见出这样的短缺和不适应。它直接影响了公民社会和市场经济体系的建构，亦阻滞了公共体制的民主、法治和宪政之求。

再看公共伦理。

说及公共伦理，我们不得不认为，其实中国人并不缺乏公共之价值与向往。如孔子主倡的大同社会、四海一家之说，向来深入人心，不惟知识精英，即便普通民众亦可道出一二。然则，如何由当下的血亲伦理、熟人伦理、地域伦理进阶为此种公共的终极，似乎从来不知路径与方案，我们只能裹足在低档位伦理的坎陷中，翘首高位伦理，无奈不已。无疑，孔子所揭示的人道大同、同类意识，不是前言的具体公共伦理，而是高级次的人域公共伦理，问题是，没有具体公共伦理聚合拱卫的人域公共伦理，是不可能真实化和事实化的。对此，我们一向不以为然，甚至不作此想，结果便如刚才所述，我们的终极被架空了，自己却反致陷在泥坑之中，不要说拾级而上，就是自拔尚且困难。何以中国人会出现具体公共伦理缺失，而知识界的精英又不以为意呢？这亦是由复杂的前因造就的。

前说西方杂合社会有无可奈何的开放性，有对陌生人的善的对待，有严酷的生存竞争，有不休止的跨国贸易，等等，这样的开放性和商业交易中的自主性、生存竞争中的能动性，其实均是演为公共领域的前提条件。因为一个常年在外奔波、辛劳、经营的人，对故乡之外的公共场所和环境更有依赖，也更有感觉，于是，向好的追求就成为必然。一旦绝大多数人都必得如此生存、生活之时，这样的追求就自然有了文化的意义，有了成为事实的可能性。

过去的几千年中，中国人在优越的农业环境中过着优裕的田园生活，绝大多数人无须外出家门五十里，便能终了一生，所以他要经营的便只有自己的家，这是窝，窝的舒适是其要。至于外面有否公共场所、公共环境，可以说他们毫无概念。由此基础遽然进入现代文明的中国人，当身临真实的公共场所、公共环境之中时，难免失措、本能作为。

可以说，我们伦理的两大缺环是生存方式不同的结果，亦是文化内涵不得不有的缺失。除此而外，还有一个原因也极为相关，这便是中国作为社会单元，其体位过大，在以单元为计量的现代人类世界中，这无疑会强化人们的竞争意识。而在缺失公共伦理制约的情形下，这样的竞争会成为盲动、乱动式的竞争。过去，中国同样是过大的社会单元，但其国人的功利心与竞争意识未曾开发出来，故大而无碍，而今，功利文化与竞争观念一齐被国人盲目接受，却又不能同步接受公共伦理，这必然会出现动物本能般的不适当竞争与自利变态，是以有憾。

四、救济与补位

中国人的伦理缺环或台阶失缺是不争的事实，它反过来直接影响了中国人的生活质量与社会秩序，也与悠古文化之声誉大相径庭。此外，我等虽常怀天人合一之大善，却不知也难以落实为善的真是。如此之类，值得我们反思、检省，而结果应该是补位和接环。

契约的秩序和规则方式已在过去几十年的开放历程中有了较多的注入，唯其所内在的伦理精神或正义理念尚不能真正广普化，这需待继续完善的市场经济体系和国际开放合作的深度，以促合其成，当然，国人特别是商业人士的契约质素教育亦是不可缺失的。具体的商业和民事行为及法律关系之外，契约伦理所支持的善待陌生人的善性原则及政治和社会权利、公民社会、民主政治、法治诸公共权利形态的善化大业，更当有实质性演进，如果国人缺乏真正的契约伦理，则不可能有真实的公民社会和公共权利形态。这些亦有待社会开放、经济市场化的继续及国民素质的提升，其中，人们的理性素质是其要。

较之契约伦理，公共伦理于中国人应是新课题。我们的文化与历史中一向无有真正的公共领域，传统农业社会中的公共领域早已异变为官场、商场、熟人社会，这意味着我们有结构性的改造的必要：让官场、商场、熟人社会缩小空间，开拓公共领域。当然，有公共领域就需要有公共的善待，这亦是理性质素的养育问题，其目标首先是，善待公共领域即善待自己；其次，善待公共领域就是尊重自己。将自己与公共领域等同起来，这是理性思维的最高境界，亦是公共伦理的支撑点。其理路是，每个人都觉得自我重要，公共领域是自我的选择结果与意愿之所在，因之，维护公共领域的秩序、完美，善待公共领域即自我意志的实现，或即说自我的实现导致了公共伦理的完整。

这一理性自我的建构，可说是补位上言两大伦理缺失的首要前提，与之反逆，任何本能自我均将有碍于这样的救济与补位。理性自我是国人质素中的缺环，不能补足人的质素之缺，就不能延伸出真正的契约伦理和公共伦理。而理性自我的养育实非一日之功，它要依赖环境的衬托，也需得教育的入巷。这里的环境所指，当包括社会与国人的开放程度、国际合作与交往的频率、文化交流与融合的深度诸项，也包括国际金融、商业、科技、环保、灾害治理、冲突解决诸领域的参与、合作。只有国际化、全球化过程中的国人，才可能更理性、更懂得自我的真谛；而理性自我的教育问题，本质上即公民教育：做理性人，改造本能自我，懂得公共价值，实现自我的理性变迁，当为其要。

塑造理性自我，尊重契约伦理，轨持公共伦理，是当下至未来相当长时期中国人之素质养育与文化建构的责任与任务，唯此可坚实中华文化的基础，可接续善之链条的缺环，可兴国运、开民风，故而是国人之责，社会之功，国家之命。否则便无法成就与宏扩先贤哲圣所奠基的中华文化，更无法让它成为未来人类新文化的鲜活成素，是以当认真对待，勠力致功。

“量化金融学”的理论脉路、旨趣与方法论
——兼谈算法在金融与投资量化决策中的作用

王家国　张心一*

摘　要　量化金融学是基于数据的量化分析而展开的以定量化的方法来解决金融问题的一门科学。与传统金融理论相比，量化金融学的核心旨趣在于通过量化实证的方法从不确定中追求“确定性”，它综合运用数学、统计学和计算机编程等量化技术来解决金融决策问题。这种研究风潮已在世界各国蔚然成风、竞相角逐，竞争的焦点之一在于寻求高胜率的“算法”。我们应当客观地对待这股金融创新的风潮，在努力降低金融决策的不确定性的同时，也要充分认识到算法决策的风险，并尊重和肯定人的主体性。

关键词　量化金融　智能决策　算法　人的主体性

量化金融学是一个全新的概念。顾名思义，量化金融学是基于数据的量化分析而展开的以定量化的方法来解决金融问题的一门科学，简言之，是对金融现象与金融行为予以量化的科学，就是定性问题定量化。

当前，全世界都还没有把这门科学称为“学”，而只是将其放置在金融学的某个角落里。我们往往称之为计量金融（Quantitative Finance）或金融工程（Financial Engineering），将之列为金融学科的一小部分内容（一门课程），并且其时常被认为是“小众”知识。但这种认识是不对的，在笔者看来，这个所谓的“小众”知识必然成为金融学的主流方向并且取代传统的金融学与当下流行的行为金融学，成为金融学的“第三代主流理论”。

---

* 王家国，杭州师范大学法学院副教授，法律实证研究中心主任兼法治中国化研究中心研究员，法学博士。主要研究领域：法律理论、金融法。张心一，杭州师范大学法学院2022级法学硕士研究生。

一、量化金融学的理论脉络

金融学区别于经济学，前者以货币为中心，后者以产业为中心。形象一点说，经济学是钱经由生产而再生钱（如开发商，G－W－G′），但金融学是钱生钱（如炒地皮、炒房，G－G′）。[1]有人把金融学理解为经济学的一部分，笔者不这样认为。比如2008年美国金融危机下出台量化宽松货币政策（Quantitative Easing Monetary Policy），使得世界其他国家纷纷加大纸币印刷，但非美元国家的印钞行为与其本国的经济并无关系。

金融学已大致经历了两个阶段，即传统金融学与行为金融学（未来将走向量化金融学）。在传统金融学阶段，即20世纪50年代之前，金融学的研究重心在“货币银行学”，落脚点仍是经济与市场，其核心的思想基础是“价值理论”。这个时期的前辈努力，使得金融学成为一门日渐被重视的“独立学科”，当然也产生了大批金融学代表人物，比如1976年因货币供应理论而获得诺贝尔奖的米尔顿·弗里德曼（Milton Friedman）。但这个时期之所以被称为“传统”金融学，一个主要的原因是人们将金融学依然奠基于经济学之上，或研究重心仍在实体经济与市场上。

第二阶段的行为金融学，即研究重心从实体走向行为。这个阶段大约起源于20世纪70年代，其主要知识来源或知识营养是行为科学、心理学等，其核心的思想基础是“期望理论”。在丹尼尔·卡内曼（Daniel Kahneman）和阿莫斯·图斯基（Amos Tversky）等经济学家努力下，行为金融学也在随后的数十年里得到不断推进。最典型的代表就是2017年获得诺贝尔奖的理查德·塞勒（Richard H. Thaler），他从行为与心理的角度研究经济、股市等并曾成功预测金融危机爆发。当前，对行为金融学的研究仍如火如荼，还有学者源源不断地加

---

〔1〕 金融的概念需要澄清。它有传统金融（货币银行）和现代金融（投融资）两个发展阶段，现代金融不只是传统金融所研究的“融资”，同时还有“投资”，而对于传统金融而言，金融的全部业务内容“乃指资金从供给者流向需求者的金钱融通”。参见王文宇：《新金融法》，元照出版公司2004年版，第3页。传统金融的概念并不能完整揭示金融的全貌，并且监管方法的单一和狭窄会导致金融市场监管漏洞、盲区甚或失控，比如个体金融、资本市场等未被纳入其中。See Peter Newman，Murray Milgate & John Eatwell eds，“The New Palgrave Dictionary of Money and Finance”，*Macmillan*，1992，pp. 26－39.

人这条道路。他们最终必将走向对“行为”的量化分析，一个根本的原因是，心理学或行为科学的解释依然存在很大的“不确定性”。

在这个意义上，经济学或金融学要比哲学落后若干年。在过去的一百年里，经济学才从对实体（本基）的研究走向对行为（主体）的研究，而哲学早在格劳秀斯时代就摆脱了对本源与上帝的研究，走向了对人本身即主体和认知过程的研究，进而在 19 世纪末 20 世纪初自维特根斯坦时代开始第三次转向，即转向对媒介、手段（语言）的研究。而至今，经济学或金融学还没有高度重视对媒介、手段的研究，即对资讯（Data）作量化研究。但必须肯定的是，前人的研究为后人打开新世界奠定了基础，功不可没。

二、量化金融学的学术旨趣

量化金融学有很多值得追求的学术目标或理论旨趣，比如以更科学的方法来解释传统金融学与行为金融学中依然存在的一些模糊、定性问题，以量化的方法来判断何谓“好、坏”“对、错”以及选择、决策的依据，以更大的信息来源来突破人类理性的有限性，以更客观的评判标准（量化系统）来取代人类行为选择过程中无法克服的情绪、直觉、欲望等不确定性因素，以相对客观的数据来取代空洞的概念或大词套话，如此等等。当然，笔者以为，最核心的旨趣可以归纳为：在不确定中追求“确定性”。其核心的思想基础是“量化实证主义”，在这里，行为金融学所引以为豪的心理学研究和套利限制等“贡献”将变得不那么重要了，量化金融学是一场“颠覆性的革命”。

金融行为本质上是行为选择与行为决策的过程。我们必须承认，一切金融现象都可以归结于行为，即行为选择与决策。在金融领域里，我们面临的是充满无数可能性、偶然性或风险性的自然与社会，我们的决策固然是以人为中心、围绕人与物的关系而展开的有意识的行为，但这个行为所发生的机理、行为选择与决策的依据、后期效果预评估等如何展开或如何可得，都是需要尽可能地提前考虑的。量化金融学就是要把这些决策依据数据化、信息化，把决策机理数模化、程序化，将后期效果预评估提前化、可视化，从而得到 N 个模拟决策结论，供人类选择与参考。当然，人类最终选择何种方案，科学的方法是服从量化决策所指示的那个属于最大概率的运算结论（有意赌博行为除外）。[2]

量化决策中追求的这种“确定性”并不是绝对意义上的确定性，而是概率学意义上的。我们讲过，量化金融学追求确定性，以图努力回避传统决策过程中无法排除的“不确定性”。这种说法会带来误解，认为量化决策或量化金融学可以得到“100% 正确的答案”。这可能吗？我们必须诚实地回答：不可能！因为它只是得到一个“大概率情形”，并且是基于历史数据或先前信息而“归纳”出来的一个大概率情形。而逻辑学告诉我们，归纳法是有风险的，比如样本与统计偏差、算法依赖、“黑天鹅事件”，等等。并且这种方法中依然存在一个假设：从数据中可推导现实、从历史中可推导未来！这个假设，在一定意义上，并非绝对的真理，毕竟我们面临的是一个风险社会、偶然世界，而不是单线性发展的封闭的单一世界。但退一万步讲，这种不确定性是“看得见的风险”，是有科学依据的、可以确信的“小概率”，因而从其信度和效用上看要远远优于主观判决所带来的不确定性。

这种确定性的追求是以大数据和现代科技为依托的。这无疑得益于现代科技的发展，尤其是超算、IT、互联网等领域的发展，这些硬件与软件领域的发展为量化金融提供了海量的数据来源与超强的算力，而对于量化金融学来说，似乎唯一要做的事就是如何建构“算法”了。不过，这种说法并不全面，比如从一定角度讲，数据来源的全面性或数据的全覆盖也是很难做到的。但无论如何，量化金融的研究必须依托大数据与现代科技，在这个意义上，这是一个交叉学科。

对这种确定性的追求，不排除依然存在的“不确定性”或视角盲区，因而需要“策略”来弥补。换言之，电脑不能且不会全部地、完全地取代人脑即人类自己的思考。我们不能指望量化研究可以让人类一劳永逸、放弃独立思考，恰恰相反，量化金融的研究只是为人类提供一个概率学上的“大概率事件”，可以“模拟演习”、提前展示事件可能的发展情形，以便于决策参考，而不是取代

---

〔2〕 马克思对金融现象与金融行为基本持否定态度，他对“交易所”的理解就是资本家互相掠夺资本的地方，遵循着一种“达尔文主义”，即祸福贫富，都是上帝预先决定的，或者说是碰运气。参见马克思：《资本论》（第 3 卷），人民出版社 2004 年版，第 1028 页。马克思认为，在金融市场中，除了弱肉强食，普通人想取胜是几乎不可能的，或者只能靠运气。但现代量化金融学的研究，并不支持上述结论。

人本身。所以，我们要客观地对待“量化决策”，复杂的量化分析技术虽然确实可以为人的决策目标提供一个重要的视角，但终究无法代表人的创造力、判断力和经验。[3]

对于依然存在的、概率学上的“小概率事件”（比如可能性低于 5% 的事件），又该如何弥补？这就是人脑要处理的问题，我把它称为“策略”。在投资领域，比如资产配置（“不要把鸡蛋放在同一个篮子”）、对冲等本质上就是一种策略。

三、量化金融学的研究路径

20 世纪 90 年代初在金融学领域风行一种研究新取向，即我们现行大学课堂里讲授的“金融工程”。“工程”这个词在西方常用于研究领域，比如社会工程。人们对这个词始终保持着一定的戒备之心：它在“肢解”一个整体，且在它的世界里，唯一追求的价值是“真”，而忽略什么是“善”和“美”。

不过，这并不影响它充满诱惑的发展前景，尤其是在金融领域的广阔发展前景。从知识背景或方法论上讲，量化金融学是综合运用了数学、统计学和计算机编程技术来解决金融问题的。它有点像逻辑学上的“奥卡姆剃刀”（Occam's Razor），试图把金融决策行为中所有“不确定性的东西”剔除，只留下能够定量化的、可确定的因素（自变量），作为确定的变量因子来推演经济学上的“效用函数”，以期得到大概率方案。从知识构成来讲，它主要包括信息学、数学、统计学、精算科学、IT 计算与编程、证券定价、风险分析、金融模型、金融信息解析、决策科学以及经济学、金融理论、哲学、法学等。

量化金融学的任务是摆脱传统金融学与行为金融学中一直无法克服的选择困难症。事物或世界总是多样的、复杂的，人们的思维、喜好等个性特征也千差万别，所以在面对诸多复杂性难题或选择时，往往出现“公说公有理、婆说婆有理”的局面，人们在作出决断时往往讲道理、凭经验、靠感觉，这显然是靠不住的，并且无法传授和复制。量化金融学恰恰要克服这个缺点，以最简单、经济、有效的办法得出最大概率的抉择方案。这种量化解决方案在最大程度上

---

〔3〕 Glen Miller and Garry L. Moody, “Quantitative Techniques in Financial Decision-Making For Taxes”, *TAXES-The Tax Magazine* 59, 1981, p. 844.

体现了“思维经济原则”，即“如无必要、勿增实体”的处断风格，但它比这个原则更进一步，在形式化的道路上更上层楼，走向分析过程的定量化、模式化和程序化，并且这些套路不同但数量有限的方法（量化决策系统）可以得到规模化的传授和复制，一直流传下去并不断改进。

所以，量化金融学与其他理论的区别恰恰就在于信息化、数据化、程序化、形式化与定量化，即实体内容的信息化、认知因子的数据化、思维方式的程序化、分析进路的形式化与推理结论的定量化。它几乎完全撇开传统意义上对实体目标“好/坏”的定性化判断，也几乎完全抛开现在流行的行为金融学对人的行为的心理分析，而是站在脑科学、认知科学研究基础上，对经营状况、财务、交易、价格等事实或行为，甚至对意志、情绪等概念上仍相对笼统的“因子”，都予以信息化或数量化处理；同时，对一些目前仍无法信息化、数量化处理的因素则毫不留情地予以剔除。从这个意义上讲，量化金融学最核心的特征或研究进路就是“量化”。

在统计学上可以很容易理解这种做法，因为统计学就是要将所有现象量化。所以量化金融学把数据分为两类：定性数据（Qualitative Data）和定量数据（Quantitative Data），定性问题也要数据化。我们有理由相信，在未来的“大数据”主导的时代里，这种量化分析的研究方法必将成为最主流的科学决策进路，尤其是在金融与投资领域。

四、量化金融学与中国学派

量化金融与投资决策在英美国家十分流行。有数据显示，美国市场中采用量化投资策略的资产规模已达70%以上，而我国当前仍不到20%。这种落后与我们对量化金融学的重视程度、研究深度、普及广度等密切关联。我们有理由相信，量化金融学在21世纪的全球金融贸易一体化过程中将成为一门显学，一门集多学科、多领域于一体的综合性知识体系，而不再只是一门“课程”。

客观地讲，中国的金融学人在20世纪70年代末已经走上量化金融这条“康庄大道”，并且在21世纪初已然形成一定的规模，从业人数与研究成果呈逐年递增之势。尤其是近10年大数据时代来临，人们日益重视数据分析与量化决策。最具代表性的研究团队也许就是当年的光大证券策略投资部，2013年8月16日的“乌龙事件”既代表了其研究的高峰，也暴露了量化决策的缺陷；而

2015年5月30日的“5·30股灾”事件恰恰是这种量化投资决策与自动化交易被大面积推广之后造成的“集体性踩踏”和风险集中释放。

失败是成功之母。人类总是在挫折和失败中寻找成功的答案，而不是在摔倒之后原地不动。量化金融学亦然！当前，中国的经济学界或金融学界依然活跃着很多十分执着的研究者、实践者，在数据化、信息化的道路上孜孜以求、乐此不疲。我们在信用体系建设、证券投资决策等领域中可以看到他们的身影。

在信用体系建设上，一些金融科技公司尝试用学习算法（Learning Algorithms）来处理信用评级过程中需要用到的非传统数据。[4]阿里巴巴旗下的金融产品“芝麻信用”就是一个典型实例。它利用大数据和算法，对人们的日常经济与金融行为进行量化分析并进行赋分式的信用评估。“芝麻信用”一改过往经济学热衷作出“好人”“好公司”“好股票”之类的定性化判断的传统做法，也不效仿行为金融学所偏爱的行为心理分析，只努力探寻人们的资金实力、履约能力、日常交易行为是否违约等可以量化的信息与数据，并根据一定的算法作出模型化的数据统计，然后根据统计结果作出信用评估与量化评级。虽然这种评估数据还没有得到最广泛的认同和使用，但这种沿着量化前进的思路和办法是值得肯定的，由此得出的决策或结论也自然是相对科学和客观的。这种量化信用评级体系，有可能会带来一场社会治理模式革命，从传统的德治（内在自律）和法治（外部他律）走向“数治”社会，即用量化的信用评级系统来评价、引导和约束人们的日常行为，并以此作为信用贷款投放、资信、融资交易等金融决策参考的客观依据。

而在证券投资领域中，这种依托IT、互联网与大数据技术的量化分析与金融决策现象则更是火热。有数据显示，2018年全球排名前六位的资管机构中有五家是依靠计算机技术来开展量化投资决策的，而且这种趋势与规模在随后两年里又呈阶梯式扩大，量化投资技术几乎覆盖了投资与决策的全过程。同样，2020年10月16日，由上海对冲基金园区主办、上海证券等多家金融机构协办的第七届中国北外滩资产管理峰会中还特别开设了一个分论坛，即“理财新风

---

[4] Kristin Johnson, Frank Pasquale & Jennifer Chapman, “Artificial Intelligence, Machine Learning, and Bias in Finance: Toward Responsible Innovation”, *Fordham Law Review*88, 2019, p. 500.

口——量化投资”，更彰显了量化金融学研究道路上中国学派的成果、风采与实力。在该论坛上，人们基本达成一个共识：量化投资已成理财新风口，十年后，中国金融界的量化与被动投资或将超过主动投资！

在学科建设上，国内一部分高校开始走出狭隘的“课程”定位，看到了量化金融学的综合性与重要性，尝试多学科合作、多维度培养的“新模式”。有报道称，清华大学已经开设“新专业”——计算机与金融双学士学位，被业内称为“高考状元收割机”。这一现象表明，国内大学开始重视该学科，并且开启多学科合作培养模式。这种努力与尝试值得肯定。不过在我们看来，这种“双学位”培养模式的还不足以匹配量化金融学作为一门系统的“学”而应有的地位，毕竟仅凭计算机和金融学知识还远远不足以应对“量化金融学”所涉及的诸多学科知识的要求，也不足以应对现实金融创新实践所需要的人才标准。如果没有数学或数模建构的基础，“算法”从哪里来？

五、追求确定性：量化决策与算法

预测分析推动算法决策。[5]量化金融学的重要研究内容就是“算法”，而“算法”的核心特征是程序化和量化，就是一套分析数据和处理问题的程序指令或量化决策系统，用以协助用户准确而快捷地寻找到解决问题的方案，其背后隐含程序设计者的某种“期望”。在算法思维或程序的指引下，人们可以在纷繁复杂的信息堆或数据丛中排除干扰，快速得到概率学的最优选择或高胜率方案。从这个角度看，算法本身也是一种“知识”。

不同层面的知识研究代表着不同的思维方式。从一定意义上讲，人类的一切知识都是为了决策，无论是对事物本身（本体论）、对认知本身（认识论）等层面，还是对认知与事物的关系（方法论）层面的知识研究，最终都是为了更好地决策。算法知识（思维）也不例外，它兼具认识论与方法论的双重属性。

所以，算法虽然时髦，看似高深，但其实并不新奇，因为人类早就研究算法了，为了避免“公说公有理、婆说婆有理”的困境，追求思维的经济性，亚里士多德最早为人类思维“立规”，他创立的三段论其实就是一种“算法”。当

---

〔5〕 Robert H. Sloan & Richard Warner, “Algorithms and Human Freedom”, *Santa Clara High Technology Law Journal* 35, 2019, p. 1.

然，后人也一直在研究这种“算法”，近代有“奥卡姆剃刀”，现今我们看到拉伦兹的《法学方法论》，其实也是一种法学思维或法律问题（案件）处理的“算法”。在这个意义上我们或许可以这样说：一切法律规则其实都是为人类的社会行为设定的“算法”，合同法就是典型。人们今天讨论的“算法”显然已经远超过“三段论”的逻辑学或思维科学了，而是用计算机程序语言来表达一种对风险决策的最优解决方案之获得路径或方法，即把风险决策中人的“选择”行为数据化、程序化、机械化。

即使是在金融领域，人类追求量化分析与预测也已历时较久了。[6]很多人讨论算法却基本上不展示算法程序，一个主要的原因是算法普遍比较复杂、不易理解，尤其是作为知识产权的“算法”更不会展示于世人。下面，我们不妨来展示和剖析一个算法样本。以金融行为或证券投资决策为例，最简单的算法程式或许就是单均线交易系统，具体程序语言如下：

```
a：=ma（c，n）；{n 天收盘价的平均价}
ENTERLONG：c > a；{多头买入}
EXITLONG：c < a；{多头卖出}
```

各代码内涵和指令语言此处不再展开。这段程序语言的目标内容就是，用一条线（a）来判断股票的买与卖。程序设计或算法就是：赋值 n 天收盘价的平均价为 a；若某一天收盘价 c 大于 a 时，决策系统发出买入信号；反之，则发出卖出信号。该系统以中国证券市场这 30 年数据为决策信息来源（输入），以本周期收盘价为买卖点，以日线交易数据为分析样本，以年化（250 个交易日）收益率 10% 为目标，交易方向设定为多头，交易税费假设为 0，赋值 n 等于 13。通过特定的交易决策分析系统进行检测，从其检测结果的统计报告可以看到，共发出交易指令（输出）10464305 个，其平均成功率为 82.02% 。当然，这个输出结果（因变量）是随着输入数据（自变量）变化而变化的。这就是一种典型的量化“算法”，也就是一种金融风险行为选择的量化决策系统。

可以看出，算法本身是一套分析数据和处理问题的程序指令，人们为这套算法设定好了数据源、数据处理方式和条件，并设定当满足特定条件时发出人

---

〔6〕 Anthony Saunders & Marcia Cornett，*Financial Institutions Management：A Risk Management Approach*，9th ed.，McGraw-Hill，2017，pp. 97 –103.

们所要求的决策指令。这种程序化“算法”的优势在于可以在历史的数据中测算出其决策结论的胜算率或正确性，而人类根据经验去判断胜算几何时，往往并不那么精准。

我们不妨这样归纳，算法程式的构成广义上包括数据、条件、程序，而狭义上仅指用计算机语言表达的程序，该程序至少有三个部分或模块组成：数据调用与处理、期望效用的判准、期望效用的决策，运行终端指令就是期望值。在这个模块程序化决策过程中，没有伦理、环境、时空、情绪、直觉、实质推理、可辩驳甚至有限理性，只有非此即彼的判断（在1与0之间，非1即0，一种真假值的二元逻辑判断）。

从上述算法实例我们很容易看到，价格上1分钱的波动就会决定决策指令是否发出。这种极端追求精准或完美的做法在正常人类的思维中是“极端的”做法，但算法思维偏偏就是“走极端”。这种“走极端”不只是体现在数据处理或算法本身上，还时常体现在人自身及其生活里。比如法律规则中，对14周岁为标准的刑事行为能力或构罪标准划分就是典型的“算法”，所以在某律师的性侵养女案指控中，“2015年12月31日”才会成为争议的焦点。

事实上，我们人类的一切知识或信息都是通过某种“渠道”获取的，通常或原本情况下，这种获取渠道因人而异，具有多样性。量化研究技术就是用来捕捉和提炼这些纷繁复杂的信息的，这些信息要么是传统管理者所赖以研究的内容，要么直接被纳入量化系统所使用的复杂数学模型中。[7]而随着人类进入电子数字化时代尤其是算法时代，算法统治着人们日常使用的电子设备，习惯于使用这些电子设备查阅信息的人们信息获取的渠道就变得越发地单一化、被动化和趋同化。以百度阅读信息推送为例，百度特有的算法中暗插一段模块，使其推广的商家出现在用户信息搜索结果的最前面或第一页，提高用户对广告商信息的获取率（Accessibility），一度“制造”了魏则西案。同样，以淘宝的信息推送为例，如果你去年装修房屋时购买家具的浏览痕迹或交易信息比较多，那么未来相当长的一段时间内，你所得到的推送信息将以家具家装类为主，虽然你的房屋早就装修好了。要想改变这种“被动”获取的信息推送状态只有两

---

〔7〕 Edward L. Pittman, “Quantitative Investment Models, Errors, and The Federal Securities Laws”, *New York University Journal of Law & Business*13, 2017, p. 637.

个途径：要么清空之前的浏览和交易数据，要么自己学会编写程序。

这些例子说明两个问题：其一，从算法本身角度看，算法虽然无罪，但它是基于历史数据分析而展开“信息投喂”，是一种“有倾向性”的量化决策，这种倾向性有时是基于数据的，有时是基于程序设计者的。其二，从用户（人）的角度看，算法容易使人形成“路径依赖”，用户如果不能清醒地保持自我意识，那么有可能在相当长的一段时间内被动生活在算法统治的信息世界里，在算法控制下的信息“投喂”过程中丧失了主体性。算法虽然无罪，但更应主动了解用户的高级目标，而不是追随用户原有喜好。当然，任何算法都不是天然客观的自然之物，而是人为设定的、有某种设计预期或目的性的“人造事实”（Artifact）。

六、降低不确定性：算法决策的风险与人的主体性

人是一种有意识的行为主体，行为本质就是选择，且选择往往因人而异，所以才有了人类社会的多样性，而决定选择结果多样性的核心力量就是思维的多样性。但算法世界里，统一思维、统一标准、统一决策等一致化的量化决策，就会诱发算法思维决策指令的接受者在被动接受“信息投喂”的过程中，日渐走向单一甚至极端，演变成单向度的人，人类社会甚至可能因此而逐步丧失多样性。造成这种主体性隐退、单向度、极端化、一致化局面的主要原因，是我们统一使用了“某一个（些）人”带有一定的“偏见”[8]色彩的算法，换言之，在算法世界里，算法的统一化、程式化、机械化、简单化带来了主体性与多样性的毁灭，甚至带来“算法统治”“专家（算法设计者）司法”等问题和风险。

面对算法的统治与风险，有没有化解风险的良策或拯救的办法？当然有，那就是要认真对待“策略”。虽然算法在设计时其本身的内容中也会有“策略”部分的设计语言，但它只是一种追求高胜率、大概率的“量化”式策略，而不是人类本身在认知或思维中原有的那种策略。所谓策略，就是为实现某个目标

---

〔8〕 Garry Mathiason，“AI's Transformational Role in Making HR More Objective While Overcoming the Challenge of Illegal Algorithm Biases”，*The Journal of Robotics*，*Artificial Intelligence & Law* 1，2018，p. 91.

而预备的若干方案的集合。所谓“原则性与灵活性相结合”，这个“灵活性”讲的其实就是策略（也许那个刚性的“原则性”可以被设计为程序语言中的可量化运算的“算法”）。

所以，算法与策略才是风险决策的最佳组合。算法追求“确定性”（Definiteness，又译确切性）或大概率（Effectiveness，有效性），而策略追求灵活性（Flexibility）与现实可行性（Utility，效用）。人类总在追求确定性，却无往不在不确定性之中，作为量化决策系统的算法能改变这种宿命吗?!

客观地讲，算法虽有缺陷与风险，但也并非一无是处。我们只有把世界理解为不确定性的世界，把社会理解为风险社会，把决策理解为风险决策，才会意识到算法的重要性和必要性。从这个意义上讲，算法思维与策略思维都很重要。算法思维的长处是人类大脑思维无法企及的，比如它可以把笼统概念项目化、流程步骤程序化、评价体系标准化、判断标准定量化。其最大优势或许还在于，它能像“超人”那样迅速处理海量数据，并且能够在纷繁复杂的海量信息干扰中迅捷、精准地找到最大胜率的方案。人类需要算法，数据时代更是如此。

但我们也要看到，需要不等同于依赖，因为算法世界与人类世界之间有太多的不同，其中最大的不同就在于，算法以追求风险决策的“科学化”为目标。从真善美的角度讲，它只求真（真假值的二元逻辑判断），但人类追求的目标不只有胜负，还有谦让和宽容，正如人类追求的价值不只有真，还有善和美！同样值得我们反思的是，概率学上的高胜率、最优方案，是不是就真的“最优”，或者说，我们如何理解这个“最优”？该高胜率方案是不是就是我们所有人都需要的“唯一正解”?

法律语境下自动提取的含义：机遇与挑战

[美] 凯文·阿什利*
胡铖蕾　译**

摘　要　人工智能与法律，这个富有魅力的领域自20个世纪80年代发展至今，正处于关键的变革阶段。在此过程中，学界涌现出众多法律学说及相关探讨。本文基于美国著名人工智能与法律研究学者匹兹堡大学凯文·阿什利教授在"新科技与法律前沿问题"国际论坛上的演讲和其新书《人工智能与法律解析：数据时代法律解析的新工具》的部分内容，对阿什利教授的研究成果进行总结。本文主要介绍了三种法律文本解析技术与应用程序，法律文本解析的局限、满足人工文本注释的需要以及在此前提下律师事务所和法学院的实用策略。

关键词　法律文本解析　人工智能　人工注释　策略

人工智能与法律（AI and Law）作为一项随新科技的发展而衍生的法律领域，其生命的基础与人工智能及其他新科技的发展息息相关。该领域是研究人员构建法律推理行为计算机模型的计算机科学分区，近年来在此领域涌现出众多的法律问题和法学探讨。在北美和欧洲，诸多相关科学技术的软件应用被开发使用，给学术界和司法实践带来了改革的热风。正如凯文·阿什利教授所指出的那样，在此领域内，对于法律解析及其应用的探讨显然占据了重要的一席之地。

---

* 凯文·阿什利（Kevin D. Ashley），匹兹堡大学法学教授，主要研究方向：法律推理的计算机建模、网络空间法。

** 胡铖蕾，环球组织公羊会法律顾问，杭州师范大学法学学士，主要研究方向：人工智能与法律、女性主义法学。本文根据阿什利教授在2019年6月"新科技与法律前沿问题"国际论坛上的讲座内容及其著作《人工智能与法律解析：数据时代法律解析的新工具》（*Artificial Intelligence and Legal Analytics：New Tools for Law Practice in the Digital Age*）编译而来，旨在介绍该法学前沿思想与动态。

一、法律文本解析

法律文本解析（Legal Text Analytics），或称文本挖掘（Text Mining），系指自然语言处理（Nature Language Processing，NLP），机器学习（Machine Learning，ML）和其他能够从法律案件的判决、合同或法规的档案中提取有效信息（或语义）的计算机技术。在法律文本解析中，需要关注的是对争议的挖掘，亦即关注本语料库中与参数相关信息的分析、发现。例如，前提和结论，论证或反驳论据，法律论证中的语句角色，权利主张的实质性优点或缺点等。

二、三种法律文本解析技巧

法律文本解析技术主要分为法律文本集合下的机器学习、法律网络图表以及法律问答系统。法律文本集合下的机器学习是使用统计方法从数据中诱导或“学习”模型的计算机程序，通过这些数据可以对文档进行分类或预测新案例的判决结果走向；法律网络图表是“法律对象”（如引用的法律案例或法规），法定条款提及的概念或通信链接之间关系的图表；法律问答系统则是指通过搜索大型文本集合以精确查找可直接回答用户相关法律问题的文档、短语或句子。

（一）机器学习的分类及其预测结果

机器学习分为训练步骤和预测步骤。对机器学习训练进行分类，是为了便于后期预测类标签，其训练步骤是将机器学习之算法作为输入。训练集中的案例的文本块（如句子）表示为特征向量和目标标签——后者例如，分类是否适用二元决策。训练步骤能够系统地“学习”句子特征向量中的某些语言特征与目标标签之间的对应关系。而预测步骤则是将来自测试集的给定块的文本也表示为特征向量，并预测分配给可能存在（也可能不存在）的句子的分类集合。

在案例输入—模型输出类型的机器学习中，最具有代表性的是 Katz 与 Bommarito 研发的 SCOTUS 和 Lex Machina。前者使用机器学习模型——决策树状图及由其产生的随机数集合，能够正确预测 60 年内 70% 的病例结果和 71% 的司法水平投票结果；后者基于从案例文本中提取的诉讼参与者及其行为，运用统计学习模型（亦可称作逻辑回归），来预测知识产权案件的结果，结果准确率为

64%。尽管两者都没有实现反映实质性法律价值的功能，但却引发一个普遍的思考，即机器学习的特征究竟可以在多大程度上从文本中提取出来？

SCOTUS 机器学习的数据库功能是较为全面的，它能够提取的字符和文本包含了案例信息、法院及其他司法机关的背景信息和决策趋势。案例信息包括管理行动、案例来源、巡回案例的起因、案例源、案件类型、下级法院处理方式、下级法院处分、下级法院分歧、法律问题、法律问题所属的领域、管辖权、申请人、申诉人被驳回、被告、被告人被驳回、证明书理由等信息。法院及其他司法机关背景信息包括法官、法官性别、首席、党派主席、法院、成立年份、Segal 覆盖评分以及判案趋势。在判案趋势的信息集合里，即便决策方向取决于具体的法律领域，近期/前期条款、累计条款也包含了历史最高法院、下级法院判案趋势，现任最高法院判案趋势，最高法院个别法官及其差异趋势等信息。

Lex Machina 始发于斯坦福大学法学院教授马克·莱姆利（Mark Lemley）等人，后被 LexisNexis 收购。它以近 10 年所有知识产权诉讼的案例集为数据库，来预测知识产权申请和诉讼案件的结果。它将诉讼参与人及其行为，如诉讼当事人、律师及其律师事务所、分配到该案的法官、提出上诉的地方作为案例特征信息。其中，对预测结果准确性的贡献大小排名（由大至小）如下：法官身份，原告律师的律师事务所，被告身份、地区，被告律师的律师事务所，被告律师。Lex Machina 的工作机制是从案例文本中自动提取，此后再由 3 名知识产权专家对输出结果进行注释。值得一提的是，尽管模型与案件的优缺点无关，通过诉讼参加人和其行为特征，Lex Machina 能够间接地捕捉案情各个方面的价值，但是 Lex Machina 无法给出其在实质性法律价值层面的预测。

（二）通过网络图标绘制法律关系

该语境下的网络分为引文网络、社交网络和法定网络，对此分别有 Ravel、Casetext 和 Fastcase 三种绘制工具。引文网络的对象之间的关系为法律案件或法定条款之间的引用关系。社交网络的对象之间的关系则为实体之间的交流关系，例如，谁与谁在何时沟通交流以及交流内容。最典型的例子是电子取证中公司电子邮箱的发件人和收件人之间的联系。法定网络的对象之间的关系则是横亘多个法规和司法管辖区域的特定种类的监管所引用的实体之间的关系。

Ravel 的视觉地图中，美国案例文本显示了案例间法律概念的互相引证。

Casetext 的 CARA 的使用方式则稍显复杂，首先，输入概要即书面的法律文书，其次，CARA 基于引文网络输出总结其他案例，以支持该概要中的核心争议点。Fastcase 则是机器学习和网络图表的强大组合体，它使用文本分析获取有关法律引用，或者引用案例之间的引文链接的更多信息，并在引用或引用案例中确定目标段落的主题，以引用或引用案例中特定段落之间的细微联系来表示案例被引用的原因。它的交互式时间轴通常显示其搜索结果与查询的相关性、引用频率以及大多数相关案例中的被引用频率。

（三）法律问题回答系统

法律问题问答系统的功能是通过搜索大型文本集，以定位查找可直接回答用户问题的法律文档、短语或句子，集中体现其功能的系统是由美国多伦多法学院学生开发的 Ross 系统。它基于 IBM Watson（rossintelligence. com），用简单的英语语句输入问题，例如："在纽约，版权侵权的次要责任是什么？它是如何构成的?"法律问答系统则会输出具体答案、相关法律引用、建议读物和其他的数据内容。对于引用具有相关性答案的案例，例如 Arista Records v. Usenet. com（SDNY 2009）一案，Ross 系统引用文本答案，即是输入："……如果'了解侵权活动'，它'诱导，导致或实质上有助于他人的侵权行为，一方应对共同侵权负责。'……"

机器学习在法律问答上能力较为全面。首先，机器学习模型通过"问答"训练集中评估本次文本回答的新查询的可能性。其次，机器学习模型能够学会识别问题的类别，继而判断其是否可以作出回答，其中包括专家提供的段落内容中包含正确答案的自然语言（法律语言）练习。还包含与系统学习与训练实例的特征相关联的权重，以区分积极和消极问题的实例，其中权重能够反馈系统，用于精确"理解"用户问题。最后，用户反馈更新 Ross 对其回答用户问题的响应能力的评价。Ross 在用户反馈中有如下选项设置来采集测试信息准确度的数据样本："如果信息准确，请按赞同选项"或"如果信息不准确，请按反对选项"。

三、法律文本解析的局限性

如前文所述，法律文本解析具有极其强大的功能，但它也有一定的局限性。首先，应用程序无法像律师那样能动地阅读法律文本。由法律文本解析所衍生的应用程序的工作原理是使用统计方法，这仅可以从法律文本中提取一些语义信息即含义。它们使用提取含义来改进检索和关键词权重。到目前为止，人工智能还不能从法规文本中以逻辑形式提取法律规则。其次，机器学习产生答案但不作阐释。该局限具体表现在人工智能或机器学习无法解释其对法律问题的回答，也无法强有力地说明不同的具体情况将会如何影响其最后生成答案。最后，法律文本解析需要人工注释并监督学习，且可以注释的内容具有一定限制性。

法律文本解析使用的是自动化合同审查制度，它与人脑阅读存在一定差异。自动化合同审查将文本分析应用于合同式文本，一般采取常规合同批准下的半自动化审查，审查的主要对象是明显不寻常的条款和一些突出问题。以 Ravn 和 Kira 为例。这两款软件按输入文本的主题进行合同分类并确定共同的计算机语言，然后确定供应类型，参数值如日期、时间、美元金额等，通过收集其他合同中相同类型的条款和批准或不批准的合同语言来比较合同以确定差异。以 Kira 为例，对“本协议自约定生效日期起生效，并在双方对本协议的所有义务均已满足之日终止”的特色矢量的信息提取为“协议”、“双方”、“义务”、“满足”和“终止”，还包括合同库中的所有单词、双字母组合和特征，并按合同条款规定进行目标分类。

总部位于以色列的合同法律分析公司 LawGeex 最近发布了一项关于 LawGeex 系统的研究，该研究显示其产品在对一系列保密协议（NDAs）进行合同评估工作时比人类律师更准确——从数据来看，人类律师的平均准确率为 85%，而该系统的平均准确率为 94%。同时，LawGeex 公司在审查标准商业合同时比较了人工智能与人类律师的表现，并针对此问题做了一个测试实验。在该实验中，人工智能和人类律师的任务是确定 5 个保密协议中的“核心问题”，即 NDAs 中的 30 个类型的条款，包含仲裁、排除譬如来自第三方的信息、第三方披露的责任、非竞争、逆向工程、保密期限、保证譬如免责声明和限制等信息。例如，受保护信息的定义是 NDAs 中规定的“问题”之一，其定义如下：“受保护的信息包括信息的形式和披露的方式。”对于 Nota Bene 来说，问题识别并不意味着仅仅是阅读文本描述的法律问题后识别和分析它提出的与 NDAs 相关的法律问题。该测试实验的结果令人惊讶——LawGeex 系统比人类律师的速度快得多；人类律师平均花 92 分钟来审查 5 个 NDAs，但人工智能系统只需要 26 秒。

对此，我们可以进行简单的总结：在识别30个类型的法律条款时，该程序优于人类，这并不意外；但当询问目标NDA是否涵盖特定项目或法律信息类型，或在特定情况下引发法律问题时，人类律师可能会做得更好。值得注意的是，该程序将会知道一项规定是NDA对受保护信息的定义——但这不是该条文的含义，或它如何与可能提出的各种法律问题（或尽职调查风险）相关。

自动化合同审查也具有一定局限性。首先，机器训练需要大量关于不同合同的数据集，因为确定条款是否偏离法律部门的标准合同可能需要从数以万计的模板中学习，以达到合适的准确度。其次，尽管目标合同与数据集合中的合同使用同一种语言，但是针对合同不统一或涉及更复杂的推论的情况，自动化合同审查则显得无能为力。最后，虽然在尽职调查任务中，如果条款按类型识别并自动突出显示，人类律师将受益，但是人类律师仍然需要阅读选定的条款，以评估条款的含义，整合合同甚至多个合同中的多个条款的含义。

对于自动化合同审查的开放性信息的消除问题，则需要关注以下两个方面的争议。第一，文本分析能够在多大程度上实现自动化合同审查或尽职调查。对此可能涉及的问题包括：信息的扩展超出标准结构特征、供应类型和参数，地址信息分布在合同的不同部分或多个合同中，以及如何处理根据隐含信息进一步得出的法律推断。第二，显然，在绘制横亘多个条款或合同的语义或推理联系时，人类律师仍然具有明显的优势。这提示我们要使人工智能像人类律师一样阅读合同，不仅是提取简单的语义信息。因此，自动化合同审查主要面临三个方面的挑战：告诉人类律师自动尽职调查不能做什么，重新设计计算机和人类之间的协作过程以最大化优势互补，以及重新审视人类律师在该过程中的监督责任。

四、基于案例推理（CBR）的CAN计算机模型

法律解释的过程是如此复杂且抽象，那么基于案例推理的CAN计算机模型是否有助于法律解释呢？要回答这个问题，则必须要明确相关计算机模型的工作原理。首先，完整回答法律问题和预测案件结果应该囊括具体原因，而法律问答系统不能理解法律原因、法律推理或法律论证。统计机器学习的学习特征权重并不等同于法律推理。一些人工智能和法律的计算模型，例如CATO、IBP、VJAP、AGATHA实现了基于案例的法律推理和法律论证。它们抓取输入语句中的法律相关因子——这往往是强化或减弱某种法律主张的刻板事实模式，并将

问题与大多数相似案例进行类比和区分。在此过程中，法律相关因子的考量实质上是对输入语句与文本分析过程中探测到的类似案例的异同对比，区分是指将输入问题、输入案例与法律价值观和其对价值观的影响联系起来，最后生成法律预判并用律师可理解的基于案例的论证来进行解释。

关于样本语句的法律相关因子的提取，以 Mason 案为例，可进行进一步阐释。在 Mason 案中，关于鸡尾酒配方的商业秘密争议——Lynchburg 柠檬水，有如下语句：

F6：安全措施（原告）：他作证说他只把食谱告诉了他的一些员工和调酒师。他说每个人都被特别指示不要告诉任何人食谱。为了防止顾客学习食谱，员工只会在餐厅和休息室的后室进行饮料调配。

F15：特殊产品（原告）：似乎无法在原告以外的任何地方订购 Lynchburg 柠檬水。

F16：可操作的反向信息（有利于被告）：至少有一名证人作证说他可以在品尝 Lynchburg 柠檬水后还原其食谱。

F21：已知的机密信息（有利于原告）：在盘问中，Randle 一直认为 Mason 的 Lynchburg 柠檬水配方是一个秘密配方。

我们可以从中 F6 和 F15 中提取出语句的方向，从 F16 和 F21 中提取出对于原告或者被告的倾向性。

而 VJAP 则不然，它的运作过程是基于价值判断的法律论证预测。VJAP 曾以 121 起商业秘密盗用案件（74/47）、26 个因素（13/13）、4 个值和 55 个影响参数进行一次性实验，从传播论证中预测案例，绘制律师争议案例图表和先例的参数图，并将论证先例和效果权重参数纳入运作过程进行模拟优化。在 DYNAMICS 案中，原告的产品信息不够有价值，因为原告为保持信息的保密性所做的努力甚少。具体而言，公开披露相当于原告明示放弃财产利益。另外，公共信息的可用性至关重要，尽管缺乏对被告的有力证据以及产品信息是独一无二的事实，但原告认为缺乏保密信息必须被认为是充分确立的，因此明确放弃对保密利益的豁免。在 NATIONAL-REJECTORS 案中也进行了类似的跨期权衡——应用在对被告的决定上。在这个案例中，原告向外界披露相当于明显放弃财产权益和明确放弃保密利益。而反向的可控制性被认定为缺乏信息价值——尽管产品信息是独一无二的。

对于可提取作为论据的相关信息类型，主要分为四类：议论命题——前提或结论；嵌套论证；通过实例和其他论证方案进行论证；规范句在法律论证中起作用，例如，法律规则句、基于证据的判决句、引文句和商业秘密法或房东/租户纠纷中的法律因素。VJAP 对于自动识别相关因子的学习也取得了一定的进展。它收录了来自 CourtListener 的 1600 个商业秘密案件，并针对 VJAP 库中的 179 例案件，使用 Doc2Vec 来连接上下文的语义信息。

完成了所有相关因子训练的机器学习模型［使用 OneVsRest 的支持向量机（SVM）］包含了适用于每个案例文档的预测因子。其评估则以 VJAP 库中 70% 的文档作为训练集，30% 的文件作为保留测试集，生成的结果 F1 为 69/65（精度和召回的算术平均值）。其中预测因子的作用是非常显著的，譬如实践中曾有利用相关因子分析和预测房东—租户，由此决定增加司法准入的例子——蒙特利尔大学 CyberJustice 实验室的 JusticeBot 项目。此项目以魁北克 Régiedulogement Du 案例判决等大量案例作为基础，确定租户寻求公寓问题补救的争议中的 44 个因素，例如公寓内臭虫的存在、高噪声水平或其他绝缘问题等，并使用这些因素来标记 149 个案例。在案件中，研究人员探寻到与减租和金额奖励明显相关的因素。

五、人工文本注释

（一）人工文本注释的重要性

人工注释至关重要，因为受监督的机器学习程序需要由人类手动注释的一组训练实例。尽管就理论而言，法律文本集合中的无监督机器学习可能存在，但到目前为止对此的研究还不够详细。文本注释包括标记案例涉及法规，用以识别输入语义信息的类型，最后确定法律概念或法律关系的层次结构。通过此种传递路径，机器学习可以自动将不同的信息类型分配给相应文本区域。一般的文本区域包括法律论证方案、论证中的法律语句角色、机器学习中刻板事实模式等。

（二）人工文本注释的主体

必须要认识到的是，机器学习的注释价格不菲。为了减少成本，开发商会与律所达成一些合作。譬如 Ross 平台是由律师上传摘要和注释，平台负责解析和分析摘要，确定引用的法律条文是否健全，并且会提供质量不低的法律反馈。

作为交换，平台要求律师用户注释数据，这些注释涉及重大法律决策、关键法律事实等。对于 Ross 之类的软件来说，获取高质量数据集是机器学习的关键，而法律专家云集的数据注释反馈项目可以满足这一需求，这就形成了 Ross 和律师用户的双赢局面。

这些软件的用户，也包括法学院的学生，因此法学院对此有普遍共识：法学院学生可以从注释法律文本中学到宝贵的经验。这主要是因为人工文本注释任务能够引导学生关注案例中法律推理的核心争议点，譬如法律论证中的某些特定语句、论证的结构方式和涉及特定法律领域的法律论证的优点和缺点。法学院学生的注释将生成有用的数据，以便于机器学习程序学习自动注释文本，故从更为宏观的角度来看，从事注释任务的法学院的学生正投身于法律制度的再创设和具体化过程。

（三）语义注释的局限性

首先需确保信息必须在以下文本中直接表达——除了人类能够可靠地注释它之外，还需保证其以类似管道传递的技术来实现自动注释。

注释技术性无效的情形主要有：

1. 信息只能通过间接推断，或者从散布在文本中的多个段落中联系推断出来。

2. 法律文本的模式不符合文本分析配型的要求，无法配型的模式包括：（1）文本叙述过于精细；（2）文本内容过于笼统；（3）文本语言罕见；（4）文本内容复杂。

3. 具体的功能设计。例如，分析目标是基于个别法官、法院，来预测其在未来法律决定中的行为趋势。

六、律师事务所和法学院的实用策略

（一）律师事务所的人力资源战略

首先，建立一个人工智能委员会，其成员包括律师和计算机技术人员，此委员会主要负责调查律师事务所对人工智能的使用情况，例如在电子取证案件中用人工智能预测编码。其次，发展人工智能与法律工程文化，主要管理公司数据来源——例如简报、备忘录、就业数据、任务信息的时间，将其制度化并确定文本分析技术如何增加有效信息价值。再次，律所需支持技术教育研究。

律所应当与机器学习的开发人员和研究人工智能的相关大学研究人员保持联系，并支持法律系教授对学生开设关于人工智能技术的进步、局限，以及如何评估法律文本分析工具等课程。复次，律所应当制定采购战略。关于外部供应商对学习机器的使用，律所需注意以下问题：公司是否可以访问代码？是否可以控制数据？是否需要依赖供应商的专业知识并仰赖供应商的一方陈述？对于内部开发，律所则应当注重对公司许可软件安排必要的工具维护，并思考人工智能文本分析专家是否适合公司的就业结构。最后，律所应当制定购买人工智能工具的具体标准和条款。

（二）法学院应当如何应对人工智能

正如美国大学法学院教授菲尔普斯所言，“人工智能不可能取代律师，但使用人工智能的律师会取代那些不会使用人工智能的律师。”法学院作为法律人才培育的殿堂，更应紧跟司法前沿，积极参与这一转变。对此，阿什利教授给出了如下建议：法学院可以增设人工智能与法律双向反馈的学生活动，考虑到计算机工具的相对限制性，发掘更多可进行机器学习的问题，增加人工智能和法律的练习，如将法规规范化为流程图（法律规则的逻辑），创设机器人法律对话，模拟和区分案例的不同模型等。对此，还需要关注法学院学生学习方式与机器学习方式之间的差别与联系。对于机器学习平台而言，学生进行文本注释可以突出核心数据，使案例更易于解析。最后，任何可以减少学生焦虑并提高他们的思谋水平的措施，也是法学院需考虑的。譬如，匹兹堡大学开设了一门《应用法律解析与人工智能》的课程，以便于学生更好地将新科技与法律接轨。这门课程主要讲解人工智能与法律实践、法律推理、机器学习、数据隐私的法律规制、良好的机器学习、NLP 法律、文本注释研讨、自然语言处理、自动驾驶汽车案件中的法律责任分配、法律信息检索与问答、法律文本分类应用、专利检索的文本解析、神经网络和法律实践中的法律解析。这门课程能够帮助法学院的学生对人工智能与法律领域有更深一步的了解。

不管是律师事务所的律师还是法学院的学生，法律人都可以尝试了解一些新的法律文本解析应用程序的关键技能。这些技能涵括了理解人工智能和机器学习分析所依据的数据使用原理，如何检查模型是否存在影响预测的功能，尝试已知数据和预测结果的系统程序，了解系统的评估方式以及评估意味着什么，以及错误分析包括系统误判及误判原因。

七、总 结

法律文本解析是人工智能和法律交叉领域中新兴的子领域，它包括法律文本集合下的机器学习、法律网络图表和法律问答系统。虽然目前法律文本解析无法达到人类律师同等的阅读高度，但它可以从法律文本中提取一些有用的语义信息。它的局限在于无法解释输出答案或提出法律论据。法律文本解析的目标在于连接基于案例的法律推理的计算模型，以实现解释和论证。信息包括从法律案例文本中提取与论证相关的信息，或者应用提取的法律语义信息，如智能法律（IR）即参数检索和帮助预测的结果，关于预测的解释和争论。对于法律文本解析应用来说，这既是收益也是机会。而法学院学生可以为机器学习和法律教育学注释案例文本，既惠泽应用，也有助于自我能力的提升。

参考文献

[1] K. Ashley, *Artificial Intelligence and Legal Analytics*: *New Tools for Law Practice in the Digital Age*, Cambridge University Press, 2017.

[2] K. Ashley, V. Walker, " From Information Retrieval (IR) to Argument Retrieval (AR) for Legal Cases: Report on a Baseline Study", *Frontiers in Artificial Intelligence & Application*, 2013.

[3] M. Falakmasir, K. Ashley, "Utilizing Vector Space Models for Identifying Legal Factors from Text", International Conference on Legal knowledge and Information Systems, 2017.

[4] V. Feng, G. Hirst, "Classifying Arguments by Scheme", Meeting of the Association for Computational Linguistics: Human Language Technologies, 2011.

[5] M. Grabmair, "Predicting Trade Secret Case Outcomes Using Argument Schemes and Learned Quantitative Value Effect Tradeoffs", 16th International Conference on Artificial Intelligence and Law (ICAIL 2017), ACM, 2017.

[6] Hans Henseler, "Network-based Filtering for Large Email Collections In Ediscovery", *Artificial Intelligence and Law*, 18 (4), 2010.

[7] D. Katz, M. Bommarito, J. Blackman, "Predicting the Behavior of the United States Supreme Court: A General Approach", http: //ssrn. com/abstract = 2463244.

[8] M. Surdeanu, R. Nallapati, C. Gregory, J. Walker, C. Manning, "Risk Analysis for Intel-

lectual Property Litigation. 13th International Conference on Artificial Intelligence and Law, 2011.

[9] Document Ranking with Citation Information and Oversampling Sentence Classification in the LUIMA Framework, In JURIX .

[10] R. Mochales, M. Moens, "Argumentation Mining", *Artificial Intelligence and Law*, 19 (1), 2011.

[11] H. Westermann et al. , "Using Factors to Predict and Analyze Landlord-Tenant Decisions to Increase Access to Justice", Accepted for ICAIL 2019, June, Montreal.

[12] Casetext CARA: https: //casetext. com/.

[13] Fastcase: https: //www. fastcase. com/.

[14] Kira: https: //kirasystems. com/.

[15] Ravel: http: //ravellaw. com/.

[16] Ravn: https: //imanage. com/product/artificial-intelligence/.

[17] Ross: http: //www. rossintelligence. com.

[18] U. Pitt School of Public Health LENA Project Legal Network Analyzer (LENA), http: //www. phdl. pitt. edu/LENA/.

[19] Emergency Law Database (ELDB), http: //www. phasys. pitt. edu/default. aspx.

感性的傻瓜和虚构的作者：对中国人工智能生成内容的著作权问题的再思考[1]

何天翔*
张 欢 刘 通 译**

摘 要 人工智能技术已经可以达到其生成的内容从表面上看近似表达的程度，而这曾经是由人类所掌控的本领。考虑到"作者"的概念与人类中心主义紧密相关的事实，"机器作者"的想法已在全球范围内挑战了著作权法的这个基础，并在普通法系和大陆法系法域均催生了进行立法回应的需求。本文研究了中国（采用作者权体系的法域）当前有关人工智能著作权问题的争论，尤其是围绕独创性和所有权这些关键问题的争论，并厘清了可能的误解。它解释了为什么判断独创性的主观路径不适用于人工智能生成的内容，以及根据中国《著作权法》重新安排相关制度时以人为权利主体的必要性。为了解决人工智能带来的结构性、理论性和实践性的挑战，本文主张在中国适用邻接权制度和数字签名机制来规范人工智能生成的内容。

关键词 人工智能 作者权 中国 独创性 猴子自拍照案件 邻接权

---

* 何天翔，香港城市大学法学院助理教授，主要研究方向：知识产权法、中国出版物审查制度和科技法。

** 张欢，香港城市大学法学院法学博士研究生，主要研究方向：知识产权法和科技法。刘通，香港城市大学法学院法律博士，北京德恒（广州）律师事务所律师。

〔1〕 本文较早的版本曾分别于2019年1月在香港城市大学举办的"直面法律和规制的现代性挑战"研讨会、2019年4月在日本同志社大学举办的"法律和争议解决的现代性挑战"研讨会、2019年6月在伦敦玛丽王后大学举办的"EUPLANT会议：欧盟法律国际化及欧中关系"，以及2019年6月在杭州师范大学举办的"新科技与法律前沿问题国际论坛"上发表过。作者在此感谢骆飞鸿教授、迈克尔·辛普利斯（Michael Tsimplis）教授、乔纳森·格里菲思（Jonathan Griffiths）教授、於兴中教授、刘银良教授、宋红松教授以及与会人士的宝贵意见和建议。作者也要对张欢同学在研究中的有力协助表示感谢。本文的英文版发表于《亚太法律评论》（*Asia Pacific Law Review*）2019年第2期。

一、概 述

未来已至。我们大概正处于人工智能时代：世界各国政府已经认识到人工智能技术对其国家进步和竞争力的重要性，并且许多国家已经发布了促进人工智能技术发展和应用的国家战略。[2]随之而来的是来自政府的大量资金支持，旨在在人工智能领域的相关科学研究中取得领先地位。在社会科学方面，与人工智能相关的法律问题近年来已成为国内学界热门话题，[3]并且相关文献中很大一部分内容涉及与人工智能生成内容相关的著作权问题。然而，在这种繁荣表象背后，许多现有的文献实际上都集中在类似的话题上，其中的一些讨论具有高度重复性。[4]人工智能和法律领域的研究在中国受到的关注，可能代表着一种“研究泡沫”，但它也表明厘清和确定人工智能及其生成内容的法律地位的迫切需要。

毫无疑问，人工智能在许多智力活动中已经超越了人类，例如图像识别[5]、游戏和其他需要智力投入的领域[6]（如艺术表达）。其他应用领域暂且不谈，我们不能高估人工智能在艺术和文学领域的力量，因为我们评估该领域的产出质量的规则通常是含糊、非竞争性的，并且经常随时间的变化而变化。[7]

---

[2] See Tim Dutton, “An Overview of National AI Strategies”, *Medium*, 2018, https://medium.com/politics-ai/an-overview-of-national-ai-strategies-2a70ec6edfd, April 27, 2019.

[3] 例如，作者于2019年4月19日使用中文术语“人工智能”作为“主题”搜索词，并使用“法”作为“篇名”搜索词，在中国知网（CNKI）数据库进行搜索，共找到131篇学术期刊文章。根据搜索结果，在2015年之前，几乎没有与该主题相关的文章。2016年有零星的相关文章发表，但论文数量在2017年增加到18篇，而在2018年则上升到惊人的51篇。此外，2019年截至搜索日，已有11篇相关文章发表。

[4] 例如，在找到的131篇学术期刊中，有26篇关注人工智能生成内容的可版权性问题，有9篇关注将人工智能技术应用于司法实践所带来的挑战。

[5] 人工智能在一个流行的图像识别挑战中击败了人类。See The White House, “Artificial Intelligence, Automation, and the Economy”, *Executive Office of the President*, 2016, https://obamawhitehouse.archives.gov/sites/whitehouse.gov/files/documents/Artificial-Intelligence-Automation-Economy.PDF, April 27, 2019.

[6] See Jessica Miley, “11 Times AI Beat Humans at Games, Art, Law and Everything in Between”, *Interesting Engineering*, 2018, https://interestingengineering.com/11-times-ai-beat-humans-at-games-art-law-and-everything-in-between, April 27, 2019.

[7] See Trevor Rayment and Brian Britton, “The Assessment of GCSE Art: Criterion-referencing and Cognitive Abilities”, in Trevor Rayment (ed), *The Problem of Assessment in Art & Design*, Intellect, 2007, p. 41; Philip Gillett, *Movie Greats: A Critical Study of Classic Cinema*, Bloomsbury Academic, 2008, p. 8.

因此人工智能能否在创造力上超越人类将是一个高度不确定的问题。然而，那只是硬币的一面。幸运的是，该问题并非本文的关注点，因为著作权法不太在乎作品的质量，而更在乎作品的独创性。本文关注的是硬币的另一面：当前的人工智能“创造力”水平是否对我们的著作权法律框架带来破坏性的影响、其背后的法学和哲学思考，以及考虑到人工智能技术的能力和潜在影响，法律是否应当回应以及如何回应。

本文主要通过重新审视中国著作权的理论基础和判例，试图在中国著作权法的理论和实践背景下回答上述问题。为此，本文的第二部分首先探讨了当前人工智能技术水平的创作能力，以及它与著作权法标准如何对接。第三部分涉及在《中华人民共和国著作权法》（以下简称《著作权法》）下对人工智能和人工智能生成内容的判定，并区分了在有人类干预和没有人类干预的情况下，对人工智能生成内容的不同处理。第四部分比较分析了来自不同法域的现有解决方案，并提出一个结合了学术理论和技术方法的对中国来说更可行的解决方案，然后作出结论。

二、“全能”的人工智能作者及法律挑战

人工智能技术在创造性方面可以做什么？在人工智能研究的早期，这可能是一个愚蠢的问题。但是自 2010 年人工智能研究热潮兴起后，[8]这已成为一个实实在在的问题，因为我们目睹了人工智能在生成类似人类艺术表达的内容方面所取得的许多成就。

（一）人工智能可以创作什么？

与诸如美国血液检测公司 Theranos 臭名昭著的采血装置 Capillary Tube Nanotainer 等短暂的（甚或是伪造的）新技术趋势不同，[9]人工智能技术实际上

〔8〕 The White House, "Artificial Intelligence, Automation, and the Economy", Executive Office of the President, 2016, p. 6, https://obamawhitehouse. archives. gov/sites/whitehouse. gov/files/documents/Artificial-Intelligence-Automation-Economy. PDF, April 27, 2019.

〔9〕 See Erin Griffith, "Theranos And Silicon Valley's 'Fake It till You Make It' Culture", *Wired*, 2018, https://www. wired. com/story/theranos-and-silicon-valleys-fake-it-till-you-make-it-culture/, April 27, 2019.

相当可靠。尽管自20世纪50年代以来它一度发展缓慢，但由于大数据的可用性、机器学习方法和算法的显著改进，以及更强大的计算机的可用性，人工智能技术近年来已经历了快速的发展。[10]因此，当人们宣称人工智能可以生成合格的“作品”时，确实不足为奇。

当前水平的人工智能技术已经可以生成各种类型的内容，这些内容类似于不同类型的人类表达，比如文学、音乐或图画/图形作品。例如，3D打印的画作《下一个伦勃朗》（*The Next Rembrandt*）就是由人工智能技术完全基于伦勃朗的作品生成的。该团队检视了伦勃朗作品的全部藏品，并分析了大量材料，例如高分辨率3D扫描和数字文档，这些材料通过深度学习算法进行了升级，以最大限度地提高分辨率和质量。然后，这个庞大的数据库被用作创作画作的基础。简而言之，这个由人工智能生成的“艺术品”包含超过1.48亿像素，基于来自346幅伦勃朗画作的168263个绘画碎片，整个过程耗时18个月。[11]在另一个例子中，谷歌的深梦生成器（Deep Dream Generator）平台/软件使用卷积神经网络通过算法模仿来查找和增强图像中的图案，可以帮助其用户在不到一分钟的时间内将选定的艺术风格与上传的图片合并。[12]在文学作品方面，据报道，在一个日本文学大赛中，人工智能在有人类介入的情况下生成的短篇小说，其质量足以与人类高手竞争。[13]另一个例子是微软中国的聊天机器人小冰出版的诗集。[14]此

---

〔10〕 The White House, “Artificial Intelligence, Automation, and the Economy”, Executive Office of the President, 2016, p. 6, https://obamawhitehouse. archives. gov/sites/whitehouse. gov/files/documents/Artificial-Intelligence-Automation-Economy. PDF, April 27, 2019.

〔11〕 See “Microsoft AI Creates ‘New’ Rembrandt Painting”, *Netimperative*, 2016, http://www. netimperative. com/2016/04/microsoft-ai-creates-new-rembrandt-painting/, April 27, 2019.

〔12〕 See James Temperton, “Create Your Own Deep Dream Nightmares in Seconds”, *Wired*, 2015, https://www. wired. co. uk/article/google-deepdream-dreamscope, April 27, 2019.

〔13〕 See Danny Lewis, “An AI-Written Novella Almost Won a Literary Prize”, *SmartNews*, 2016, https://www. smithsonianmag. com/smart-news/ai-written-novella-almost-won-literary-prize-180958577/, April 27, 2019.

〔14〕 See Geoff Spencer, “Much More than a Chatbot: China's Xiaoice Mixes AI with Emotions and Wins over Millions of Fans”, *Microsoft*, 2018, https://news. microsoft. com/apac/features/much-more-than-a-chatbot-chinas-xiaoice-mixes-ai-with-emotions-and-wins-over-millions-of-fans/, April 27, 2019.

外，Wordsmith 等人工智能技术的应用程序现在可以使用文本模板生成新闻报道。[15]就音乐作品而言，巴黎索尼计算机科学实验室的一个名为 Flow Machines 的项目现在可以生成能被人类认可的流行歌曲。[16]

（二）法律挑战

从上述情形可以明显看出，人工智能技术能够在曾经由人类主导的领域与人类竞争。但是，我们不应夸大人工智能的创作能力，因为生成物的质量即使不是欠佳的，也只能算是凑合。[17]而且，一般而言，人类的干预，在人工智能创造力的现阶段仍然是不可避免的。[18]也就是说，我们还没有进入"强人工智能"时代，强人工智能时代的计算机据说能具有认知状态而不仅仅是工具；我们仍然处于"弱人工智能"时代。在这个时代，"计算机在思维研究方面的主要价值在于它为我们提供了非常强大的工具"。[19]

人工智能技术背后的原理和理论当然不是本文的重点，但是区分"弱人工智能"和"强人工智能"对于判定与人工智能生成的内容相关的著作权问题非常重要，因为现在这已是摆在台面上的问题。换言之，对人工智能产生的内容进行规范的需求显而易见：首先，人工智能技术可以比人类更快地生成某些类型的（文

---

〔15〕 See Klint Finley, "This News-Writing Bot Is Now Free for Everyone", *Wired*, 2015, https：//www. wired. com/2015/10/this-news-writing-bot-is-now-free-for-everyone/, April 27, 2019.

〔16〕 See Lucy Jordan, "Inside the Lab That's Producing the First AI-Generated Pop Album", *Seeker*, 2017, https：//www. seeker. com/tech/artificial-intelligence/inside-flow-machines-the-lab-thats-composing-the-first-ai-generated-pop-album, April 27, 2019.

〔17〕 例如，Flow Machines 生成的歌曲"Daddy's Car"被描述为"好听，但无可否认是一个仿作并且莫名地令人费解，引发了对一份不存在的记忆古怪的怀念。" Ibid.

〔18〕 See Lucy Jordan, "Inside the Lab That's Producing the First AI-Generated Pop Album", *Seeker*, 2017, https：//www. seeker. com/tech/artificial-intelligence/inside-flow-machines-the-lab-thats-composing-the-first-ai-generated-pop-album, April 27,2019. "在过程中的这一点上，Flow Machines 系统需要人类专门知识的干预。Carré（操作员）可能会保留一个他喜欢的 8 小节的乐句，并丢弃其余的部分，然后再次运行该程序，直到获得他感到满意的旋律及和弦序列为止。"此外，就《下一个伦勃朗》而言，"由人工智能和一台 3D 打印机创作画作的想法可能会引起一点小小的恐慌，但在机器开始工作之前需要很多的人类干预。" See Nils Adriaans, "Banking on Rembrandt", in Epica Awards（ed）, *Epica Book* 30：*Creative Communications*, Bloomsbury Academic, 2017, p. 29.

〔19〕 John Searle, "Minds, Brains, and Programs", *Behavioral and Brain Sciences* 417, 1980.

化产品形式的）内容，这可能会导致激烈的市场竞争；[20]其次，政府和相关产业的投资已在激增。[21]这背后的信息是纯粹功利性的：如果不能确保法律保障，在特定领域进行投资的动力就会减弱。在人工智能生成内容方面，难题在于：如何判定人工智能生成内容在著作权法（具体指《著作权法》）下的法律地位？并且，视乎第一个问题的答案，我们应当如何依法规范人工智能生成的内容？

三、虚构的作者与著作权难题

人工智能生成内容的著作权问题似乎很简单：根据《著作权法》第 2 条，只有自然人和法人才能被视为著作权人。[22]如果内容（著作权意义上的"作品"）是由机器在没有人类干预的情况下生成的，则无论其表面上的"艺术品质"如何，均不受著作权保护，因为不存在人类著作权人。但是，当批量生产的人工智能生成内容可以在市场上击败人类作品时，问题将会变得更加复杂。要解决此问题，有必要对其背后的基本理论问题进行详细讨论。

（一）独创性问题：人工智能生成内容是否可以被认为是作品？

人工智能生成的内容是否可以被认为是受著作权保护的作品是一个关键的问题，因为答案可以帮助我们"识别出那些不符合独创性要求的（由人工智能生成的）内容并将其排除出著作权保护的范围"。[23]换言之，它有助于厘清灰色

---

〔20〕"人工智能已被运用于许多产品中……应受到旨在保护公众免受损害并确保经济竞争的公平性的法规的规制。"The White House, "Preparing for The Future of Artificial Intelligence", Executive Office of the President, National Science and Technology Council, Committee on Technology, 2016, https://obamawhitehouse. archives. gov/sites/default/files/whitehouse_ files/microsites/ostp/NSTC/preparing_ for_ the_ future_ of_ ai. pdf, April 27, 2019.

〔21〕The White House, ibid, p. 6. 另一个例子是，自 2016 年起，日本政府已制定了一个目标，即在未来十年内将公司在大学和研发机构的投资增加三倍。即使在人工智能技术的研发方面，私人投资也在推动。Artificial Intelligence Technology Strategy Council of Japan, "Artificial Intelligence Technology Strategy", Strategic Council for AI Technology, 2017, https://www. nedo. go. jp/content/100865202. pdf, April 27, 2019. 类似的对话在中国国家人工智能战略计划中也可以找到。《国务院关于印发新一代人工智能发展规划的通知》（国发〔2017〕35 号），http://www. gov. cn/zhengce/content/2017-07/20/content_5211996. htm，最后访问日期：2019 年 4 月 27 日。

〔22〕《中华人民共和国著作权法》（2010 年修订）第 2 条："中国公民、法人或其他组织的作品，不论是否发表，依照本法享有著作权。"

〔23〕王迁：《论人工智能生成的内容在著作权法中的定性》，载《法律科学》2017 年第 5 期。

地带和矛盾之处，并聚焦于一个真正的问题：可以通过独创性测试的人工智能生成内容的可版权性。这是这个古老的著作权理论的符合逻辑的必然结果，独创性理论也为中国学界所主张。

1. 关于独创性的理论争论：主、客观标准

不同的法域对独创性的理解有所不同。在英国和中国香港，独创性与作品的创造性、新颖性或独特性无关，它只关乎作品是否源自作者而不是从其他地方复制而来。具体来说，作者在制作作品时必须已经进行了必要的“劳动、技巧或努力”。这就是所谓的“额头出汗”原则。[24]但是在 Infopaq 案[25]之后，欧盟所采用的独创性标准要求作品必须是“作者自己的智力创造”，而不仅仅是“劳动、技巧或努力”的成果。[26]根据欧盟法院的判例，[27]“作者自己的智力创造”实际上是要求作者给作品印上其“个人特色”，[28]这显然要比“额头出汗”原则的要求高很多。美国目前对独创性所持的态度介于这两个极端之间，要求作品应被认为是原创的，并且还要至少具有最低程度的创造性。[29]

就中国而言，根据《著作权法实施条例》第 2 条，《著作权法》中的“作品”是指文学、艺术或科学领域内具有独创性并能以某种有形形式复制的智力成果。[30]该条规定表明：某项创作要在中国被认为是“作品”，就必须具有“独创性”。《著作权法》未能提及“独创性”要求的历史原因，一说是为了避免与专利法上的概念（如“新颖性”或“创造性”）相混淆，[31]但是在 2002 年颁布《著作权法实施条例》引入“独创性”概念后，新出现的问题就是

---

〔24〕 Lionel Bentley et al., *Intellectual Property Law*, 5th ed., Oxford University Press, 2018, pp. 96 –98.

〔25〕 Infopaq International A/S v. Danske Dagblades Forening, Case C-5/08 [2009] ECR I-6569 (ECJ).

〔26〕 Ibid, p. 37.

〔27〕 Football Dataco v. Yahoo! UK, Case C-604/10 [2012] 2 CMLR (24) 703 (ECJ); Eva-Maria Painer v. Standard Verlags GmbH and Others, Case C-145/10 [2012] ECDR (6) 89 (ECJ).

〔28〕 Eva-Maria Painer v. Standard Verlags, ibid, p. 87 – 93; Football Dataco v. Yahoo! UK, p. 38.

〔29〕 Feist Publications v. Rural Telephone Service, 499 U. S. 340 at 341 –344 (1991).

〔30〕 《著作权法实施条例》(2013 年修订) 第 2 条。

〔31〕 Chengsi Zheng and Michael Pendleton, *Copyright Law in China*, CCH International, 1991, p. 108.

中国法院对“独创性”要求的解释并不一致。[32]2002 年实施的《最高人民法院关于审理著作权民事纠纷案件适用法律若干问题的解释》第 15 条规定，由不同作者就同一题材创作的作品，作品的表达系独立完成并且有创作性的，应当认定作者各自享有独立著作权。[33]这是第一个明确的迹象，表明中国遵循的是比“额头出汗”更高的标准。但是，除了上述最高人民法院解释的第 15 条外，有关法律法规均没有就“创作性”的定义作进一步的解释。考虑到中国是一个大陆法系法域，并且《著作权法》确实区分了著作权和邻接权，因此，一般认为，中国的独创性标准与德国等大陆法系法域的标准更为接近，但不似其规定得那么严格。[34]在司法实践中，对创作性的要求可能会非常低，[35]又使其近似于美国的标准。

由于缺乏自己的独创性理论，中国围绕人工智能生成内容的讨论中最具争议性的部分就是确定独创性的标准。一些学者认为，在评估作品的独创性时，法院应仅关注最终结果，而不是创作过程。因此，他们赞成用客观标准来评估人工智能生成内容的独创性。如果在作品的成品中可以辨认出最低程度的创意，则认为它具有独创性。[36]其他一些学者则支持主观标准，认为在评估独创性时，

---

〔32〕例如，在 2018 年判决的一个有关体育赛事转播的独创性的案件中，一审法院认为“对机位的选择和安排以录制比赛并形成具有可看性的新画面”构成具有独创性的作品，但是二审法院的看法却截然相反。参见北京天盈九州网络技术有限公司等诉北京新浪互联信息服务有限公司案，北京市朝阳区人民法院（2014）朝民（知）初字第 40334 号，北京知识产权法院（2015）京知民终第 1818 号。

〔33〕《最高人民法院关于审理著作权民事纠纷案件适用法律若干问题的解释》（2002 年），第 15 条。

〔34〕陈锦川：《确定“独创性”标准不能忽视的两个因素》，载《中国版权》2018 年第 6 期，第 28 页。

〔35〕与德国著作权法区分“照片”和“摄影作品”并规定前者受邻接权保护不同，中国《著作权法》仅在第 3 条罗列受著作权保护的作品清单时规定有“摄影作品”。实际上，这种安排将使随机拍摄的照片成为受著作权保护的作品，这将极大地降低独创性的标准。参见马一德：《再现型摄影作品之著作权认定》，载《法学研究》2016 年第 4 期，第 138—140 页。

〔36〕参见易继明：《人工智能创作物是作品吗?》，载《法律科学》2017 年第 5 期；吴汉东：《人工智能时代的制度安排与法律规制》，载《法律科学》2017 年第 5 期；李琛：《谢绾樵与独创性》，载《电子知识产权》2005 年第 8 期；孙山：《人工智能生成内容著作权法保护的困境与出路》，载《知识产权》2018 年第 11 期。

具有决定性的是创作过程，而非最终结果。[37]争论的背后是作者与读者之间谁对作品拥有最终决定权的斗争：是作者在创作作品中的实际贡献重要些，还是读者所想象的作者的贡献更为重要？

关于这个问题的看法不尽相同。在 2006 年的一起案件中，河南省高级人民法院判定石碑的人像轮廓不具有独创性，因为“提供的证据不能证明轮廓就是石碑制作人事先构思创作，并通过他的技法而形成或表现出来的”。[38]在中国第一个涉及人工智能和著作权的案件，即 2019 年 4 月 25 日判决的北京菲林律师事务所诉百度案中，北京互联网法院在确定一份人工智能程序生成的大数据报告的独创性时也探讨了人工智能生成该报告的过程。[39]布卡福斯克（Buccafusco）教授认为，“作者是一个希望通过行为的外部表现来在受众中产生一种或多种精神作用的人。写作是任何使精神作用得以传达的媒介”，[40]这显然也是对主观标准的认同。但是，在 1951 年的 Alfred Bell v. Catalda Fine Arts 案中，美国第二巡回上诉法院认为，“抄袭者不佳的视力或有缺陷的肌肉组织，或者因一声雷劈而引起的震动，都可能足以产生可辨识的变化。‘作者’无意中偶然遇到了这样的变化，可以将其纳为己有并将其版权化。”[41]该说法支持了作者的意图与确定独创性无关的观点。接下来的问题是：主观标准和客观标准，哪种方法更好呢？

2. 人工智能生成作品的独创性问题

本文赞同主观标准。在 Alfred Bell v. Catalda Fine Arts 案中，美国第二巡回上诉法院在版权和专利之间进行了类比。[42]但是，这个类比也存在缺陷，因为专

---

[37] 王迁建议我们应当关注“不仅在形式上与人类作品相同，而且产生过程也符合独创性要求的内容”。参见王迁：《论人工智能生成的内容在著作权法中的定性》，载《法律科学》2017 年第 5 期；亦参见袁博：《论文学领域人工智能著作权之证伪》，载《电子知识产权》2018 年第 6 期。

[38] 参见晏泳诉永城市文物旅游管理局、永城市芒砀山旅游开发有限公司著作权侵权纠纷案，河南省高级人民法院（2006）豫法民三终字第 7 号。

[39] 北京菲林律师事务所诉北京百度网讯科技有限公司案，北京互联网法院（2018）京 0491 民初 239 号。

[40] Christopher Buccafusco，“A Theory of Copyright Authorship”，*Virginia Law Review* 1229，2016，p. 1260.

[41] Alfred Bell & Co. Ltd. v. Catalda Fine Arts，Inc. et al，191 F. 2d 99（2d Cir. 1951）.

[42] “许多伟大的科学发现都来源于意外事故。” Ibid，fn 25.

利权受制于一套不同的规则，并且侧重于发现的“创造性”（inventiveness）。即使一项科学发现是一个意外的结果，从实用的角度来看，授予第一个发现者专利权对社会也是有益的。但是，如果要为无意识的变化授予著作权，则理由还不够充分。具体而言，如果我们仅仅基于最终结果来判定独创性，那么，得不到有关创作过程的证据，我们就可能无法区分大自然的作品和人类的作品。不究问创作过程，结果可能包括荒唐的情形，即：由自然侵蚀形成的造型独特的石头，如果有人宣称这是由其雕刻而成，就能受到著作权的保护。同样，人工智能生成内容的问题将更加棘手，因为如果不考虑创作过程，其质量已足以使公众对其来源产生误解。考虑到将来机器能用比人类快得多的速度创作“作品”，[43]追溯人工智能生成作品的创作过程并通过独创性测试将它们区分出来是至关重要的。

以下讨论的先决条件是，我们仍然处在“弱人工智能”时代，即“计算机执行看起来复杂的任务，但局限于根据程序发挥严格确定的作用”。[44]换句话说，这个机器还没有“强大”到能够自行创作内容及摆脱写入程序的任务。王迁将人工智能生成的内容描述为“应用算法、规则和模板的结果”，[45]并将人工智能的学习过程描述为“确定规律的过程”。[46]他因此得出结论，与人类相比，智能机器生成内容遵循的是完全不同的原理。[47]如果将设置在不同终端机上的相同算法应用于同一对象，所有终端机都将呈现相同的结果，那么，无论人工智能生成的内容表现出怎样的“创造性”，它都不具有独创性，因为结果是确定的。[48]即使是由深度学习人工智能技术生成的内容，[49]它们仍然源于旨在将特

---

〔43〕 Kalin Hristov, “Artificial Intelligence and the Copyright Dilemma”, *IDEA* 431, 2017, p. 434.

〔44〕 Jeremy Cubert and Richard Bone, “The Law of Intellectual Property Created by Artificial Intelligence”, in Woodrow Barfield and Ugo Pagallo (eds), *Research Handbook on the Law of Artificial Intelligence*, Edward Elgar, 2018, pp. 415 – 416.

〔45〕 王迁：《论人工智能生成的内容在著作权法中的定性》，载《法律科学》2017 年第 5 期。

〔46〕 同上。

〔47〕 同上。

〔48〕 同上。

〔49〕 Yann LeCun, Yoshua Bengio and Geoffrey Hinton, “Deep Learning”, *Nature*436, 2015, p. 436. “深度学习方法是具有多层次的表示形式的表示学习方法，是通过组合简单但非线性的模块而获得的，每个模块将一个级别（从原始输入开始）的表示转换为更高级、稍微更抽象的级别。”

定算法应用于一堆数据以确保“最佳结果”的过程。[50]这是合乎逻辑的推论：如果采用相同算法的不同应用程序被用来分析同一组数据并且结果相同，那么著作权基于混同原则就没有介入的空间，因为表达思想的方式极其有限。[51]尽管如此，我们不应该这么早就得出人工智能生成的内容不具有可版权性的结论，因为《著作权法》的独创性测试所要求的创造性的程度相对较低，并且在人工智能进行抽象的不同阶段，有非常充足的可能性能够满足可版权性的要求。因此，尽管不如预期的那个最终生成物理想，在次级抽象中生成的内容已足以被认定为著作权作品。例如，生成对抗网络（GAN）模型[52]可以被训练成通过文本图像合成来生成图像，该模型可以生成与描述相匹配的多个结果。[53]而且，即使我们假设机器将会并且只会生成“那一个”最终生成物，我们仍然不能排除机器和算法将来可能进化并且独立生成高质量内容的可能性。然而，人类最难跨越的障碍是，承认机器和人类在实际（机器可以表达感受和思想）上[54]和法律术语（机器可以成为能够享有所有权的主体）上均可被认为是同等的主体。

（二）作者的身份问题：谁应该拥有人工智能生成内容的著作权？

如上所述，根据《著作权法》第 2 条，只有自然人和法人才能享有著作权，这与许多法域的现行做法相呼应。例如，香港《版权条例》第 178 条也表明，如果作者是自然人或法人，则该作品享有版权保护的资格。[55]在诸如德国和法国等具有长期作者权（*droit d' auteur*）传统的国家中，认为知识产权是个人特

---

〔50〕 王迁：《论人工智能生成的内容在著作权法中的定性》，载《法律科学》2017 年第 5 期。

〔51〕 BUC Int' l Corp. v. International Yacht Council Ltd. , 489 F. 3d 1129, 1143 (11th Cir. 2007). “混同原则是标准的思想表达二分法的例外。该原则规定，当一个思想的表达方式非常之少时，甚至连表达都不受版权保护。”

〔52〕 See Ian Goodfellow et al. , “Generative Adversarial Nets”, *Advances in Neural Information Processing Systems*, 2014, p. 2672. “在提出的对抗网络框架中，生成模型与一个对手相对立，即一个判别模型，该模型学习去确定样本是来自模型分布还是数据分布。”

〔53〕 Scott Reed et al. , “Generative Adversarial Text to Image Synthesis” (2016). arXiv preprint arXiv: 1605. 05396.

〔54〕 例如，日本政府在一份报告中指出，“人工智能生成的内容不被视为作品，因为它不是‘思想或情感的创造性表达’（《日本版权法》第 2 条第 1 款），并且它被认为没有著作权存在其中。” See Intellectual Property Strategy Headquarters, “Intellectual Property Strategic Program 2016”, Prime Minister' s Office of Japan, 2016, http: //www. kantei. go. jp/jp/singi/titeki2/kettei/chizaikeikaku20160509. pdf, April 27, 2019.

〔55〕 香港《版权条例》（第 528 章），第 178 条。

质的物化的人格理论（personality theory）[56]深深植根于其著作权法（尤其以精神权利的形式），使得其否认非人类主体作为作者被认可的可能。[57]在涉及猴子自拍照的美国 Naruto v. David Slater 案中，第九巡回法院未就作者身份问题作出裁决，但认为“猴子不具有法定的主体资格，因为《版权法》没有明确授权动物来提起版权侵权诉讼”。[58]然而，美国版权局已专门强调“要成为‘作者’的作品，该作品必须为人类所创作”。[59]在北京菲林律师事务所诉百度案中，北京互联网法院也认定由自然人创作作品是必备条件。[60]

前述内容清楚表明，在上述国家和地区，非人类实体不能被视为作者/著作权人。为了证明对人工智能生成的作品进行著作权保护的需求是合理的，以及恰当地分配权利，目前已有两个方案：第一，在法律上承认机器为著作权人；第二，将权利分配给人类。

1.《著作权法》是否可以承认机器为著作权人？

有来自不同法域的学者建议将程序/计算机视为与人工智能生成的内容/发明相关的知识产权的所有人。[61]与传统的大陆法系国家（如德国和法国）的著作权法不同，中国《著作权法》实际上是大陆法与普通法传统和原则的混合体。这体现在《著作权法》不但承认精神权利并明确规定，在职务作品和委托作品中实际作者是最初的著作权人（这显然是作者权体系的设置），[62]而且出于实用

〔56〕 Justin Hughes，“The Philosophy of Intellectual Property”，*The Georgetown Law Journal* 287，1988，p. 337.

〔57〕 例如，《德国著作权法》（Urheberrechtsgesetz，UrhG.），第 2 条和第 7 条；《法国知识产权法典》，第 L111-1 条、第 L113-1 条，及第 L113-7 条。

〔58〕 Naruto v. Slater，No. 16-15469（9th Cir. 2018）.

〔59〕 US Copyright Office，“The Compendium of U. S. Copyright Office Practices：Chapter 300” §313. 2，US Copyright Office，2017，https：//copyright. gov/comp3/chap300/ch300-copyrightable-authorship. pdf，April 27，2019.

〔60〕 北京菲林律师事务所诉北京百度网讯科技有限公司案，北京互联网法院（2018）京 0491 民初 239 号。

〔61〕 Colin Davis，“An Evolutionary Step in Intellectual Property Rights Artificial Intelligence and Intellectual Property”，*Computer Law & Security Review*601，2011；Ryan Abbott，“I Think，Therefore I Invent：Creative Computers and the Future of Patent Law”，*Boston College Law Review* 1079，2016.

〔62〕《中华人民共和国著作权法》（2010 年修订），第 16 条及第 17 条。

目的，也允许法人被视为作者[63]及指定电影作品的制片者为著作权人（显然是版权体系的一种设置）。[64]因此，按这个逻辑推测，鉴于中国不断发展的著作权法理论以及《著作权法》保护公司和组织等非人类作者的现有实例，“计算机/机器”也可能成为《著作权法》中的作者。[65]将机器置于作者的位置将有助于区分人类和非人类作者，从而防止前者搭后者的“便车”。但是，此方法具有以下局限性：

首先也是最重要的是，在秉承“额头出汗”原则来判定作品独创性的普通法系法域中，计算机从外在表现上看可能有资格成为其生成内容的版权人，因为显然是计算机在创作内容时运用了“劳动、技巧和努力”。[66]但是在主张作者权制度的大陆法系国家中，即使以法人的形式，也必须证明有轻微程度的人为努力，因为法人仍涵盖于人的概念之中，其决策仍是由人（尽管是人的集体）作出的。[67]承认人工智能的作者身份可能反映了机器可以形成和表达思想的观点，可能导致“传统法律体系的革命性变化”，[68]因为这将与植根于我们的法律理论中的人类中心思想相矛盾。[69]

进一步说，除人格理论外，人工智能作者的观点还与功利主义理论不符，后者作为版权保护的理论依据由来已久。例如，功利主义路径认为，“在塑造财产权时，立法者的风向标应该是纯粹社会福利的最大化”。[70]就版权而言，如果

---

〔63〕《中华人民共和国著作权法》（2010 年修订），第 2 条。

〔64〕《中华人民共和国著作权法》（2010 年修订），第 15 条。

〔65〕就美国的“雇佣作品”原则，也有类似的观点提出。See Nina Brown，“Artificial Authors：A Case for Copyright in Computer-Generated Works”，*Columbia Science and Technology Law Review* 1，2018，p. 29.

〔66〕世界知识产权组织在一份报告中指出，是否确实存在一种可以在没有任何人类创作贡献的情况下创作作品的强大人工智能，这是存在疑问的。WIPO，“Memorandum Prepared by the International Bureau”，Committee of Experts on a Possible Protocol to the Berne Convention for the Protection of Literary and Artistic Works，First Session，para 51.

〔67〕Timothy Butler，“Can a Computer be an Author —Copyright Aspects of Artificial Intelligence”，*Hastings Communications and Entertainment Law Journal* 707，1982，p. 739.

〔68〕Ibid.

〔69〕中国司法机构还指出，授予机器作者身份将“突破民法主体的基本规范”。但是，该法院也认定人工智能生成的报告具有独创性，这实际上是一个与前者矛盾的看法。北京菲林律师事务所诉北京百度网讯科技有限公司案，北京互联网法院（2018）京0491 民初239 号。

〔70〕William Fisher，“Theories of Intellectual Property”，in Stephen Munzer（ed），*New Essays in the Legal and Political Theory of Property*，Cambridge University Press，2001，p. 169.

法律不能就作品向它们的作者提供某种形式的专有权，那么相信“潜在的作者将从一开始就缺乏足够的积极性去创作，或是接下来去传播他们所创作的东西以使其他人可以从中受益”。[71]换句话说，赋予创作者知识产权的目的是激励他们去创作，而这终将使我们整个社会受益。但是，机器不会被激励，它们也不需要经济驱动或其他激励措施，例如声誉等，来生成内容。

此外，出于实际考虑，诸如机器等非人类行动者无法承担法律责任。人们相信拥有非人类作者将造成“更多的不确定性，因为提出的问题多于答案”。[72]至少在当前阶段，人工智能机器不可能出庭，因为它们不具有以法律预期的方式行事所必备的能力。[73]同样地，第九巡回法院在 Naruto 案中支持了这一观点，其判定猴子“缺乏必要的法定主体资格”，因为美国《版权法》并未明确授权动物提起版权侵权诉讼。[74]

总而言之，如果无法确定替代的权利主体，则符合逻辑的推论将会是：所有人工智能生成的内容都将处于公有领域且不受著作权保护，而这将极大地挫伤其他人再投资于人工智能研究的积极性。[75]

2. 谁是合适的人工智能生成内容的权利人？

考虑到引入机器作者这一观点尚无定论，并且因为强人工智能时代尚未到来，所以现有的人工智能生成内容或多或少还需要人类干预，学界将讨论的焦点转移到了以人为权利主体的解决方案上。但是，对于究竟谁才应该是人工智

[71] Diane Zimmerman, “Copyright as Incentives: Did We Just Imagine That?”, *Theoretical Inquiries in Law* 29, 2011, p. 31.

[72] Kalin Hristov, “Artificial Intelligence and the Copyright Dilemma”, *IDEA*431, 2017, p. 441.

[73] Timothy Butler, “Can a Computer be an Author—Copyright Aspects of Artificial Intelligence”, *Hastings Communications and Entertainment Law Journal* 707, 1982, p. 739.

[74] Naruto v. Slater, No. 16-15469 (9th Cir. 2018).

[75] Kalin Hristov, “Artificial Intelligence and the Copyright Dilemma”, *IDEA* 431, 2017, pp. 437 –438; Nina Brown, “Artificial Authors: A Case for Copyright in Computer-Generated Works”, *Columbia Science and Technology Law Review* 1, 2018, p. 5; Ralph Clifford, “Intellectual Property in the Era of the Creative Computer Program: Will the True Creator Please Stand Up”, *Tulane Law Review* 1675, 1996, p. 1695; Pamela Samuelson, “Allocating Ownership Rights in Computer-Generated Works”, *University of Pittsburgh Law Review* 1185, 1985, p. 1224; 易继明：《人工智能创作物是作品吗?》，载《法律科学》2017 年第 5 期。

能生成内容的权利人这个问题，有不同意见。

其中一种意见认为，应将人工智能生成作品的著作权授予其程序设计者/编程人员。[76]这恰好反驳了那种认为机器不能受到激励的观点，因为对人工智能生成的作品加以著作权保护仍然可以激励程序员编写算法。[77]该方案似乎是合理的，因为程序员正是算法的作者。离开了程序员的努力，最终内容的创作也不可能实现。因此通常来说，程序员应是这些程序代码的著作权人。但是需要注意，在人工智能程序代码“因时间的推移不断接收数据输入并与其他模型进行交互”而可以自我进化的情况下，[78]最初的程序员将无法预见算法的后续变动或预测其可能的结果。换句话说，如果内容是基于程序员从未设想过的进化了的算法生成的，那么将进化了的算法及其生成内容归属于程序员的看法就存在问题。另外，因为“创作”的指令在大多数情形下是由最终使用者发出，程序员在人工智能生成内容的创作过程中也不甚相关。[79]

这样看来使用者似乎是一个合理的答案，因为实际上是他们将未加工的材料和数据输入了系统并作出决定。简而言之，使用者将人工智能作为创作的工具，而人工智能只是执行了使用者的意志。[80]从这个角度来说，人工智能生成内容是否涉及人类智力投入以及在何种程度上涉及，对决定其可版权性至关重要。因此，这通常需要结合个案具体判断。假设机器可以独立创作且完全无须人类干预，所生成的内容就不受著作权保护并应直接进入公有领域，即使其仍可以通过诸如商业秘密等其他方式获得保护。

著作权发展史对于如何应对新技术的问题并不陌生。在 1884 年美国最高法院的 Burrow-Giles Lithographic Co. v. Sarony 一案中，法院需就摄影作品的可

---

[76] Kalin Hristov，“Artificial Intelligence and the Copyright Dilemma”，*IDEA* 431，2017，p. 434.

[77] Nina Brown，“Artificial Authors：A Case for Copyright in Computer-Generated Works”，*Columbia Science and Technology Law Review* 1，2018，p. 22.

[78] Ibid，p. 23.

[79] 这一观点在北京互联网法院作出的一个判决中可以得到支持。参见北京菲林律师事务所诉北京百度网讯科技有限公司案，北京互联网法院（2018）京 0491 民初 239 号。

[80] 熊琦：《人工智能生成内容的著作权认定》，载《知识产权》2017 年第 3 期。但是，视乎不同的内容类型，可能有不同结果。对于仅是输入搜索关键词而获得人工智能生成报告的使用者，法院认为使用者并没有表达任何思想。北京菲林律师事务所诉北京百度网讯科技有限公司案，北京互联网法院（2018）京 0491 民初 239 号。

版权性问题进行裁决。[81]就被告抗辩认为作家奥斯卡·王尔德的照片只不过是机械加工过程而非艺术创作，不能体现作者“思想”的说法，[82]初审法院认定：

> ……将奥斯卡·王尔德置于镜头前，挑选并布置照片中的服装、窗帘和其他各种配饰，安排拍摄对象的姿态以呈现其优雅的轮廓，布置并处理灯光和阴影，启发并引导其做出预期的表情，此等布置、安排或表现，完全由原告做出，是他创作出了本案的照片。[83]

经过该案后，照相被承认是一种新型技术，而照片也被纳入美国《版权法》予以版权保护。如果我们将照相机与人工智能驱动的机器进行比较，合理的假设如下：既然人们可以通过按下快门来获得受著作权保护的照片，那假如人工智能机器的操作员选择了素材并作出特定安排，“按下快门”与“单击按钮”又有何不同？如果有人类干预的人工智能生成内容可以通过独创性测试，那么根据中国《著作权法》它将受到著作权保护。

以上提到的规范分析法合乎逻辑，但却存在疑问：机器操作员的角色不同于摄影师，因为后者在“按下快门”时对结果是确定的——摄影师可以从取景框中预览最终结果。但是在诸如《下一个伦勃朗》的情况下，机器使用者在“单击按钮”时仅对最终产物有一个模糊的想法。[84]换句话说，最终产物——人工智能创造力的结果——是随机的，机器使用者无法预测。因此，如果使用者永远无法清晰预期机器生成的“作品”，那么我们有十足理由怀疑在这个阶段著作权是否会产生。[85]即便确实人类作者在最初开始一个常规的创作过程（例如写作或绘画）时也不会对自己的作品就有一个完整的认识，但是随着创作的进

---

〔81〕 Burrow-Giles Lithographic Co. v. Sarony，111 U. S. 53，60（1884）.

〔82〕 Ibid.

〔83〕 Ibid，p. 61.

〔84〕 布朗（Brown）指出：“下一个伦勃朗的设计是基于输入算法的数百万个数据点来生成一幅画作，但是具体的创造性输出不由人类程序员事先决定。” See Nina Brown，“Artificial Authors：A Case for Copyright in Computer-Generated Works”，*Columbia Science and Technology Law Review*1，2018，p. 9.

〔85〕 Colin Davis，“An Evolutionary Step in Intellectual Property Rights Artificial Intelligence and Intellectual Property”，*Computer Law & Security Review*601，2011，p. 618.

行，人类作者会不断产生新的想法、否定旧的想法，直到认为作品完成了，这也是事实；而机器使用者仅在最开始时有一个大概的想法，然后依靠算法来完成其余的工作。

在 Naruto 案中，猴子自拍照的“使用者”大卫·斯莱特（David Slater）告诉记者：“当我拿回我的相机时那只猴子一定已经拍了数百张照片，但其中对焦的并不多。它显然还没有搞懂怎么用。”[86]这样看来斯莱特对照片只有一个模糊的想法，因为他只是将相机放在三脚架上然后让猴子与之互动。瓜达穆兹（Guadamuz）认为，既然“其他一切都是由斯莱特完成的，包括将相机放在三脚架上也表明是他对角度和背景的一种选择”，[87]并且“在数百张照片中进行选择是一种智力活动”，[88]猴子自拍照可以满足需体现作者个性的独创性要求。[89]本文不同意这种观点，因为这一论证混淆了对创作过程中的素材的选择与对最终结果的选择。由于在斯莱特将相机放置于三脚架上之后猴子就主导了创作的过程，斯莱特实际上做出的创造性选择比预期的要少得多，而根据欧盟法院在 Painer 案中的裁决，这通常应包括对诸如光照、背景、姿势、构图、角度和氛围等的创造性选择。[90]具体来说，猴子决定了何时以及如何使用相机并按下快门，然后（无意识地）决定了照片的光照、背景、姿势、构图、角度甚至照片氛围。如果法律因为斯莱特设置了场景并对最终结果进行筛选而授予其照片的著作权，那么一个人也可能对某些大自然之作主张著作权，比如一块因风蚀而具有独特形状的石头，只要他/她将几块不同的石头放在靠近风口的某个地方，然后在石头的形状自然成型后选择最独特的一块。这显然不是一个令人乐于接受的方案。

---

〔86〕 Matthew Sparkes，“Wikipedia Refuses to Delete Photo as Monkey Owns It”，*The Telegraph*，2014，https：//www. telegraph. co. uk/technology/news/11015672/Wikipedia-refuses-to-delete-photo-as-monkey-owns-it. html，April 27，2019.

〔87〕 Andres Guadamuz，“The Monkey Selfie：Copyright Lessons for Originality in Photographs and Internet Jurisdiction”，*Internet Policy Review*1，2016，p. 8.

〔88〕 Ibid.

〔89〕 Ibid.

〔90〕 Eva-Maria Painer v. Standard Verlags GmbH and others，C-145/10，ECLI：EU：C：2011：798，at［91］.

四、可能的解决方案：中国的路径是什么？

显然，以上的讨论形成了一个闭环：就独创性测试而言，有必要仔细审查创作过程以便我们能够区分人类作品和大自然的作品，从而防止“搭便车”的行为；而机器仅仅是在运算，因为没有表达，所以它们并非在创作。如果运算结果极为有限，则生成的内容不受著作权保护。我们无法将著作权授予机器，还因为它们的“创作”过程不同于人类；而授予机器操作员著作权也存在不确定性，因为许多涉及非人类创造力的情形（如人工智能生成内容）往往无法满足独创性测试。

（一）现有方案的比较分析

为打破上述环路而提出的建议方案，可以分为三类：第一类认为，当前的法律框架仍然有效，无须采取任何行动；第二类认为，应修改现行法律或建立特殊制度（a sui generis system）以适应人工智能生成内容带来的新问题；第三类认为，应降低独创性的标准。为了找到适合中国的长久解决方案，就这些建议方案进行细致研究是至关重要的。

1. 以现有模式处理人工智能生成的作品

袁博认为，根据《著作权法》的独创性标准，在文学创作领域没有给予人工智能生成内容以著作权保护的余地，因为人工智能生成“作品”的“创作”过程与人类完全不同。[91]而王迁则更进一步指出法律认定的实然状态和应然状态之间的区别。[92]王迁的观点是，人工智能生成的作品可能在理论上无法通过独创性测试，但是在实践中却不会给著作权制度带来新的问题，因为从本质上讲，人工智能生成作品带来的挑战仅仅是一个证据问题。[93]尽管这一类论证非常有说服力，但只是一种临时解决方案，因为它无法应对人类作品与全能人工智能机器所生成的“伪装”成人类作品的内容之间直接但并不公平的竞争的威胁。

---

〔91〕 袁博：《论文学领域人工智能著作权之证伪》，载《电子知识产权》2018 年第 6 期。

〔92〕 王迁：《论人工智能生成的内容在著作权法中的定性》，载《法律科学》2017 年第 5 期。

〔93〕 王迁：《论人工智能生成的内容在著作权法中的定性》，载《法律科学》2017 年第 5 期。

2. 法律拟制

另一类建议是为人工智能内容生成技术的使用者创设新的作者权。[94]具体来说，美国的方案大致上都建议，应通过重新建构或解释“雇佣作品”原则，以使人工智能在生成内容方面的贡献可以归于人类使用者/操作员。[95]一些中国学者认为，美国方案[96]连同英国《版权、外观设计和专利法》（以下简称英国《版权法》）中第 9 条第 3 款规定的“必要安排”模式[97]可以为中国提供参考。这种说法也有道理，因为如果法律在将雇主视为作者方面已经创制了一种法律拟制的情形，那么为什么不能同样地将人工智能机器的所有人也纳入其中呢？

但是必须注意，从比较法的角度来看，所有这类方案本质上都带有地域性，因此在应用于不同的法域时可能存在理论上的缺陷。正如尼莫（Nimmer）所质疑的，这种法律拟制的权力必须受到限制，因为美国国会创制的此种法律拟制“导致版权条款对（‘作者’）这个词的使用毫无意义”。[98]此外，“雇佣作品”有效实施的基础是生成的内容可以被视为受著作权保护的作品。但是如前文所讨论的，至少在当前人工智能技术发展水平上，人工智能生成的内容能否通过《著作权法》下的独创性测试还存在疑问。

---

〔94〕 参见孙山：《人工智能生成内容著作权法保护的困境与出路》，载《知识产权》2018 年第 11 期；Colin Davis，“An Evolutionary Step in Intellectual Property Rights Artificial Intelligence and Intellectual Property”，*Computer Law & Security Review* 601，2011；Nina Brown，“Artificial Authors：A Case for Copyright in Computer-Generated Works”，*Columbia Science and Technology Law Review* 1，2018，p. 29；Kalin Hristov，“Artificial Intelligence and the Copyright Dilemma”，*IDEA* 431，2017，p. 434；熊琦：《人工智能生成内容的著作权认定》，载《知识产权》2017 年第 3 期；Annemarie Bridy，“Coding Creativity：Copyright and the Artificially Intelligent Author”，*Stanford Technology Law Review* 5，2012，pp. 24 – 27；Russ Pearlman，“Recognizing Artificial Intelligence（AI）As Authors And Inventors Under U. S. Intellectual Property Law”，*Richmond Journal of Law & Technology* 1，2018；李伟民：《人工智能智力成果在著作权法的正确定性——与王迁教授商榷》，载《东方法学》2018 年第 3 期。

〔95〕 《美国法典》第 17 章第 101 条规定：“雇佣作品是指：（1）雇员在其受雇范围内创作的作品；或（2）经特约或者委托创作的用于构成汇编作品的作品……”

〔96〕 参见孙山：《人工智能生成内容著作权法保护的困境与出路》，载《知识产权》2018 年第 11 期；熊琦：《人工智能生成内容的著作权认定》，载《知识产权》2017 年第 3 期；李伟民：《人工智能智力成果在著作权法的正确定性——与王迁教授商榷》，载《东方法学》2018 年第 3 期。

〔97〕 梁志文：《论人工智能创造物的法律保护》，载《法律科学》2017 年第 5 期。

〔98〕 Melville Nimmer and David Nimmer，*Nimmer on Copyright*，Vol. 1，Matthew Bender & Company Inc，2017，p. 1 – 106. 2.

即使在英国，其《版权法》中已经做出了特殊安排的情况下，[99]仍然存在一些问题。例如，在此种规则下我们仍然需要确定谁可以被视为作者，因为这不仅涉及我们将著作权授予程序员时所产生的所谓“双重收费”（double dipping）问题[100]，而且涉及如何定义“必要安排”这一棘手的问题[101]，因为只有一个判例——Nova Productions Ltd v. Mazooma Games Ltd[102]——被认为与英国《版权法》第9条第3款有关，[103]但从中也找不出太多针对这个问题的指引。具体来说，Nova案涉及计算机程序使用原告受著作权保护的位图文件生成的一系列合成游戏画面的可版权性问题，在该案中法院作出一项有争议的裁决，认定合成画面是计算机生成的作品因而不存在作者，[104]但该裁决没有提及所有权安排的问题。[105]该案对中国而言也没有太大参考价值，因为中国司法实践在游戏画面是否可以受著作权保护方面有截然不同的判定。[106]也就是说，中国法院并

---

〔99〕 英国《版权法》第9条第3款明确规定：“如果文学、戏剧、音乐或艺术作品是由计算机生成的，对作品的创作作出必要安排的人视为作者。”

〔100〕 Robert Yu，“The Machine Author：What Level of Copyright Protection Is Appropriate for Fully Independent Computer - Generated Works?”，*University of Pennsylvania Law Review*1245，2017，p. 1260；Nina Brown，“Artificial Authors：A Case for Copyright in Computer - Generated Works”，*Columbia Science and Technology Law Review* 1，2018，pp. 22 -24；中国法院也持这种观点。参见北京菲林律师事务所诉北京百度网讯科技有限公司案，北京互联网法院（2018）京0491民初239号。

〔101〕 Jani McCutcheon，“Curing the Authorless Void：Protecting Computer-Generated Works Following IceTV and Phone Directories”，*Melbourne University Law Review* 46，2013，pp. 53 -56.

〔102〕 [2006] RPC 14.

〔103〕 Ibid，p. 65.

〔104〕 法官基钦（Kitchin）裁决如下：“只要每个合成画面均属计算机生成的作品，那么对作品的创作作出必要安排的人是琼斯先生，因为他设计了游戏中各种元素的外观以及每个画面生成的规则和逻辑，并且他编写了相关的计算机程序。在这种情况下，我同意琼斯先生是那个对作品的创作作出必要安排的人，因此根据第9条第3款可以视其为作者。”（[2006] RPC 14，398 -399，para. 105）.

〔105〕 Jani McCutcheon，“Curing the Authorless Void：Protecting Computer-Generated Works Following IceTV and Phone Directories”，*Melbourne University Law Review* 46，2013，p. 67.

〔106〕 有若干个中国法院认定游戏画面/屏幕应作为《著作权法》第3条规定的“以类似摄制电影的方法创作的作品”而受到保护。参见：广州网易计算机系统有限公司诉广州华多网络科技有限公司案，广州知识产权法院（2015）粤知法著民初字第16号；上海壮游信息科技有限公司诉广州硕星信息科技有限公司等案，一审：上海市浦东新区人民法院（2015）浦民三（知）初字第529号，二审：上海知识产权法院（2016）沪73民终190号。

不认可将游戏画面视为计算机生成的内容。

还有学者建议，对中国来说将人工智能生成的作品纳入邻接权的保护范围将是一个可行的解决方案。[107] 这是一个合理的选择，因为中国《著作权法》基本上遵循了大陆法系传统的作者权制度，邻接权（或相关权）的概念要么是指一个具有创造性的作品中与实际作者无直接关联但与推广者或发行人相关的一系列权利，要么是指用于保护低于著作权保护标准的内容如随机拍摄的照片和不受著作权保护的客体的录音/录像的一系列权利。但是，仅靠这个方案仍然不能阻止“搭便车”和不正当竞争行为的发生。

3. 降低对独创性的要求

一些学者认为中国应该在独创性测试中抛弃“个人特色”的要求，并在评估人工智能生成内容的独创性时采用客观标准。[108] 这一推论合乎逻辑，因为显然在中国对人工智能生成作品进行著作权保护的最大障碍是独创性测试。如果《著作权法》和中国的司法机构都可以采用客观标准来评估作品的独创性，有关人工智能生成内容的问题似乎就可以得到解决。然而，这仍然是一项“鸵鸟政策”，因为它没有考虑中国的法律传统、著作权基本原理以及这种安排可能对社会造成的影响，以下将就这些问题进行详细讨论。

（二）中国人工智能生成内容保护模式的未来

从以上讨论来看，可以得出的结论是：最终的障碍是根植于《著作权法》中以人类为中心的理念，以及建议的解决方案可能对社会造成的潜在影响。在根据著作权理论建议任何解决方案之前，需要对“作者是机器”这一问题进行更详尽的重新思考。

1. 再度讨论：机器可以被视为作者吗？

题述问题更多的是一个哲学而非法律实务问题，因为假如我们可以摒弃一些存在已久的著作权法基本原则，上述一些解决方案几乎是可行的。但是本文

---

〔107〕 易继明：《人工智能创作物是作品吗?》，载《法律科学》2017 年第 5 期；许明月、谭玲：《论人工智能创作物的邻接权保护——理论证成与制度安排》，载《比较法研究》2018 年第 6 期；澳大利亚学者也曾提出过类似的建议，参见 Jani McCutcheon，“Curing the Authorless Void：Protecting Computer-Generated Works Following IceTV and Phone Directories”，*Melbourne University Law Review* 46，2013，pp. 78 –79。

〔108〕 易继明：《人工智能创作物是作品吗?》，载《法律科学》2017 年第 5 期。

反对这一做法，理由如下：

首先，创作型机器的所有人或投资人当然可以享有人工智能生成内容的收益，但不一定非要以受著作权保护的形式。前文提到的邻接权保护方案，甚或是一套特殊权利〔109〕(sui generis rights) 都可以很好地保护创作型机器的所有人或投资人的收益。

其次，颠覆根植于中国《著作权法》的以人类为中心的理念成本过高。即便《著作权法》在大陆法系的作者权路径与普通法系的版权体系之间摇摆不定,〔110〕但作为其支柱的诸如精神权利的概念、作者权与邻接权的区别，以及最为重要的著作权存在的理论基础 [如人格理论和劳动论 (labour theory)]，这些都是围绕人类作者设计的。〔111〕在弱人工智能的情境下，我们仍然可以将著作权授予那些做出的贡献足够具有独创性从而能通过著作权测试的个人。当机器在“创作”过程中拥有更多自主性时，任何参与其中的人都不太可能对人工智能生成的内容主张作者身份。尽管需要对机器背后的人员进行奖赏或激励是一个有说服力的观点,〔112〕但如前文所述，解决方案不必一定是著作权。

此外，在中国《著作权法》中承认机器作者带来的问题远多于益处。无论人类创作物和人工智能生成的内容在表面上如何相似,〔113〕它们在本质上都是不同的。人们不必追溯黑格尔和康德关于“手段”与“目的”关系的讨论来理解

〔109〕 宋红松:《纯粹“人工智能创作”的知识产权法定位》，载《苏州大学学报》(哲学社会科学版) 2018 年第 6 期。

〔110〕 例如中国的著作权合理使用模型。See Jie Wang and Tianxiang He, “To Share Is Fair: The Changing Face of China’s Fair Use Doctrine in the Sharing Economy and Beyond”, *Computer Law & Security Review* 15, 2019.

〔111〕 卡明斯基 (Kaminski) 认为“相比于倚重精神权利的国家，算法创作的作品更有可能在美国受到著作权保护”。See Margot Kaminski, “Authorship, Disrupted: AI Authors in Copyright and First Amendment Law”, *U. C. Davis Law Review* 589, 2017, p. 599.

〔112〕 Arthur Miller, “Copyright Protection for Computer Programs, Databases, and Computer-Generated Works: Is Anything New Since CONTU?”, *Harvard Law Review* 977, 1993, p. 1067.

〔113〕 布里迪 (Bridy) 论证了人工智能的创作过程与人类的有相似之处。See Annemarie Bridy, “Coding Creativity: Copyright and the Artificially Intelligent Author”, *Stanford Technology Law Review* 5, 2012, pp. 9 – 14.

这种风险，[114] 通过归谬法就可以帮助理解：如果一头大象经过训练可以用鼻子画画，这只是一种由于先前的训练而导致的条件反射。[115] 如果有一天大象决定超出指令的画法并完成了一幅令人意想不到的可以瞒过不知情的受访者的“绘画”，它本身仍然不是一个“作品”，因为“作品”的“含义”只是人类旁观者的想象，实际上并不存在于其中。同样地，即使我们人类作为感性的傻瓜倾向于为人工智能生成的内容赋予含义，著作权法也不应顺应这一倾向，因为“作者”是人们虚构的，这些内容并没有表达任何东西。

最后，赋予机器与人类同等的法律地位对我们的社会具有破坏性。将机器视为作者，甚至通过“雇佣作品”规则来间接承认它，不仅会为未来由机器直接主张著作权的情形拉开闸门，而且会使人类在创造性方面变得多余和无足轻重。例如，根据中国《著作权法》第 1 条，该法的立法宗旨是：

> ……为保护文学、艺术和科学作品作者的著作权，以及与著作权有关的权益，鼓励有益于社会主义精神文明、物质文明建设的作品的创作和传播，促进社会主义文化和科学事业的发展与繁荣。

该条规定与美国《宪法》中的版权条款规定授予作者版权的目的是“促进科学和实用技术的进步”相呼应。[116] 从上述两个条款中可以很容易地发现，为作者提供“有限的”专有权利只是一种手段；目的则是促进文化、科学和艺术的进步。考虑到机器可以远比人类更快地生成“作品”，不仅在可预见的将来半职业化的或普通的创作者将无力与机器竞争，而且面向大众市场的作品的市场份额也将由于公众无法区分人工智能生成内容和人类创作物而被稀释。此外，市场力量的过度集中和后续作品多样性相对贫乏的威胁也将背离上述著作权立

---

〔114〕李扬、李晓宇：《康德哲学视点下人工智能生成物的著作权问题探讨》，载《法学杂志》2018 年第 9 期。

〔115〕中国法院的一份判决支持了这一观点，其中认定海豚所谓的表演实际上是基于训练的一种条件反射，海豚不是法律主体，它们不是表演者，更不是著作权人。参见长沙动物园诉当代商报社等案，长沙市中级人民法院（2003）长中民三初字第 90 号。

〔116〕美国《宪法》第 1 条第 8 款第 8 项。但是应注意美国《宪法》中版权条款的含义与中国《著作权法》第 1 条稍有不同。See Tianxiang He，“Control or Promote? China’s Cultural Censorship System and Its Influence on Copyright Protection”，*Queen Mary Journal of Intellectual Property* 74，2017，pp. 95 –96.

法目的，因为人工智能企业集团将能够在创作市场上碾压人类作家，而我们将由于人工智能“创造力”的局限性而裹足不前并陷入自我模仿——使用算法从海量数据中发现惯用模式。换句话说，现阶段人工智能机器仅是一个“内容提供者”而不是“内容创作者”。因此，这种赋予机器与人类同等的法律地位的规则设置对社会具有不利的潜在影响。

2. 中国就人工智能生成内容更可取的保护模式

前文的讨论揭示了一个前提，那就是人类权利主体对于人工智能著作权问题的解决方案不可或缺，并且此种解决方案还应考虑著作权法的立法目的，及其对社会的潜在影响。事实上，前文讨论的所有方案均包含这一前提，而其中最适合中国的似乎是邻接权方案。

（1）支持邻接权制度。首先，在《著作权法》的邻接权制度下保护人工智能生成作品与其立法目的相一致。邻接权在《罗马公约》[117]、《日内瓦公约》[118]、《世界知识产权组织表演和录音制品条约》[119]、《与贸易有关的知识产权协定》[120]等多种国际公约中均受到保护。这个概念来自于采用作者权体系的国家。通常这些国家的独创性门槛很高：只有那些能够反映作者的个性、个人特色或个人创造力的作品才能被视为作品。这就不难理解某些劳动成果，例如录音录像制品以及表演在这些国家往往不能被视为作品。结果就是，鉴于相关活动有助于促进作品的传播或为作品增加新的价值，邻接权首先被指定来保护这些类型的智力贡献。一方面，人工智能生成的内容有助于推广作品，即人工智能程序中受著作权保护的源代码，而将它们归于特定的程序及幕后的所有人/投资人有助于防止“搭便车”的侵权行为；另一方面，开发人工智能程序需要大量投资，将人工智能生成内容认作 ·种邻接权将为该程序的实际使用者提供再投资的动力。

---

〔117〕《保护表演者、录音制品制作者和广播组织的罗马公约》496 U. N. T. S. 43（1961 年 10 月 26 日）。

〔118〕《保护录音制品制作者禁止未经许可复制其录音制品公约》866 U. N. T. S. 67（日内瓦 1971 年）。

〔119〕《世界知识产权组织表演和录音制品条约》2186 U. N. T. S. 203；36 I. L. M. 76（1997）。

〔120〕《与贸易有关的知识产权协定》（1994 年 4 月 15 日），《建立世界贸易组织马拉喀什协议》（附录 1C）1869 U. N. T. S. 299，33 I. L. M. 1125，1197（1994）。

其次，中国《著作权法》以人为中心的立法基础不会受到挑战。除了奖励有助于促进著作权作品传播的贡献外，另一个考虑邻接权功能的方向是：保护那些不构成受著作权保护的作品但是也应受到保护的内容。例如，在德国等一些大陆法系法域，摄影作品[121]（Lichtbildwerke）与照片[122]（Lichtbilder）之间是有区别的。只有那些表达了摄影师独特的艺术见解和创造力的照片才可以被视为摄影作品，其余的则被视为由邻接权所保护的照片。这种邻接权的保护方式能够容纳人工智能生成的内容而又不违背独创性的标准，因为这样它们就可以被视为是“无独创性的”但仍受一定程度的保护。

此外，人工智能生成内容与当前中国《著作权法》中有关邻接权的法律规定完全吻合。一方面，找不到明确禁止这种方案的制度限制。[123]与建立特殊权利制度的建议相比，邻接权模式的立法成本将因此大大降低；另一方面，通过邻接权保护人工智能生成内容可以极大地丰富公有领域，因为在该制度中可以进行特殊安排。例如，与受著作权保护的作品相比，邻接权保护期可以更短，授予的专有权利可以更少，从而让公众可以更早地自由使用人工智能生成的内容。

最后，这一新的邻接权的具体设计可以有一定程度的灵活性。除了上面提到的保护期外，至关重要的是要求人工智能生成内容包含来自人类权利主体的某种程度的贡献。由此推论，操作程序并给予指令的人应为权利人；[124]但在雇佣作品或委托作品的情形中，除非合同另有约定，应当是由雇主/委托人作为权利人。无论如何，专有权利和保护期限应谨慎设置，以保持一种合理但比著作权保护低得多的保护水平。

（2）技术辅助：我们不一样。上述方案显然是不够的。要解决“稀释”问题，即防止人类对人工智能在生成内容方面的运算能力随意“搭便车”，还需要采取进一步的措施。如果我们要求每项人工智能生成内容都带有数字签名以表明该项内容的制作细节，就像数码照片的 EXIF 信息一样，那么我们就能区分二

---

〔121〕 德国《著作权法》第 2 条第（1）项第 5 款。

〔122〕 德国《著作权法》第 72 条。

〔123〕 例如，中国《民法总则》第 123 条并未就邻接权穷尽式地列出一份完整清单。

〔124〕 北京互联网法院在近期的一份判决中也支持这个观点，但是并未提及使用者应享有何种权利。北京菲林律师事务所诉北京百度网讯科技有限公司案，北京互联网法院（2018）京 0491 民初 239 号。

者并防止“搭便车”者宣称人工智能生成的作品是他们自己的作品。[125]与署名权的概念不同，此处提议的“签名”机制实际上是一项强制性义务，要求人工智能生成内容向公众披露自身信息。该技术方案的目的是确保公众能够将人工智能生成内容与人类创作的作品区分开。如果知情的消费者仍然决定购买机器创作的内容，那么我们就应当尊重市场规律。

当然，必须采取保障措施以确保人工智能生成内容的提供者会遵守此项义务。例如，一个可能的途径是设置一项技术要求，使所有人工智能生成内容的原件都带有一个数字签名，如同数码相机拍摄的照片一样。那么任何试图抹去该签名的行为就都是蓄意的了。为了防止“搭便车”的行为发生，如果是有意违规并被法院或其他执法机构发现，法院可以在发生侵权的情况下撤销邻接权保护，因为“权利人公然从事某些行为即表明其有意放弃其权利并允许公众复制其作品，这时（对著作权的）放弃就产生了”。[126]换句话说，如果权利人搭机器的便车故意逃避“签名”义务，这就可能形成确凿的证据，表明权利人已意识到了其对人工智能生成内容所享有的邻接权的存在，并打算通过删除签名来放弃它们。

尽管巴特主张“读者的诞生必须以作者的死亡为代价”，[127]但这只是用一种夸张的方式来强调受众的重要性以及他们解读作品的权利。尽管事实上受众的角色已经从消费者转变为“产消者”（prosumer），[128]从购买“商品和服务纯粹为了它们的功能性或实用性价值”到“买进这些商品的象征意义进行自我身份的建构”，[129]作者与目标受众之间交流与联系的存在仍然是“作者身份的核心和

---

〔125〕 北京互联网法院在近期的一份判决中建议了类似的机制，并指出：在分析报告中添加标识以表明报告是由人工智能程序生成的，这将“有助于保护公众知情权、维护社会诚实信用和有利于文化传播”。参见北京菲林律师事务所诉北京百度网讯科技有限公司案，北京互联网法院（2018）京0491民初239号。

〔126〕 Lopez v. Electrical Rebuilders, Inc., 416 F. Supp. 1133, 1135 (C. D. Cal. 1976).

〔127〕 Roland Barthes, *Image Music Text*, Stephen Heath (tr.), Fontana Press, 1977, p. 148.

〔128〕 Tianxiang He, *Copyright and Fan Productivity in China: A Cross-jurisdictional Perspective*, Springer, 2017, pp. 5 -6.

〔129〕 David Tan, "De (Re) Constructing Narratives in Intellectual Property Law: Transformative Play, Culture Jamming, and Poststructural Disruptions", *Law & Literature* 32, 2019, pp. 75 -106. (DOI: 10. 1080/1535685X. 2018. 1506410).

本质”,[130] 而“著作权本质上是作者身份的载体，是联系作者与其受众并使受众回馈作者的努力的一种手段”。[131] 从这个意义上来说，试图模仿人类创作活动的机器与动物之间没有太大区别，因为当机器只是在执行一项计算任务时，所谓的“作者”只是虚构的，它并未传达任何东西。因此，无论人工智能生成的内容与人类创作的作品看起来有多么相似，它们在本质上都是不同的，并应该在《著作权法》下予以区别对待，因为著作权仅应保护旨在与目标受众联系、交流和互动的表达，即使受众会将自身置于作者的位置。此项数字签名建议可以确保机器被认定为是出处而不是其所生成的内容的作者，从而保证公众能够辨别市场上相竞争的文化产品背后可能隐含的信息。

五、结 论

显然，我们可以得出以下结论：人工智能应被视为可以帮助人类更有效率地创作作品的工具，而不是与人类平等的创作主体。考虑到我们仍处于“弱人工智能”时代的事实，建议应在独创性方面遵循主观标准，以便我们区分人工智能生成的作品与人类创作的作品。将机器列入作者的行列将违反几个根本性的知识产权合理化依据，且机器无法按照法律所预期的人类行为方式行事这也是事实。使用人工智能程序生成内容的人将是合适的权利主体，因为他们是机器的实际控制者。但这仍然需要根据个案情况进行判断，因为在不同情形下使用者的贡献可能会有所不同。在建议的各项解决方案中，邻接权制度最适合中国，但需辅以数字签名要求。

学者们设想的许多威胁被认为“要么不太可能实现，要么与‘非智能’技术所构成的威胁相差不大。”[132] 但可以肯定的是：现阶段仍存在太多不确定性而不宜采取任何激进的冒险行动，我们必须格外小心我们有关人工智能的建议的伦理后果，[133] 尤其是在法律领域。因此，本文强烈建议采用渐进式的方案。

---

[130] Paul Goldstein, "Copyright", in Robert Merges and Jane Ginsburg (eds), *Foundations of Intellectual Property*, Foundation Press, 2004, p. 302.

[131] Ibid.

[132] Stuart J. Russell and Peter Norvig, *Artificial Intelligence: A Modern Approach*, 3rd ed., Prentice Hall, 2010, p. 1040.

[133] Ibid, p. 1051.

在本文的结尾，笔者引用本人最喜欢的一句话来结束讨论，它来自尼尔·斯科特舰长——刘慈欣科幻三部曲《三体》中的一个虚构人物的最后陈述。

> 我没有太多可说的，只有一个警告：
>
> 生命从海洋登上陆地是地球生物进化的一个里程碑，但那些上岸的鱼再也不是鱼了。
>
> 同样，真正进入太空的人，再也不是人了。所以，人们，当你们打算飞向外太空再也不回头时，请千万慎重，需付出的代价比你们想象的要大得多。[134]

〔134〕 Cixin Liu, *The Three-Body Problem*: *Death's End*, Ken Liu (tr.), Macmillan, 2010, p. 116.

绿色人工智能

[美] 罗伊·施瓦茨
杰西·道奇
诺亚·史密斯
奥伦·埃奇奥尼*
黄　霜** 译

摘　要　深度学习研究所需的计算量每隔数月便翻一番。仅 2012—2018 年，它就增长了 30 万倍[1]。这些计算将留下惊人数量的碳足迹[2]。具有讽刺意味的是，深度学习的灵感来自人脑，而人脑是高度节能的器官。此外，天价的计算经济成本会令学者、研究人员，尤其是那些来自新兴经济体的上述群体望而却步，无法涉足深度学习的研究。本文提出了一个切实可行的解决方案，将效率、准确率与其他相关措施并列认定为评估研究的标准。此外，我们还建议公布开发、训练和运行模型的财务成本或"价格标签"，为研究更高效的手段提供基线。

关键词　绿色人工智能　红色人工智能　人工智能模型　神经网络　深度学习

---

* 罗伊·施瓦茨（Roy Schwartz），美国华盛顿州西雅图市艾伦人工智能研究所；杰西·道奇（Jesse Dodge），美国宾州匹兹堡市卡内基梅隆大学；诺亚·史密斯（Noah A. Smith），美国华盛顿州西雅图市华盛顿大学；奥伦·埃奇奥尼（Oren Etzioni），艾伦人工智能研究所。前两位作者对本文贡献相当。本研究在艾伦人工智能研究所完成。黄霜，上海外国语大学副教授，博士，加拿大皇后大学、美国加州大学圣地亚哥分校访问学者，主要研究方向：美国历史文化、语言教学、神经语言学等。本文原文发表于 2019 年 7 月，脚注和参考文献保留原文献格式。

〔1〕 Emma Strubell, Ananya Ganesh, and Andrew McCallum. Energy and policy considerations for deep learning in NLP. In Proc. of ACL, 2019.

〔2〕 Dario Amodei and Danny Hernandez. AI and compute, 2018. Blog post.

一、背景与动机

自2012年以来，人工智能研究在这一领域已经取得了显著的进展。人工智能已经具备物体识别、游戏、机器翻译等各种能力[3]。这些进步都是通过越来越大型的计算密集型的深度学习模型实现的。[4]图1（转载自文献[5]）显示了从2012年的AlexNet[6]到2017年的AlphaZero[7]等最先进的深度学习模型的训练成本，它们随时间推移而增加。根据图示，训练成本每隔几个月就翻一番，总体增长了30万倍。通过观察ELMo[8]，以及紧随其后的BERT[9]、openGPT-2[10]和XLNet[11]，我们注意到自然语言处理（NLP）词汇嵌入法的成本增势更加显著。曾有一篇重要的论文[12]在估算了几个自然语言处理模型的碳足迹的基础上指出，这一发展趋势不但不环保（本文称之为红色人工智能），而且价格昂贵，还

[3] Yoav Shoham, Raymond Perrault, Erik Brynjolfsson, Jack Clark, James Manyika, Juan Carlos Niebles, Terah Lyons, John Etchemendy, and Z Bauer. The AI index 2018 annual report. AI Index Steering Committee, Human-Centered AI Initiative, Stanford University. Available at http://cdn.aiindex.org/2018/AI% 20Index% 202018% 20Annual% 20Report.pdf, 202018, 2018.

[4] 为了言简意赅，我们在本文中提到的人工智能主要指依赖于深度学习方法的人工智能研究。

[5] Dario Amodei and Danny Hernandez. AI and compute, 2018. Blog post.

[6] Alex Krizhevsky, Ilya Sutskever, and Geoffrey E Hinton. Imagenet classification with deep convolutional neural networks. In Proc. of NeurIPS, 2012.

[7] David Silver, Thomas Hubert, Julian Schrittwieser, Ioannis Antonoglou, Matthew Lai, Arthur Guez, Marc Lanctot, Laurent Sifre, Dharshan Kumaran, Thore Graepel, Timothy Lillicrap, Karen Simonyan, and Demis Hassabis. Mastering chess and shogi by self-play with a general reinforcement learning algorithm, 2017. arXiv: 1712.01815.

[8] Matthew Peters, Mark Neumann, Mohit Iyyer, Matt Gardner, Christopher Clark, Kenton Lee, and Luke Zettlemoyer. Deep contextualized word representations. In Proc. of NAACL, 2018.

[9] Jacob Devlin, Ming-Wei Chang, Kenton Lee, and Kristina Toutanova. BERT: Pre-training of deep bidirectional transformers for language understanding. In Proc. of NAACL, 2019.

[10] Alec Radford, Jeffrey Wu, Rewon Child, David Luan, Dario Amodei, and Ilya Sutskever. Language models are unsupervised multitask learners, 2019. OpenAI Blog.

[11] Zhilin Yang, Zihang Dai, Yiming Yang, Jaime Carbonell, Ruslan Salakhutdinov, and Quoc V. Le. XLNet: Generalized autoregressive pretraining for language understanding, 2019. arXiv: 1906.08237.

[12] Emma Strubell, Ananya Ganesh, and Andrew McCallum. Energy and policy considerations for deep learning in NLP. In Proc. of ACL, 2019.

会抑制研究人员参与该领域研究的热情。

人工智能界对“最先进”的结果的强烈兴趣推动了这一趋势的形成,[13] 排行榜[14] 的盛行就是一个很好的例子。它通常只公布准确率而省略了关于成本或效率的数据（具体实例参见 leaderboards. allenai. org）。尽管提高人工智能模型的准确率有显而易见的益处，但只关注单一指标就会忽略为达到公布的准确率需要耗费的经济、环境或社会成本。

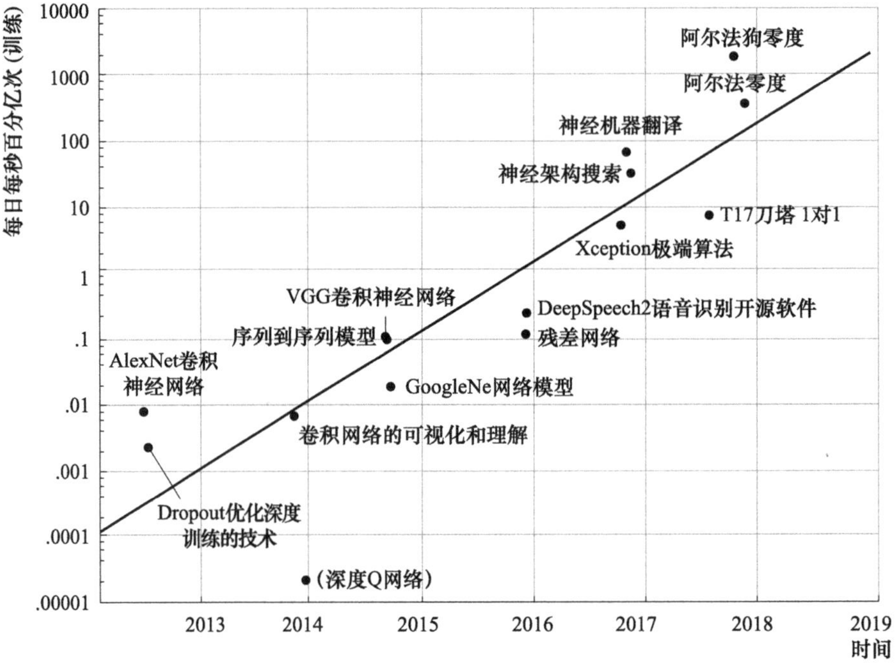

图 1 用于训练深度学习模型的计算量在 6 年内增加了 30 万倍[15]

---

〔13〕 指在实践中，一个系统在某些基准上的准确率比以往报告的任何系统的准确率都要高。

〔14〕 Alex Wang，Amanpreet Singh，Julian Michael，Felix Hill，Omer Levy，and Samuel R. Bowman. GLUE：A multi－task benchmark and analysis platform for natural language understanding. In Proc. of ICLR，2019. Alex Wang，Yada Pruksachatkun，Nikita Nangia，Amanpreet Singh，Julian Michael，Felix Hill，Omer Levy，and Samuel R. Bowman. SuperGLUE：A stickier benchmark for general－purpose language understanding systems，2019. arXiv：1905. 00537.

我们建议增加绿色人工智能的研究，使人工智能更加环保和具有更大的包容性。我们认为虽然红色人工智能的研究已经为这一领域的发展做出了宝贵的贡献，但它的话语权过大，以至于打破了学术界的平衡。所以，我们希望将关注度适当转移到绿色人工智能上，以确保任何一位有灵感的本科生仅靠一台手提电脑就能写出高质量的论文，并被一流学术会议所采纳。具体而言，我们的建议是将效率、准确率及相关措施并列认定为评价人工智能相关论文的常规标准。

人工智能研究在诸多方面的计算成本都非常高，但每一方面都具有改进效率的空间。例如，可以要求论文将准确率表述为关于计算成本和训练集大小的函数，为未来数据更高效的研究提供一个基线。绿色人工智能的核心操作（参见公式 1）是公布寻找、训练和运行模型的计算价格标签。这不仅可以提高相关研究的透明度，也可为研究人员的深入探讨提供又一研究基线。

图 2 中的实证分析表明，人工智能研究界对计算效率鲜有关注。事实上，如图 1 所示，研究的计算成本正在以指数形式增长，其速度远远超过摩尔定律[16]。虽然众所周知成本增加带来的回报在逐步递减，红色人工智能的发展仍处于上扬趋势（图 3）。本文指出推动红色人工智能主要因素，并主张引入一个简单的、易于计算的效率指标，促使某些人工智能研究更加环保、更具包容性及可行性。绿色人工智能研究是目前众多具有环保意识的科学研究的一部分，它更具可持续发展性（实例参见《绿色化学》杂志）。其实，计算机科学领域对可持续、节能计算的研究由来已久，并不新鲜（实例参见《可持续计算：信息及系统学》杂志）。

下文内容为：第二节揭示了关于深度学习的研究如何成为红色人工智能；第三节深入探讨我们关于进行绿色人工智能研究的建议；第四节总结相关研究并探讨未来研究的方向。

---

〔16〕 Gordon E. Moore. Cramming more components onto integrated circuits，1965.

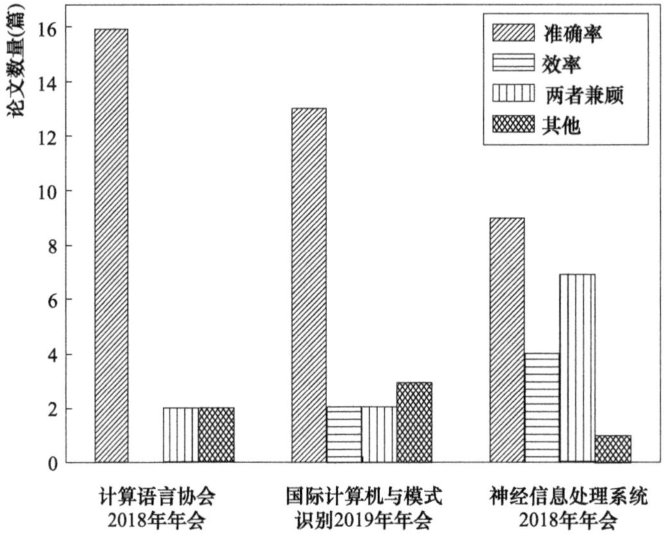

图 2 人工智能论文多以准确率而不是效率为目标

注：本图显示了在来自顶级人工智能会议的 60 篇论文样本中，分别以准确率、效率、两者兼顾或其他为目标的论文的占比。

二、红色人工智能

红色人工智能是指试图通过大规模计算来取得最先进、准确率（或其他相关衡量标准）最高的结果的人工智能研究。换言之，它“购买”到了更强大的结果。然而，学术界早就公认，模型的性能与复杂性（以参数数量或推理时间衡量）间的关系充其量为对数关系；获取性能的线性增益需要一个指数级的巨大模型〔17〕来实现。为了维持这样的趋势，就必须增加训练数据〔18〕和实验的数量〔19〕。在这种情况下，即使回报率递减，计算成本仍然不断增加。

---

〔17〕 Jonathan Huang, Vivek Rathod, Chen Sun, Menglong Zhu, Anoop Korattikara, Alireza Fathi, Ian Fischer, Zbigniew Wojna, Yang Song, Sergio Guadarrama, and Kevin Murphy. Speed/accuracy trade-offs for modern convolutional object detectors. In Proc. of CVPR, 2017.

〔18〕 Chen Sun, Abhinav Shrivastava, Saurabh Singh, and Abhinav Gupta. Revisiting unreasonable effectiveness of data in deep learning era. In Proc. of ICCV, 2017. Alon Halevy, Peter Norvig, and Fernando Pereira. The unreasonable effectiveness of data. IEEE Intelligent Systems, 24: 8-12, 2009.

〔19〕 Jesse Dodge, Suchin Gururangan, Dallas Card, Roy Schwartz, and Noah A. Smith. Show your work: Improved reporting of experimental results. In Proc. of EMNLP, 2019.

本节揭示了红色人工智能形成的各种因素，并分析它如何导致回报率递减（图3）。然而，我们必须再次强调，红色人工智能的工作是有价值的：它通过推动这一领域的研究边界丰富了人类的知识。本文的目的主要是找出计算成本高的领域，并发掘其中可开发更高效技术的机会。

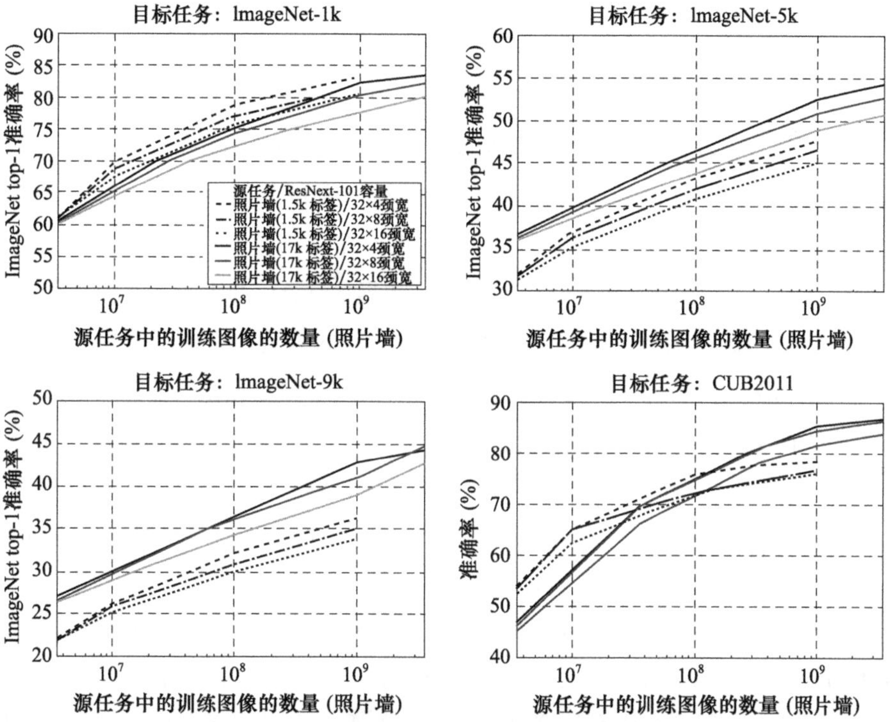

图3　在更多的数据上进行训练的收益递减[20]

注：1. 物体检测的准确性随着训练实例数指数级增长而呈线性递增。

2. 图中涉及不同数据库：ImageNet 为视觉数据库名称，CUB2011 为鸟类图像数据集名称。

为了证明红色人工智能的主导性，我们从顶级人工智能会议（计算机语言协会年会，简称 ACL[21]，神经信息处理系统年会，简称 NeurIPS[22]，及国际计算机与模式识别，简称 CVPR[23]）中抽取了 60 篇论文，并记录下每篇论文的作者所描述的主要贡献：（1）提高准确率或与其相关的衡量标准；（2）改善效

---

〔21〕 参见 https：//acl2018. org。

〔22〕 参见 https：//nips. cc/Conferences/2018。

〔23〕 参见 https：//cvpr2019. thecvf. com。

率；(3) 两者皆有；或 (4) 其他。如图 2 所示，被研究的大部分会议论文都以准确率为目标（包括 90% 的 ACL 论文、80% 的 NeurIPS 论文及 75% 的 CVPR 论文）。此外，在两大实证人工智能会议（ACL 和 CVPR）论文中，只有一小部分（分别为 10% 和 20%）建议关注具有新效能的研究结果[24]。这充分证明人工智能研究对诸如准确率等性能指标的偏爱，而忽略了速度或模型大小等效率指标。本文认为，研究人员应该对后者给予更大的关注。

为了更好地理解人工智能如何成为红色的，我们需要研究论文中公布的人工智能结果。它通常包括一个在训练数据集上训练过且通过测试数据集评估的模型。该模型的开发一般意味着通过多个实验来调试其超参数。目前，导致此过程中计算和环境成本增加的三大因素（无论在训练还是推理过程中）包括：在单个样本（E）上执行模型的成本；训练数据集（D）的大小，它控制着模型训练过程中的执行次数；以及超参数（H）实验的数量，它控制着模型开发过程中的训练次数。机器学习中产生的任一结果（R）的总成本随着这些数量的增加而线性增加。其估算公式如下：

公式 1：$Cost\ (R)\ \propto E \cdot /D \cdot H$

注：红色人工智能公式：人工智能结果（R）产生成本随处理单个样本（E）的成本、训练数据集（D）的大小及超参数（H）实验的数量的增加而呈线性增长。

公式 1 简化了估算成本的过程（例如，不同超参数任务将产生不同的单个样本的处理成本）。其次，它忽略了其他影响因素，如训练周期的数量。然而，它展示了这三个因素在成本估算过程中发挥的重要意义。下文将对它们逐一展开讨论。

昂贵的单个样本处理 我们的关注重点是神经模型。因为神经模型每个训练阶段都会涉及推理，所以我们把训练与推理成本合并讨论，称为“处理”一个样本。有些研究使用的模型越来越昂贵，所消耗的资源也就越来越多。因此，在执行这些模型时涉及的推理需要大量算力和更多的训练。例如，谷歌的 BERT-large[25] 包含约

---

〔24〕 有趣的是，许多 NeurIPS 论文提及收敛率或遗憾界限。它们将性能描述为关于样本或迭代的函数，并以效率为目标（55%）。这表明至少在理论分析中，越来越多人意识到这个概念的重要性。

〔25〕 Jacob Devlin, Ming -Wei Chang, Kenton Lee, and Kristina Toutanova. BERT: Pre -training of deep bidirectional transformers for language understanding. In Proc. of NAACL, 2019.

3.5 亿个参数。OpenAI 的 openGPT2 - XL 模型[26]包含 15 亿个参数。我们的研究所总部 AI2，最近发布了 Grover[27]，它也包含 15 亿个参数。计算机视觉界的情况大致相似（图 1）。

如此大型的模型对每个样本的处理成本很高，也会产生巨大的训练成本。BERT-large 的训练使用了 64 个高速定制机器学习（简称 TPU）芯片，耗时 4 天。Grover 在 256 个 TPU 芯片上训练了两周，估计成本为 2.5 万美元。XLNet 的架构与 BERT-large 相似，但使用了更昂贵的目标函数（以及其他更多数量级的数据），在 512 个 TPU 芯片上训练了 2.5 天[28]。使用单个图形处理器（简称 GPU）不可能再现最佳的 BERT - large [29]或 XLNet 结果[30]。专业模型，例如 AlphaGo 可能会产生更为极端的成本。其最佳版本完成一盘棋需要使用 1920 个中央处理器（CPU）和 280 个 GPU[31]，每小时成本超过 1000 美元。[32]

当我们检测单个模型的变体（例如，BERT-small 和 BERT-large）时，发现模型越大性能越强。这的确是一个宝贵的科学发现，然而它也意味着由于人工智能模型规模不断增加，财政和环境成本短期内不可能很快降低。尤其目前的

---

[26] Alec Radford, Jeffrey Wu, Rewon Child, David Luan, Dario Amodei, and Ilya Sutskever. Language models are unsupervised multitask learners, 2019. OpenAI Blog.

[27] Rowan Zellers, Ari Holtzman, Hannah Rashkin, Yonatan Bisk, Ali Farhadi, Franziska Roesner, and Yejin Choi. Defending against neural fake news, 2019. arXiv: 1905.12616.

[28] 这个过程的一些估计费用达到 25 万美元（参见 twitter.com/eturner303/status/1143174828804857856）。

[29] 参见 https://github.com/google-research/bert。

[30] 参见 See https://github.com/zihangdai/xlnet。

[31] David Silver, Aja Huang, Chris J Maddison, Arthur Guez, Laurent Sifre, George Van Den Driessche, Julian Schrittwieser, Ioannis Antonoglou, Veda Panneershelvam, Marc Lanctot, Sander Dieleman, Dominik Grewe, John Nham, Nal Kalchbrenner, Ilya Sutskever, Timothy Lillicrap, Madeleine Leach, Koray Kavukcuoglu, ThoreGraepel, and Demis Hassabis. Mastering the game of Go with deep neural networks and tree search. Nature, 529 (7587): 484, 2016.

[32] 最新版的 AlphaGo 的效率要高得多，参见 David Silver, Julian Schrittwieser, Karen Simonyan, Ioannis Antonoglou, Aja Huang, Arthur Guez, Thomas Hubert, Lucas Baker, Matthew Lai, Adrian Bolton, Yutian Chen, Timothy Lillicrap, Fan Hui, Laurent Sifre, George van den Driessche, Thore Graepel, and Demis Hassabis. Mastering the game of Go without human knowledge. Nature, 550 (7676): 354, 2017。

现状是，模型增长的速度远远超过了由此带来的模型性能的提高[33]。由此往复，不断改进人工智能模型所需资源越来越多，但最终的结果只是让它们变得越来越大。

处理多个样本 最近在人工智能领域，另一种取得最先进性能的方式是逐步增加模型的训练数据量。在 2018 年，BERT - large 在 30 亿个单词的数据集上训练后在多项自然语言处理任务中表现最佳。最近，XLNet 在 32 亿个单词数据集（包括 Common Crawl 的一部分）上的训练表现胜过 BERT。OpenGPT - 2 - XL 在 400 亿个单词的数据集上进行了训练。FAIR 公司的 RoBERTa[34] 则在 160GB 的文本数据集、约 400 亿个单词数据集上进行训练，耗时约 2.5 万个 GPU 小时。在计算机视觉方面，来自 Facebook 的研究人员[35] 对获取自 Instagram 的 35 亿张图片进行了图像分类模型的预训练，比现有的标记图像数据集（如 Open Images）大了三个数量级。[36]

海量数据的使用使许多研究人员无法复制这些模型的结果或在相同的设置上训练他们自己的模型。在多时期（epochs）训练的常规状态下，这显得尤为困难。例如，2019 年 6 月版的 Common Crawl 包含 242TB 的未压缩数据[37]，所以即使是存储这些数据也价格不菲。无独有偶，因为回报率越来越低，通过增补数据的方式来提高模型性能也已经贵得令人发指[38]。例如，图 3 显示，物体识别的 Top - 1 准确率与训练实例的数量之间呈对数关系。

海量实验 某些项目将大量的计算倾注在调整超参数或搜索神经架构上，

---

[33] Andrew G. Howard, Menglong Zhu, Bo Chen, Dmitry Kalenichenko, WeijunWang, TobiasWeyand, Marco Andreetto, and Hartwig Adam. MobileNets: Efficient convolutional neural networks for mobile vision applications, 2017. arXiv: 1704. 04861.

[34] Yinhan Liu, Myle Ott, Naman Goyal, Jingfei Du, Mandar Joshi, Danqi Chen, Omer Levy, Mike Lewis, Luke Zettlemoyer, and Veselin Stoyanov. RoBERTa: A robustly optimized bert pretraining approach, 2019. arXiv: 1907. 11692.

[35] Dhruv Mahajan, Ross Girshick, Vignesh Ramanathan, Kaiming He, Manohar Paluri, Yixuan Li, Ashwin Bharambe, and Laurens van der Maaten. Exploring the limits of weakly supervised pretraining. In Proc. ECCV, 2018.

[36] 参见 https://opensource. google. com/projects/open - images - dataset。

[37] 参见 http://commoncrawl. org/2019/07/。

[38] Ashish Vaswani, Noam Shazeer, Niki Parmar, Jakob Uszkoreit, Llion Jones, Aidan N. Gomez, Lukasz Kaiser, and Illia Polosukhin. Attention is all you need. In Proc. of NeurIPS, 2017.

这远远超出了大多数研究人员的能力范围。例如，谷歌[39]的研究人员在神经架构搜索的过程中训练了超过12800个神经网络，以提高物体检测和语言建模的性能。在固定的架构下，DeepMind[40]的研究人员评估了1500个超参数的分配，以证明长短期记忆网络（以下简称LSTM）语言模型可以达到最先进的困惑度结果。这一结果很有价值，它表明，LSTM的性能不会在仅有的几次超参数试验后就趋于平稳。但是为了进行公平比较，还需要对其他竞争模型的潜力进行充分探究，这就导致价格高得令一般研究人员望而却步。

海量实验的话题并未如前两个话题那样受到足够多的关注。事实上，在模型构建过程中进行的实验数量曝光度远远不足。但即使如此，还是有证据表明实验数量和性能提升之间也存在对数关系[41]。

讨论 由于其获益颇丰，人工智能界在模型中投入更多资源的热情不减。毋庸置疑，突破模型、数据集大小和超参数搜索空间的极限是有价值的。而且目前这类投资仍然在下游的性能方面得到了足够的回报（尽管回报率越来越低）。于是，找到饱和点（如果存在的话）是人工智能未来需要解决的一个重要问题。

本文的目标是提高人们对红色人工智能成本的认识，并敦促人工智能界认可另辟蹊径、以优化效率而不是准确率为目标的研究人员的工作。接下来，我们将讨论使人工智能更加绿色的具体措施。

三、绿色人工智能

绿色人工智能一词指的是在不增加计算成本，或最好能减少计算成本的情况下产生新的结果的人工智能研究。红色人工智能导致计算（及碳）成本的迅速飙升，而绿色人工智能则反其道而行之。如果效率指标被广泛认定为与准确率并列的重要研究评价指标，研究人员就可以选择专注于模型的效率，使其对

[39] Barret Zoph and Quoc V. Le. Neural architecture search with reinforcement learning. In Proc. of ICLR, 2017.

[40] Gábor Melis, Chris Dyer, and Phil Blunsom. On the state of the art of evaluation in neural language models. In Proc. of EMNLP, 2018.

[41] Jesse Dodge, Suchin Gururangan, Dallas Card, Roy Schwartz, and Noah A. Smith. Show your work: Improved reporting of experimental results. In Proc. of EMNLP, 2019.

环境和包容性产生积极影响。本节评估了几种可以公布和优化的效率衡量标准，并大力推荐其中一种，即浮点测量法（FPO）。我们认为在人工智能研究成果发表时应该同时公开与此相关的数据。

1. 效率的衡量标准

我们的建议是，为了测量效率应该公布产生一个人工智能结果所需的工作量，即训练一个模型所需的工作量。如果适用的话，还应公布所有调整超参数实验的工作量之总和。由于单个实验的成本可分解为处理单个样本的成本、数据集的大小和实验的数量（公式1），所以只需减少每一个步骤的工作量即可使人工智能更加绿色、环保。

在公布一个模型完成的工作量之前，我们需要确定被测试的定量具有在不同模型间的可公平比较性。换言之，使这一衡量标准即使在不同的实验室、时间点使用不同的硬件进行测试都能保持稳定。

碳排放 碳排放引起我们关注的原因是，它是我们希望能直接最小化的一个定量。然而，要测量训练或执行一个模型所释放的碳的确切数量是不切实际的。同样，产生一个人工智能结果的碳排放也很难测量，因为这个定量在很大程度上取决于当地的电力基础设施。因此，处于不同地点的研究人员，或者处于同一地点但不同时间的研究人员测量出的数据都是毫无可比性的。

用电情况 用电情况与碳排放相关，但与时间和地点无关。此外，GPU 通常会公布其每个内核在每个时间点消耗的电量，这有助于我们估算生成人工智能结果所消耗的电力总量。然而，这一衡量标准很大程度上依赖于当时使用的硬件，因此在不同的模型之间无法公平比较用电情况。

耗费的实际时间 在其他条件相同的情况下，一个模型的运行速度越快，它耗费的计算就越少，所以生成一个人工智能结果的总运行时间是一个天然的效率衡量标准。然而，这一标准受到诸多因素的高度影响，其中包括底层硬件、在同一台机器上运行的其他作业以及所使用的内核数量等。这些因素阻碍了不同模型之间的比较，也使模型的贡献与硬件改进无法相互剥离。

参数数量 衡量效率另一常用指标是模型使用参数（可学习的或总的）的数量。与运行时间相同的是这个标准与工作量相关。但与以上讨论过的标准不同的是，它不依赖于底层硬件。此外，它与模型消耗的内存量高度相关。尽管如此，不同的算法使用参数的方法不尽相同，例如，有的加深模型，而有的加宽它们。因此，具有类似参数数量的不同模型执行的工作量往往不尽相同。

浮点运算 我们建议，把浮点运算作为一个具体的衡量标准，公布生成一个结果所需的浮点运算总数。[42] 浮点运算提供了对执行一个计算过程所需工作量的估算标准。它是通过定义加（ADD）和乘（MUL）两个基本操作的成本来分析计算出结果。基于这些操作，任何机器学习的抽象操作（例如，tanh 函数展开法运算、矩阵乘法、卷积操作或 BERT 模型）的成本都可以被计算为这两个操作的递归函数。浮点运算一直被用于量化模型的能量足迹[43]，但在人工智能领域并未被广泛采用。

浮点运算具有以下几大优越性：第一，它直接计算出运行中的机器在执行一个特定的模型实例时所做的工作量，因此与能源消耗量直接相关；第二，与上文提及的其他标准不同，它与运行模型的硬件无关，因此有利于不同方法之间的公平比较；第三，它与模型的运行时间密切相关[44]。与渐进式运行时间不同的是，浮点运算还会考虑每个时间步长的工作量。

在各种神经网络库中存在一些计算浮点运算的软件包，[45] 但没有一个包含构建现代人工智能模型所需的所有模块。我们鼓励神经网络库的建设者直接实现这些功能。

---

〔42〕“浮点运算”这个术语没有唯一的定义。See Ariel Gordon, Elad Eban, Ofir Nachum, Bo Chen, Hao Wu, Tien -Ju Yang, and Edward Choi. MorphNet: Fast & simple resource -constrained structure learning of deep networks. In Proc. of CVPR, 2018. 它通常被称为每秒浮点运算次数【FLOP（s)】。为了避免混淆，本文只使用浮点运算（FPO）一词。

〔43〕Pavlo Molchanov, Stephen Tyree, Tero Karras, Timo Aila, and Jan Kautz. Pruning convolutional neural networks for resource efficient inference. In Proc. of ICLR, 2017. Tom Veniat and Ludovic Denoyer. Learning time/memory -efficient deep architectures with budgeted super networks. In Proc. of CVPR, 2018. Ariel Gordon, Elad Eban, Ofir Nachum, Bo Chen, Hao Wu, Tien -Ju Yang, and Edward Choi. MorphNet: Fast & simple resource -constrained structure learning of deep networks. In Proc. of CVPR, 2018. Ashish Vaswani, Noam Shazeer, Niki Parmar, Jakob Uszkoreit, Llion Jones, Aidan N. Gomez, Lukasz Kaiser, and Illia Polosukhin. Attention is all you need. In Proc. of NeurIPS, 2017.

〔44〕Alfredo Canziani, Adam Paszke, and Eugenio Culurciello. An analysis of deep neural network models for practical applications. In Proc. of ISCAS, 2017.

〔45〕例如，https://github.com/Swall0w/torchstat; https://github.com/Lyken17/pytorch -OpCounter。

讨论 业界相当关注高效机器学习方法的开发，但其动机与绿色环保无关。例如，计算机视觉界的大量研究集中在解决高效推理的问题上，以便应用于无人驾驶汽车[46]的实时处理或在手机等设备上放置模型[47]等。这些学习方法的目标多为实现高效模型推理[48]，所以它们只能最小化处理单一样本的成本，而无法降低第二节[49]讨论的其他两种红色活动的成本。

上述例子表明，人工智能能否转绿取决于如何使用它。当开发一个新的模型时，大部分的研究涉及在训练集上训练多个模型变体，并在一个小的开发集上进行推理。在这样的场景下，更有效的训练程序可以节省更多算力；而在生产场景中，更高效的推理则尤为重要。我们认为，对节省算力一事要有全局观，不能顾此失彼。

浮点运算是有局限性的：首先，它主要针对一个模型的耗电量，而忽略了其他潜在限制因素，如模型的内存消耗。这往往会导致额外的能源和货币成本[50]。

---

〔46〕 Ningning Ma, Xiangyu Zhang, Hai-Tao Zheng, and Jian Sun. ShuffleNet V2: Practical guidelines for efficient cnn architecture design. In Proc. of ECCV, 2018. Mohammad Rastegari, Vicente Ordonez, Joseph Redmon, and Ali Farhadi. Xnor - net: Imagenet classification using binary convolutional neural networks. In Proc. of ECCV, 2016. Wei Liu, Dragomir Anguelov, Dumitru Erhan, Christian Szegedy, Scott Reed, Cheng - Yang Fu, and Alexander C. Berg. Ssd: Single shot multibox detector. In Proc. of ECCV, 2016.

〔47〕 Andrew G. Howard, Menglong Zhu, Bo Chen, Dmitry Kalenichenko, WeijunWang, TobiasWeyand, Marco Andreetto, and Hartwig Adam. MobileNets: Efficient convolutional neural networks for mobile vision applications, 2017. arXiv: 1704. 04861. Mark Sandler, Andrew Howard, Menglong Zhu, Andrey Zhmoginov, and Liang - Chieh Chen. MobileNetV2: Inverted residuals and linear bottlenecks. In Proc. of CVPR, 2018.

〔48〕 Joseph Redmon, Santosh Divvala, Ross Girshick, and Ali Farhadi. You only look once: Unified, real-time object detection. In Proc. of CVPR, 2016. Xiangyu Zhang, Xinyu Zhou, Mengxiao Lin, and Jian Sun. ShuffleNet: An extremely efficient convolutional neural network for mobile devices. In Proc. of CVPR, 2018. Ariel Gordon, Elad Eban, Ofir Nachum, Bo Chen, Hao Wu, Tien-Ju Yang, and Edward Choi. MorphNet: Fast & simple resource - constrained structure learning of deep networks. In Proc. of CVPR, 2018. 最近的研究也以高效的训练为目标，参见 Tim Dettmers and Luke Zettlemoyer. Sparse networks from scratch: Faster training without losing performance, 2019. arXiv: 1907. 04840。

〔49〕 事实上，创建更小的模型往往会导致更长的运行时间，所以减缓不同的趋势可能导致某种程度的冲突，参见 Aaron Walsman, Yonatan Bisk, Saadia Gabriel, Dipendra Misra, Yoav Artzi, Yejin Choi, and Dieter Fox. Early fusion for goal directed robotic vision. In Proc. of IROS, 2019。

〔50〕 Ningning Ma, Xiangyu Zhang, Hai-Tao Zheng, and Jian Sun. ShuffleNet V2: Practical guidelines for efficient cnn architecture design. In Proc. of ECCV, 2018.

其次，一个模型的工作量很大程度上取决于模型的实现，即同一模型的两种不同实现方式可能导致完全相异的处理量。人工智能界比较关注建模方面的贡献，而习惯性地忽略模型实现的质量或效率。[51] 我们认为，现在该是时候扭转这一常态了——优秀高效的模型实现方式应该得到人工智能界的认可。

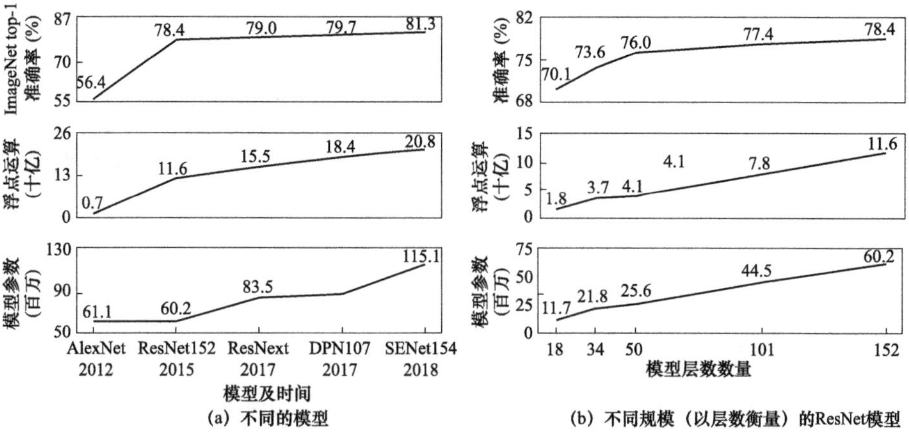

图4　浮点运算的增加导致物体检测 Top-1 准确率的回报递减

注：1. 图中（由下至上）：模型参数（单位：百万），浮点运算（单位：十亿），ImageNet 上 Top-1 准确率。

2. (a)：不同的模型：AlexNet[52]，ResNet[53]，ResNext[54]，DPN107[55]，SENet154[56]。

3. (b)：不同规模（以层数衡量）的 ResNet 模型比较。

2. 现有模型的浮点运算成本

为了证明公布工作量的重要性，我们展示了几个现有模型的浮点运算成本[57]。图4（a）显示了几个领先的物体识别模型的参数数量和浮点运算，以

[51] 我们认为这种对最终预测的过度关注是红色人工智能表现出的另一“症状”。

[52] Alex Krizhevsky, Ilya Sutskever, and Geoffrey E Hinton. Imagenet classification with deep convolutional neural networks. In Proc. of NeurIPS, 2012.

[53] Kaiming He, Xiangyu Zhang, Shaoqing Ren, and Jian Sun. Deep residual learning for image recognition. In Proc. of CVPR, 2016.

[54] Saining Xie, Ross Girshick, Piotr Dollar, Zhuowen Tu, and Kaiming He. Aggregated residual transformations for deep neural networks. In Proc. of CVPR, 2017.

[55] Yunpeng Chen, Jianan Li, Huaxin Xiao, Xiaojie Jin, Shuicheng Yan, and Jiashi Feng. Dual path networks. In Proc. of NeurIPS, 2017.

[56] Jie Hu, Li Shen, and Gang Sun. Squeeze-and-excitation networks. In Proc. of CVPR, 2018.

[57] 这些数字代表每个推理的浮点运算，即处理单个样本所需工作量。

及它们在ImageNet数据集上的表现[58]。其中有几个趋势值得关注：第一，正如第二节所讨论的，模型随着时间的推移变得更加昂贵，但是浮点运算的增加并没有带来相应的性能提升。如图所示，浮点运算在 ResNet 和 ResNext（图中第二、三项）之间增长了近 35%，但 Top-1 准确率仅提高了 0.5%。模型中其他增量的影响也呈现出类似的模式。第二，模型参数的数量具有片面性。实际上，AlexNet（图中第一项）比 ResNet（图中第二项）的参数多，但浮点运算明显更少，而且准确率也低得多。图 4（b）显示了对单一物体识别模型 ResNet[59] 的类似分析结果，以及不同版本的模型与不同层数间的比较结果。由于它们除了大小（以及相应的浮点运算成本）以外，构架是相同的，所以，我们在不同的模型之间建立了一个可控的比较。我们再次注意到同样的趋势：大幅增加浮点运算成本并没有大幅度提升性能。

3. 促进绿色人工智能的其他方法

除了公布浮点运算的最终成本数据外，我们还鼓励研究人员发布训练期间测到的预算或精度曲线。我们在最近一篇论文[60]中提及，在完成某给定任务时，能否选择性能更好的模型很大程度上取决于模型开发过程中的可用计算量。我们引入了一种新的方法，将计算模型的预期最佳验证性能作为关于给定预算的函数。我们认为，公布这一曲线将突出不同方法的稳定性，并帮助用户在选择模型时做出更明智的决定。

我们主张所有重要的人工智能会议都应以官方形式认定效率的意义，并建议审稿员认可并重视那些虽然在严格意义上没有提高技术水平，但在其他方面，比如效率方面的做出贡献的投稿。最后，我们还肯定了发布预训练模型的做法，认为它是成功的和绿色的，并希望各组织机构能够继续这一尝试，以节省重复训练模型的成本。

---

〔58〕 Jia Deng, Wei Dong, Richard Socher, Li – Jia Li, Kai Li, and Li Fei – Fei. ImageNet：A large – scale hierarchical image database. In Proc. of CVPR, 2009. 数据来自 https：// github. com/sovrasov/flops – counter. pytorch。

〔59〕 Kaiming He, Xiangyu Zhang, Shaoqing Ren, and Jian Sun. Deep residual learning for image recognition. In Proc. of CVPR, 2016.

〔60〕 Jesse Dodge, Suchin Gururangan, Dallas Card, Roy Schwartz, and Noah A. Smith. Show your work：Improved reporting of experimental results. In Proc. of EMNLP, 2019.

四、相关工作

最近的研究分析了训练深度自然语言处理模型的碳排放[61]，并得出结论：计算耗资巨大的实验会产生巨大的环境和经济影响。由于现代实验需要庞大的预算，大量研究人员（尤其是学术界的研究人员）难免会因为缺乏资源而被排除在许多重要研究领域之外。如果高效的计算方法得到更多的重视，将鼓励更多不同的研究群体踊跃参与进来。我们强调，艾玛（Emma Strubell）等的论文[62]的结论展示的是长远的趋势，它并不仅仅适用于自然语言处理，而适用于整个机器学习领域。

虽然有些公司通过购买碳信用额度来抵消用电，但目前不能确定这样做是否与减少能源使用一样有效。此外，购买碳信用额度是自愿的。谷歌云[63]和微软 Azure[64]购买碳信用额度以抵消其花费的能源，但亚马逊的 AWS[65]（最大的云计算平台[66]）仅可用再生能源覆盖其 50% 的电力使用。

为了追求最先进的性能，研究界只公布了通过运行多项实验（实验的主要目的是开发模型和调整超参数）取得的单一最佳结果。如果不能公开这些实验的完整数据，未来的研究人员则无法了解重现或扩展一个结果需要多少工作量[67]。

虽然我们的重点是提高机器学习的效率，但机器学习也可以被当作一种工具，用于气候变化等领域的工作。例如，它已经被用于减少水泥厂的排放[68]和

---

〔61〕 Emma Strubell, Ananya Ganesh, and Andrew McCallum. Energy and policy considerations for deep learning in NLP. In Proc. of ACL, 2019.

〔62〕 Ibid.

〔63〕 参见 https：//cloud. google. com/sustainability/。

〔64〕 参见 https：//www. microsoft. com/en – us/environment/carbon。

〔65〕 参见 https：//aws. amazon. com/about – aws/sustainability/。

〔66〕 参见 https：//tinyurl. com/y2kob969。

〔67〕 Jesse Dodge, Suchin Gururangan, Dallas Card, Roy Schwartz, and Noah A. Smith. Show your work：Improved reporting of experimental results. In Proc. of EMNLP, 2019.

〔68〕 Prabal Acharyya, Sean D Rosario, Roey Flor, Ritvik Joshi, Dian Li, Roberto Linares, and Hongbao Zhang. Autopilot of cement plants for reduction of fuel consumption and emissions, 2019. ICML Workshop on Climate Change.

跟踪动物保护结果[69]，并有预测认为它还可以用于森林火灾的管理[70]。毫无疑问，这些都是机器学习的重要应用，它们与本文的内容是正交（相互独立、不可替代）的关系。

五、总 结

绿色人工智能展现出令人兴奋的研究愿景，并有助于克服红色人工智能包容性较差的问题。这一领域的研究一旦取得进展，减少计算费用不但不会对性能产生太大的影响，反而会因为更多高效的手段被发掘而使其得到改善。此外，由于人类大脑本身就是一个高效运转的机制，所以绿色人工智也许还能引领我们朝着更可行的方向发展。

需要重申的是，绿色人工智能是一个重要的选择，而不是具有排他性的强制性要求——绿色和红色人工智能各有千秋，都能为人类做出贡献。我们只希望通过强调前者的好处，倡导使用标准的效率测量手段来提高其普及率。下文指出了几个重要的绿色研究方向，并提出一些开放性问题。

构建空间或时间效率模型的研究通常是为了在小型设备（如手机）上安装一个模型或以最快的速度来实时处理样本，如盲人使用的图像说明（参见本文“效率的衡量标准”部分）等。然而，有些现代模型甚至不能在单个 GPU 上实现（参见本文“红色人工智能”部分）。所以，本文提倡采用更具大局观的方法。

数据效率多年来受到了极大的关注[71]。目前对视觉和自然语言处理的研究

〔69〕 Clement Duhart, Gershon Dublon, Brian Mayton, Glorianna Davenport, and Joseph A. Paradiso. Deep learning for wildlife conservation and restoration efforts, 2019. ICML Workshop on Climate Change.

〔70〕 David Rolnick, Priya L. Donti, Lynn H. Kaack, Kelly Kochanski, Alexandre Lacoste, Kris Sankaran, Andrew Slavin Ross, Nikola Milojevic - Dupont, Natasha Jaques, AnnaWaldman - Brown, Alexandra Luccioni, Tegan Maharaj, Evan D. Sherwin, S. Karthik Mukkavilli, Konrad P. Körding, Carla Gomes, Andrew Y. Ng, Demis Hassabis, John C. Platt, Felix Creutzig, Jennifer Chayes, and Yoshua Bengio. Tackling climate change with machine learning, 2019. arXiv: 1905. 12616.

〔71〕 Roy Schwartz, Sam Thomson, and Noah A. Smith. SoPa: Bridging CNNs, RNNs, and weighted finite - state machines. In Proc. of ACL, 2018. Sanket Kamthe and Marc Peter Deisenroth. Data - efficient reinforcement learning with probabilistic model predictive control. In Proc. of AISTATS, 2018.

通常首先在大量“原始”（未注释）数据上预训练一个模型，然后通过监督学习对其进行微调以完成任务。在这些领域，一个强大的结果往往只需更少的训练实例或梯度步骤就能达到与基线相似的性能。多数近期研究主要以数据的微调[72]为目标，但预训练的效率也很重要。不管在哪种情况下，在这一领域取得突破的一个简单的技巧是直接公布不同数量训练数据的性能。例如，公布在一千万、一亿、十亿及一百亿的数据上训练的上下文嵌入模型的性能，将促进新模型的快速发展。原因是这些新模型可以一开始就被放在最小的数据规模上进行比较。类似的研究不仅可以降低训练成本，而且有益于资源少、很难产生更多的数据的语言及历史领域的研究。所以，为了取得研究的进步，我们必须更有效地利用已有的数据。

最后，为获得最终结果而运行的实验总数没有得到充分的曝光和讨论[73]。鲜有几次研究人员在实验结果中完整地公布了其超参数搜索、结构评估和消融等数据[74]，居然引得举座皆惊。虽然现有许多超参数优化算法可以减少达到特定性能水平所需的计算费用[75]，简单的改进措施仍然可以产生很大的影响。例如，提前停止训练那些明显表现不佳的模型就可以节省大量的费用[76]。

参考文献

[1] Prabal Acharyya, Sean D Rosario, Roey Flor, Ritvik Joshi, Dian Li, Roberto Linares, and

---

[72] Matthew Peters, Mark Neumann, Mohit Iyyer, Matt Gardner, Christopher Clark, Kenton Lee, and Luke Zettlemoyer. Deep contextualized word representations. In Proc. of NAACL, 2018.

[73] Jesse Dodge, Suchin Gururangan, Dallas Card, Roy Schwartz, and Noah A. Smith. Show your work: Improved reporting of experimental results. In Proc. of EMNLP, 2019.

[74] Emma Strubell, Ananya Ganesh, and Andrew McCallum. Energy and policy considerations for deep learning in NLP. In Proc. of ACL, 2019.

[75] James S. Bergstra, Rémi Bardenet, Yoshua Bengio, and Balázs Kégl. Algorithms for hyper-parameter optimization. In Proc. of NeurIPS, 2011. Jesse Dodge, Kevin Jamieson, and Noah A. Smith. Open loop hyperparameter optimization and determinantal point processes. In Proc. of AutoML, 2017.

[76] Lisha Li, Kevin Jamieson, Giulia DeSalvo, Afshin Rostamizadeh, and Ameet Talwalkar. Hyperband: Banditbased configuration evaluation for hyperparameter optimization. In Proc. of ICLR, 2017.

Hongbao Zhang. Autopilot of cement plants for reduction of fuel consumption and emissions, 2019. ICML Workshop on Climate Change.

[2] Dario Amodei and Danny Hernandez. AI and compute, 2018. Blog post.

[3] James S. Bergstra, Rémi Bardenet, Yoshua Bengio, and Balázs Kégl. Algorithms for hyper-parameter optimization. In Proc. of NeurIPS, 2011.

[4] Alfredo Canziani, Adam Paszke, and Eugenio Culurciello. An analysis of deep neural network models for practical applications. In Proc. of ISCAS, 2017.

[5] Yunpeng Chen, Jianan Li, Huaxin Xiao, Xiaojie Jin, Shuicheng Yan, and Jiashi Feng. Dual path networks. In Proc. of NeurIPS, 2017.

[6] Jia Deng, Wei Dong, Richard Socher, Li-Jia Li, Kai Li, and Li Fei-Fei. ImageNet: A large-scale hierarchical image database. In Proc. of CVPR, 2009.

[7] Tim Dettmers and Luke Zettlemoyer. Sparse networks from scratch: Faster training without losing performance, 2019. arXiv: 1907. 04840.

[8] Jacob Devlin, Ming-Wei Chang, Kenton Lee, and Kristina Toutanova. BERT: Pre-training of deep bidirectional transformers for language understanding. In Proc. of NAACL, 2019.

[9] Jesse Dodge, Suchin Gururangan, Dallas Card, Roy Schwartz, and Noah A. Smith. Show your work: Improved reporting of experimental results. In Proc. of EMNLP, 2019.

[10] Jesse Dodge, Kevin Jamieson, and Noah A. Smith. Open loop hyperparameter optimization and determinantal point processes. In Proc. of AutoML, 2017.

[11] Clement Duhart, Gershon Dublon, Brian Mayton, Glorianna Davenport, and Joseph A. Paradiso. Deep learning for wildlife conservation and restoration efforts, 2019. ICML Workshop on Climate Change.

[12] Ariel Gordon, Elad Eban, Ofir Nachum, Bo Chen, Hao Wu, Tien-Ju Yang, and Edward Choi. MorphNet: Fast & simple resource-constrained structure learning of deep networks. In Proc. of CVPR, 2018.

[13] Alon Halevy, Peter Norvig, and Fernando Pereira. The unreasonable effectiveness of data. IEEE Intelligent Systems, 24: 8 - 12, 2009.

[14] Kaiming He, Xiangyu Zhang, Shaoqing Ren, and Jian Sun. Deep residual learning for image recognition. In Proc. of CVPR, 2016.

[15] Sepp Hochreiter and Jürgen Schmidhuber. Long short-term memory. Neural computation, 9 (8): 1735 - 1780, 1997.

[16] Andrew G. Howard, Menglong Zhu, Bo Chen, Dmitry Kalenichenko, WeijunWang, Tobias

Weyand, Marco Andreetto, and Hartwig Adam. MobileNets: Efficient convolutional neural networks for mobile vision applications, 2017. arXiv: 1704.04861.

[17] Jie Hu, Li Shen, and Gang Sun. Squeeze-and-excitation networks. In Proc. of CVPR, 2018.

[18] Jonathan Huang, Vivek Rathod, Chen Sun, Menglong Zhu, Anoop Korattikara, Alireza Fathi, Ian Fischer, Zbigniew Wojna, Yang Song, Sergio Guadarrama, and Kevin Murphy. Speed/accuracy trade-offs for modern convolutional object detectors. In Proc. of CVPR, 2017.

[19] Sanket Kamthe and Marc Peter Deisenroth. Data-efficient reinforcement learning with probabilistic model predictive control. In Proc. of AISTATS, 2018.

[20] Alex Krizhevsky, Ilya Sutskever, and Geoffrey E Hinton. Imagenet classification with deep convolutional neural networks. In Proc. of NeurIPS, 2012.

[21] Lisha Li, Kevin Jamieson, Giulia DeSalvo, Afshin Rostamizadeh, and Ameet Talwalkar. Hyperband: Banditbased configuration evaluation for hyperparameter optimization. In Proc. of ICLR, 2017.

[22] Wei Liu, Dragomir Anguelov, Dumitru Erhan, Christian Szegedy, Scott Reed, Cheng-Yang Fu, and Alexander C. Berg. Ssd: Single shot multibox detector. In Proc. of ECCV, 2016.

[23] Yinhan Liu, Myle Ott, Naman Goyal, Jingfei Du, Mandar Joshi, Danqi Chen, Omer Levy, Mike Lewis, Luke Zettlemoyer, and Veselin Stoyanov. RoBERTa: A robustly optimized bert pretraining approach, 2019. arXiv: 1907.11692.

[24] Ningning Ma, Xiangyu Zhang, Hai-Tao Zheng, and Jian Sun. ShuffleNet V2: Practical guidelines for efficient cnn architecture design. In Proc. of ECCV, 2018.

[25] Dhruv Mahajan, Ross Girshick, Vignesh Ramanathan, Kaiming He, Manohar Paluri, Yixuan Li, Ashwin Bharambe, and Laurens van der Maaten. Exploring the limits of weakly supervised pretraining. In Proc. ECCV, 2018.

[26] Gάbor Melis, Chris Dyer, and Phil Blunsom. On the state of the art of evaluation in neural language models. In Proc. of EMNLP, 2018.

[27] Pavlo Molchanov, Stephen Tyree, Tero Karras, Timo Aila, and Jan Kautz. Pruning convolutional neural networks for resource efficient inference. In Proc. of ICLR, 2017.

[28] Gordon E. Moore. Cramming more components onto integrated circuits, 1965.

[29] Matthew Peters, Mark Neumann, Mohit Iyyer, Matt Gardner, Christopher Clark, Kenton Lee, and Luke Zettlemoyer. Deep contextualized word representations. In Proc. of NAACL, 2018.

[30] Alec Radford, Jeffrey Wu, Rewon Child, David Luan, Dario Amodei, and Ilya Sutskev-

er. Language models are unsupervised multitask learners, 2019. OpenAI Blog.

[31] Mohammad Rastegari, Vicente Ordonez, Joseph Redmon, and Ali Farhadi. Xnor-net: Imagenet classification using binary convolutional neural networks. In Proc. of ECCV, 2016.

[32] Joseph Redmon, Santosh Divvala, Ross Girshick, and Ali Farhadi. You only look once: Unified, real-time object detection. In Proc. of CVPR, 2016.

[33] David Rolnick, Priya L. Donti, Lynn H. Kaack, Kelly Kochanski, Alexandre Lacoste, Kris Sankaran, Andrew Slavin Ross, Nikola Milojevic-Dupont, Natasha Jaques, Anna Waldman-Brown, Alexandra Luccioni, Tegan Maharaj, Evan D. Sherwin, S. Karthik Mukkavilli, Konrad P. Körding, Carla Gomes, Andrew Y. Ng, Demis Hassabis, John C. Platt, Felix Creutzig, Jennifer Chayes, and Yoshua Bengio. Tackling climate change with machine learning, 2019. arXiv: 1905. 12616.

[34] Mark Sandler, Andrew Howard, Menglong Zhu, Andrey Zhmoginov, and Liang-Chieh Chen. MobileNetV2: Inverted residuals and linear bottlenecks. In Proc. of CVPR, 2018.

[35] Roy Schwartz, Sam Thomson, and Noah A. Smith. SoPa: Bridging CNNs, RNNs, and weighted finite-state machines. In Proc. of ACL, 2018.

[36] Yoav Shoham, Raymond Perrault, Erik Brynjolfsson, Jack Clark, James Manyika, Juan Carlos Niebles, Terah Lyons, John Etchemendy, and Z Bauer. The AI index 2018 annual report. AI Index Steering Committee, Human-Centered AI Initiative, Stanford University. Available at http: //cdn. aiindex. org/2018/AI% 20Index% 202018% 20Annual% 20Report. pdf, 202018, 2018.

[37] David Silver, Aja Huang, Chris J Maddison, Arthur Guez, Laurent Sifre, George Van Den Driessche, Julian Schrittwieser, Ioannis Antonoglou, Veda Panneershelvam, Marc Lanctot, Sander Dieleman, Dominik Grewe, John Nham, Nal Kalchbrenner, Ilya Sutskever, Timothy Lillicrap, Madeleine Leach, Koray Kavukcuoglu, ThoreGraepel, and Demis Hassabis. Mastering the game of Go with deep neural networks and tree search. Nature, 529 (7587): 484, 2016.

[38] David Silver, Thomas Hubert, Julian Schrittwieser, Ioannis Antonoglou, Matthew Lai, Arthur Guez, Marc Lanctot, Laurent Sifre, Dharshan Kumaran, Thore Graepel, Timothy Lillicrap, Karen Simonyan, and Demis Hassabis. Mastering chess and shogi by self-play with a general reinforcement learning algorithm, 2017. arXiv: 1712. 01815.

[39] David Silver, Julian Schrittwieser, Karen Simonyan, Ioannis Antonoglou, Aja Huang, Arthur Guez, Thomas Hubert, Lucas Baker, Matthew Lai, Adrian Bolton, Yutian Chen, Timothy

Lillicrap, Fan Hui, Laurent Sifre, George van den Driessche, Thore Graepel, and Demis Hassabis. Mastering the game of Go without human knowledge. Nature, 550 (7676): 354, 2017.

[40] Emma Strubell, Ananya Ganesh, and Andrew McCallum. Energy and policy considerations for deep learning in NLP. In Proc. of ACL, 2019.

[41] Chen Sun, Abhinav Shrivastava, Saurabh Singh, and Abhinav Gupta. Revisiting unreasonable effectiveness of data in deep learning era. In Proc. of ICCV, 2017.

[42] Ashish Vaswani, Noam Shazeer, Niki Parmar, Jakob Uszkoreit, Llion Jones, Aidan N. Gomez, Lukasz Kaiser, and Illia Polosukhin. Attention is all you need. In Proc. of NeurIPS, 2017.

[43] Tom Veniat and Ludovic Denoyer. Learning time/memory-efficient deep architectures with budgeted super networks. In Proc. of CVPR, 2018.

[44] Aaron Walsman, Yonatan Bisk, Saadia Gabriel, Dipendra Misra, Yoav Artzi, Yejin Choi, and Dieter Fox. Early fusion for goal directed robotic vision. In Proc. of IROS, 2019.

[45] Alex Wang, Yada Pruksachatkun, Nikita Nangia, Amanpreet Singh, Julian Michael, Felix Hill, Omer Levy, and Samuel R. Bowman. SuperGLUE: A stickier benchmark for general-purpose language understanding systems, 2019. arXiv: 1905. 00537.

[46] Alex Wang, Amanpreet Singh, Julian Michael, Felix Hill, Omer Levy, and Samuel R. Bowman. GLUE: A multi-task benchmark and analysis platform for natural language understanding. In Proc. of ICLR, 2019.

[47] Saining Xie, Ross Girshick, Piotr Dollar, Zhuowen Tu, and Kaiming He. Aggregated residual transformations for deep neural networks. In Proc. of CVPR, 2017.

[48] Zhilin Yang, Zihang Dai, Yiming Yang, Jaime Carbonell, Ruslan Salakhutdinov, and Quoc V. Le. XLNet: Generalized autoregressive pretraining for language understanding, 2019. arXiv: 1906. 08237.

[49] Rowan Zellers, Ari Holtzman, Hannah Rashkin, Yonatan Bisk, Ali Farhadi, Franziska Roesner, and Yejin Choi. Defending against neural fake news, 2019. arXiv: 1905. 12616.

[50] Xiangyu Zhang, Xinyu Zhou, Mengxiao Lin, and Jian Sun. ShuffleNet: An extremely efficient convolutional neural network for mobile devices. In Proc. of CVPR, 2018.

[51] Barret Zoph and Quoc V. Le. Neural architecture search with reinforcement learning. In Proc. of ICLR, 2017.

编后记

今天，人工智能（AI）已经在我们的生活中开花结果。人工智能驱动的竞争力在工作场所已经无处不在。人工智能的应用比比皆是，令人眼花缭乱。人工智能可以加强气候预测，为建筑、运输等行业的去碳化作出更明智的决策，并找出分配可再生能源的最佳方式。

然而，人工智能似乎扮演着双重角色。人们可能不太注意，很多重要的人工智能项目，往往有惊人的碳足迹。在2019年的一项研究中，马萨诸塞大学的一个研究小组曾分析了几个自然语言处理训练模型，这些模型所消耗的能源被转化为碳排放和电力成本。研究者发现，训练一个人工智能语言处理系统会产生惊人的1400磅（635千克）的碳排放量。

因此，人工智能（AI）对环境的影响成为2019年以来的热门话题，而且很可能将是21世纪下一个20年人工智能发展的主题之一。由于人工智能本身就是一个重要的碳排放者，它也可以通过各种形式帮助减少气候危机的影响。近年来，专家一直在呼吁优先考虑“绿色人工智能”，关注人工智能系统的能源效率。绿色人工智能指的是人工智能研究在不增加计算成本的情况下产生新的结果，而红色人工智能，即通常意义上的人工智能，则因计算成本迅速上升而导致碳成本上升。

为了顺应这一发展趋势，增强可信向善的人工智能开发意识，本书征得“绿色人工智能”的首倡者罗伊·施瓦茨等教授的同意并授权，将几位作者在此领域的开山之作《绿色人工智能》一文译为中文，以供读者参考借鉴，进一步开展该领域的研究。

“通知—删除”程序中网络用户对第三人的合同违约责任的分析

王　凯*

摘　要　随着《中华人民共和国民法典》（以下简称《民法典》）的施行，网络服务侵权案件中的网络用户拥有了与权利人的“通知—删除权”相对等的“反通知—恢复权”，网络用户在面对网络服务提供者所采取的必要措施之际有可能通过行使“反通知—恢复权”使得必要措施得以终止。“反通知—恢复权”的权利主体仅限于被采取必要措施的网络用户，对于当事人之外的与网络用户具有合同关系的第三人而言，如果网络服务提供者的必要措施有可能导致网络用户构成合同违约，进而导致第三人权益受损，此时第三人无权通过反通知的方式对权利人进行抗辩。本文结合《民法典》的规定，分析第三人以及相关方在这一情况下能够维护自身合法权益的途径以及相关法律问题。

关键词　必要措施　网络服务提供者　第三人　合同违约

一、问题的提出

随着互联网产业日新月异的发展，各种网络服务以及网络服务侵权行为不断出现，立法者需要考虑对相关法律进行修订和完善，以满足社会对法律的需要。自2021年1月1日起《民法典》正式施行，以《民法典》为中心，涵盖相关法律、法规以及司法解释的民事法律体系正式形成。作为民事领域的基本法律，《民法典》的适用范围涵盖与网络服务侵权行为相关的一系列法律问题。其

---

* 王凯，康奈尔大学法学院博士研究生，主要研究方向：侵权法、比较法。

中，《民法典》第 1194 条至第 1197 条在已有法律法规[2]的基础上系统性地规定了网络用户、网络服务提供者以及权利人在涉及网络侵权行为时所拥有的权利以及应当承担的义务和法律责任，这些条文与《民法典》中对于侵权行为的其他规定以及《民法典》之外的相关法律、法规和司法解释共同构成了调整网络服务侵权责任关系的法律体系。

作为与权利人基于《民法典》第 1195 条所拥有的“通知—删除权”相对等的权利，网络用户基于《民法典》第 1196 条所拥有的“反通知—恢复权”[3]受到广泛关注，不仅是因为《中华人民共和国侵权责任法》（以下简称《侵权责任法》，已失效）未含有这一规定，也因为这一规定有可能允许网络用户在被网络服务提供者采取必要措施之际通过与权利人进行抗辩的方式使得网络服务提供者所采取的必要措施得以终止，维护自身的权益[4]。然而，根据《民法典》第 1196 条的规定，“反通知—恢复权”的权利主体仅限于被网络服务提供者采取了必要措施的网络用户，并不包含当事人之外的第三人，这意味着在当事人之外的第三人与网络用户具有合同关系情况下，即便网络服务提供者所采取的必要措施有可能导致合同违约，进而使得第三人权益受损，此时第三人也无权

---

[2] 具体包括：《信息网络传播权保护条例》《中华人民共和国电子商务法》《最高人民法院关于审理侵害信息网络传播权民事纠纷案件适用法律若干问题的规定》《最高人民法院关于审理利用信息网络侵害人身权益民事纠纷案件适用法律若干问题的规定》，以及已失效的《中华人民共和国侵权责任法》。

[3] 事实上，《信息网络传播权保护条例》第 16 条与第 17 条曾给出类似但不同的规定。尽管服务对象（《民法典》中的网络用户）能够依据该规定在涉及信息网络传播权的著作权案件中拥有与《民法典》第 1196 条所规定的“反通知—恢复权”类似的权利，但二者在本质上并不相同。具体而言，《信息网络传播权保护条例》第 17 条规定网络服务提供者应该在收到反通知后终止删除和断开措施，并将反通知转送至权利人，权利人在收到反通知后则不得再次发送通知，只能通过诉讼的方式维权；《民法典》则规定，网络服务提供者唯有在转送声明到达权利人后的合理期限内未收到权利人已经投诉或者提起诉讼通知的情况下方能终止所采取的措施，这表明《民法典》对于取消包括删除、断开在内的必要措施的条件给出了更加严格的规定。此外，《民法典》的适用范围是包括信息网络传播权案件在内的一切民事案件，表明《民法典》第 1196 条的规定在权利人的通知内容属于真实内容的情况下更加有利于维护权利人的相关利益。

[4] 在《民法典》施行前，尽管权利人已经有权通过发出通知的方式要求网络服务提供者采取删除等必要措施进而维护自身权益，但与此同时也出现了一系列试图通过发出错误通知的方式损害网络用户合法权益的案件，这一现象在电子商务领域尤为明显。对此，《中华人民共和国电子商务法》第 42 条第 3 款规定：“因通知错误造成平台内经营者损害的，依法承担民事责任。恶意发出错误通知，造成平台内经营者损失的，加倍承担赔偿责任。”

通过发出反通知的方式对此进行抗辩。譬如，在电子商务领域，如果电子商务平台因收到权利人的通知而暂时关闭了网络用户所开设的网店，并暂时冻结了网络用户的虚拟账户，此时网络用户将无法继续履行与第三人签订的销售合同，如果该第三人将该网店作为其线下店铺的供货渠道，则其线下店铺也有可能因货源不足而遭受损失。尽管《民法典》第593条规定了在当事人一方因第三人的原因造成违约的情况下，该当事人应当依法向对方承担违约责任，并依照法律规定或者按照约定处理与第三人之间的纠纷，但鉴于网络服务侵权的复杂性，有必要系统地分析在这一情况下与网络用户存在合同关系的第三人以及其他相关方能够采取的保护自身权益的措施以及有可能出现的其他法律问题。这不仅有利于互联网产业的发展，也与《民法典》的基本原则相一致。

本文第一部分提出问题；第二部分围绕过错责任原则、"通知—删除权"以及"反通知—恢复权"的内涵，就权利人、网络服务提供者以及网络用户的权利和义务进行分析；在此基础上，第三部分阐述在与网络用户具有合同关系的第三人的合法权益因网络服务提供者所采取必要措施而受损的情况下，相关方能够用于维护自身权益的途径，以及其他相关法律问题；第四部分为结语。

一、"通知—删除权"与"反通知—恢复权"的内涵与关联

本部分从过错责任原则出发，围绕《民法典》中互为对等地位的"通知—删除权"以及"反通知—恢复权"的内涵，展开关于权利人、网络服务提供者以及网络用户的权利和义务的分析，为分析第三人维护合法权益的途径以及相关法律问题进行铺垫。

对于与网络用户具有合同关系的第三人而言，其权益受损的原因在于网络服务提供者所采取的必要措施，而网络服务提供者采取必要措施的法律依据则是《民法典》第1195条的规定，这与《民法典》第1194条、第1196条以及第1197条共同构成了对于网络服务侵权行为加以归责的法律基本框架。在这一框架之下，《民法典》第1194条属于网络服务侵权的一般性规定，《民法典》第1197条属于网络服务提供者应负连带责任的具体规定，《民法典》第1195条和第1196条则围绕权利人的"通知—删除权"和网络用户的"反通知—恢复权"这两类权利明确了网络服务提供者构成不作为帮助侵权的具体情况以及网络服

务提供者在上述双方行使各自权利之际的具体义务，这两项权利的背后发挥关键作用的则是过错责任原则。因此，正确理解过错责任原则、“通知—删除权”及“反通知—恢复权”的内涵，是分析与网络用户具有合同关系的第三人在必要措施造成合同违约的情况下能够采取的应对措施的出发点。

（一）过错责任原则是《民法典》处理网络服务侵权行为的核心原则

在《民法典》的编纂过程中，立法者对于已经在《中华人民共和国民法总则》中得以体现的“侵权责任回归债法”〔5〕这一回归大陆法系立法传统的决定进行了继承和发展。在侵权责任的多个归责原则之中，过错责任原则作为近现代侵权法的基石〔6〕发挥着重要作用，其重要性也体现在《民法典》之中，而具体表现之一就是作为侵权责任归责原则一般条款〔7〕的《民法典》第 1165 条在原《侵权责任法》第 6 条的基础上对于过错责任的构成要件所进行的完善，即将损害后果与主观过错、侵权行为、因果关系共同规定为过错责任的构成要件。《民法典》未规定网络服务侵权责任应适用《民法典》第 1166 条的无过错责任或者第 1165 条第 2 款的过错推定责任，因此，对于网络用户利用网络服务提供者所提供的网络服务而实施的侵权行为，网络服务提供者应该基于过错责任原则承担侵权责任。

网络服务提供者应该在何种情况下基于过错原则对于网络用户通过利用其所提供的网络服务所实施的侵权行为承担责任，承担何种形式的侵权责任？在《民法典》第 1194—1197 条关于网络服务侵权的规定中，第 1197 条作为基础性条款，明确了过错侵权责任原则这一归责原则〔8〕以及连带责任这一侵权责任，规定了对于网络用户利用网络服务提供者所提供的网络服务实施的侵害他人民事权益的行为，如果网络服务提供者在主观构成要件上满足“知道或者应当知道”，且如果对于网络用户的该侵权行为未采取在技术范围内能够做到的避免相

---

〔5〕 杨立新：《〈民法典〉对侵权责任规则的修改与完善》，载《国家检察官学院学报》2020 年第 4 期，第 34 页。

〔6〕 张新宝：《侵权责任编起草的主要问题探讨》，载《中国法律评论》2019 年第 1 期，第 136 页。

〔7〕 张新宝：《侵权责任编：在承继中完善和创新》，载《中国法学》2020 年第 4 期，第 111 页。

〔8〕 薛军：《民法典网络侵权条款研究：以法解释论框架的重构为中心》，载《比较法研究》2020 年第 4 期，第 135 页。

关信息进一步传播[9]的必要措施，同时，如果网络服务提供者未采取该必要措施的这一不作为不属于《民法典》第1194条所规定的法律另有规定的情况，那么网络服务提供者的这一行为将会构成共同侵权行为之一的帮助侵权行为[10]，网络服务提供者也应当对于该网络用户的侵权行为与该网络用户承担连带责任。

由此可见，明确"知道或者应当知道"的判断标准是正确理解《民法典》第1194—1197条网络服务侵权制度的关键所在。围绕过错原则，对于网络服务侵权行为，《民法典》对于"通知—删除权"的完善有助于明确"知道或应当知道"中"知道"的判断标准，即除了网络服务提供者自行得知侵权行为这一情况，"知道"可以通过网络用户的自认或者网络服务提供者是否收到由权利人向其发出的合格的侵权通知进行判断[11]，进而有助于法官基于过错责任原则对于实施网络服务侵权行为的侵权人进行追责。虽然《民法典》没有明确给出能够用于判断"应当知道"的具体标准，但可以借鉴美国法上的"红旗标准"对此进行理解[12]。美国《千禧年数字版权法》"红旗标准"[13]的规定实际上属于一种基于客观事实的推定，不考虑网络服务提供者是否在主观上实际知晓；如果相关事实在客观上能够让一个理性的人认识到侵权行为存在，且网络服务提供者认识到了这些事实，那么就可以认为网络服务提供者应当知道侵权事实的存在[14]。此外，关于《民法典》第1197条"应当知道"的具体内涵，尽管笔者在撰写本文之际尚不存在足够的司法案例对此开展实证研究，但《最高人民

〔9〕黄薇主编：《中华人民共和国民法典侵权责任编解读》，中国法制出版社2020年版，第82页。

〔10〕就网络服务侵权而言，网络服务提供者的帮助行为的认定标准一直以来都有广泛的讨论。尽管在网络服务侵权中，网络服务提供者与网络用户之间往往因不存在事先意思联络而缺乏共同过错，但就《民法典》第1169条第1款关于帮助侵权的规定而言，立法者倾向于给出一种有可能允许主观说和客观说在帮助侵权的语境下得以共存的理解方式，即作为被帮助人的网络用户即便不知道网络服务提供者的不作为这一帮助行为，也并不影响帮助行为的成立。

〔11〕黄薇主编：《中华人民共和国民法典侵权责任编解读》，中国法制出版社2020年版，第86页。

〔12〕黄薇主编：《中华人民共和国民法典侵权责任编解读》，中国法制出版社2020年版，第87页。

〔13〕17 U. S. C. §512（c）（1）（A）（ii）.

〔14〕Capitol Records，LLC v. Vimeo，LLC，826 F. 3d 78，93（2nd Cir. 2016）.

法院关于审理侵害信息网络传播权民事纠纷案件适用法律若干问题的规定》第 7 条第 3 款[15]曾以“应知”的方式做出类似规定，并在第 9 条中提供了用于判断“应知”是否构成的若干参考因素[16]。因此，需要结合具体案件中的具体因素判断“应当知道”的含义，以确保权利人在网络环境下的合法权利免受侵害，同时为互联网行业的发展保驾护航。

以网络服务提供者是否接到由权利人向其发出的合格的侵权通知为分界，《民法典》将网络用户通过利用网络服务提供者所提供的网络服务而实施侵权行为后所发生的事件从时间上分为两部分，通过《民法典》第 1195 条以及第 1196 条对于“通知—删除权”与“反通知—恢复权”的规定，明确了这两个阶段中各方的权利和义务。

（二）“通知—删除”规则有助于明确网络服务提供者的过错

《民法典》第 1195 条关于“通知—删除权”的规定将《民法典》第 1197 条所规定的“知道”这一主观构成要件进行展开，明确了在网络用户的行为确实侵害了他人民事权益的前提下，如果能够证明网络服务提供者在接到由权利人向其发出的合格的侵权通知之前就已经通过其他方式[17]“知道或者应当知道”

---

[15] 《最高人民法院关于审理侵害信息网络传播权民事纠纷案件适用法律若干问题的规定》第 7 条第 3 款：“网络服务提供者明知或者应知网络用户利用网络服务侵害信息网络传播权，未采取删除、屏蔽、断开链接等必要措施，或者提供技术支持等帮助行为的，人民法院应当认定其构成帮助侵权行为。”

[16] 《最高人民法院关于审理侵害信息网络传播权民事纠纷案件适用法律若干问题的规定》第 9 条：“人民法院应当根据网络用户侵害信息网络传播权的具体事实是否明显，综合考虑以下因素，认定网络服务提供者是否构成应知：（一）基于网络服务提供者提供服务的性质、方式及其引发侵权的可能性大小，应当具备的管理信息的能力；（二）传播的作品、表演、录音录像制品的类型、知名度及侵权信息的明显程度；（三）网络服务提供者是否主动对作品、表演、录音录像制品进行了选择、编辑、修改、推荐等；（四）网络服务提供者是否积极采取了预防侵权的合理措施；（五）网络服务提供者是否设置便捷程序接收侵权通知并及时对侵权通知作出合理的反应；（六）网络服务提供者是否针对同一网络用户的重复侵权行为采取了相应的合理措施；（七）其他相关因素。”

[17] 这里所指的其他方式内涵甚多，自然也包括网络服务提供者对于网络用户行为的审查行为，因为尽管《民法典》并未规定网络服务提供者对于网络用户的行为具有普遍审查或监视的义务，但《民法典》也并未对此行为加以禁止。假设某网络服务提供者有技术和资源能够针对部分曾经实施过网络侵权行为的网络用户的行为进行更为严格的审查，且事实上也通过建立内部黑名单的方式付诸实践，那么在网络用户实施了侵权行为的情况下，网络服务提供者就很有可能被认为“应当知道”该侵权行为的存在，进而可能无法通过与“通知—删除权”相关的规定主张自身免责。

网络用户通过利用其所提供的网络服务而实施了侵权行为（如网络服务提供者因为收到由权利人向其发出的合格的侵权通知而"知道"网络用户利用其所提供的网络服务所实施的侵权行为），而且网络服务提供者未能及时采取在技术能够做到的范围内避免相关信息进一步传播[18]的必要措施对网络用户的侵权行为进行限制，那么网络服务提供者就具有过错，应当对于其不作为造成的侵权行为损害的扩大部分与该网络用户一同承担连带责任。这里值得关注的是，网络服务提供者并不一定会因为未采取必要措施就具有构成帮助侵权行为的过错，因为采取必要措施的前提条件是侵权行为实际存在，对于收到了错误通知的网络服务提供者而言，如果其知晓通知内容错误，则不因为未采取必要措施而具有过错[19]。

如果能够证明网络服务提供者直到收到由权利人向其发出的合格的侵权通知之时，均"不知道且不应当知道"[20]网络用户通过利用其所提供的网络服务而实施了侵权行为，或者不能够证明网络服务提供者在接到由权利人向其发出的合格的侵权通知之前就已经"知道或应当知道"网络用户通过利用其所提供的网络服务而实施了侵权行为，与此同时，网络服务提供者未采取在技术范围内能够避免相关信息进一步传播[21]的必要措施，则网络服务提供者仅对于因其不作为而造成的损害扩大部分具有过错，并承担连带责任。事实上，这一规定也与过错原则相符合；基于过错原则，对于网络服务提供者不存在过错的网络侵权事实，其无须承担法律责任。

（三）"反通知权"的设置有助于更好地处理连带责任中的内部责任与外部责任

《民法典》侵权责任编不仅在原有的分则性规定中增加了若干种完整的侵权责任类型，还在相关侵权责任类型中增加了具体类型，其中包括《侵权责任法》第36条并未规定的反通知规则，即《民法典》第1196条的"反通知—恢复"

---

〔18〕 黄薇主编：《中华人民共和国民法典侵权责任编解读》，中国法制出版社2020年版，第82页。

〔19〕 薛军：《民法典网络侵权条款研究：以法解释论框架的重构为中心》，载《比较法研究》2020年第4期，第136页。

〔20〕 程啸：《论我国〈民法典〉网络侵权责任中的通知规则》，载《武汉大学学报》（哲学社会科学版）2020年第6期，第138页。

〔21〕 黄薇主编：《中华人民共和国民法典侵权责任编解读》，中国法制出版社2020年版，第82页。

规则。这赋予网络用户与“删除—请求权”相对等的权利，即通过向网络服务提供者提交不存在侵权行为声明的方式要求网络服务提供者终止已采取的必要措施的权利；不存在侵权行为声明经过网络服务提供者的转送进而到达权利人后，如果网络服务提供者在合理期限内未收到权利人已经投诉或者提起诉讼的通知，网络服务提供者就应当将必要措施予以终止。

在权利人主张网络用户实施了侵权行为并通过“通知—删除”程序使网络服务提供者采取了必要措施之际，《民法典》新设置的“反通知—恢复”程序不仅赋予网络用户与权利人的“通知—删除权”相对等的权利，“反通知—恢复”程序中要求网络用户向网络服务提供者提供真实身份信息的规定也有利于在诉讼程序中节省司法资源，并在法院判定网络用户应承担侵权责任的情况下有利于判决的执行，同时，在法院判定网络服务提供者因构成帮助侵权而与网络用户承担连带责任的情况下更好地解决网络服务提供者与网络用户之间的内部责任问题〔22〕。

（四）各方的权利和义务

首先，权利人有权通过发出合格通知的方式要求网络服务提供者采取必要

〔22〕《民法典》第 1195 条第 2 款以及第 1197 条均将连带责任规定为网络服务侵权中的责任类型，结合《民法典》第 1169 条第 1 款的规定，网络服务提供者的不作为实际上是以帮助侵权的形式与网络用户的侵权行为构成的共同侵权，网络服务提供者也因此与网络用户承担连带责任。连带责任包括内部责任与外部责任，在侵权行为涉及连带责任之际，由共同侵权人向受害人承担的侵权责任即为此处所讨论的外部侵权责任，而共同侵权人内部的连带责任问题则是此处所讨论的内部侵权责任。详见马俊驹、余延满:《民法原论》，法律出版社 2010 年版，第 987 页。就《侵权责任法》第 36 条的立法思路而言，其重点在于对外部侵权责任的处理，即对于权利人合法权益的维护和救济；而对于内部侵权责任，即共同侵权人之间的责任分配问题，《侵权责任法》则通过连带责任的方式将具体的责任分配问题交由网络服务提供者与网络用户以协商或诉讼等方式进行处理。《民法典》第 1196 条第 1 款所设置的“反通知”规则将网络用户提交的不存在侵权行为声明作为网络用户要求网络服务提供者终止其所采取的必要措施的必要条件之一，并规定合格的不存在侵权行为声明中应当包含网络用户的真实身份信息以及不存在侵权行为的初步证据。这样的规定意味着网络服务提供者以及权利人能够间接地获取对于必要措施有异议的网络用户的身份信息，对于在收到经由网络服务提供者转送的网络用户的这一不存在侵权行为声明后决定通过行政或司法程序维护自身权益的权利人来说，这份声明极有可能将被作为证据之一被提交，这有利于权利人在决定单独起诉网络用户或以必要共同诉讼的方式一并起诉网络服务提供者和网络用户之际，无须因网络用户身份不明而受到上述种种问题的困扰，也有利于法院无须为确定网络用户的身份而投入大量时间和司法资源。

措施进而终止损害，其义务则是确保其所发出的通知内容属实；根据《民法典》第1195条第3款的规定，在权利人因错误通知对网络用户或者网络服务提供者造成损害的情况下，除非法律另有规定，否则权利人应当承担侵权责任。其次，网络服务提供者有权在收到通知和反通知的情况下通过转送通知和反通知以及实施和终止必要措施的方式确保自身免责。其义务有三：第一，对于通知与反通知进行转送的义务；第二，在知道或者应当知道侵权行为存在的情况下采取必要措施的义务；第三，在转送反通知后的合理期限内未收到权利人已经投诉或者提起诉讼通知的情况下终止必要措施的义务。最后，网络用户有权通过发出反通知的方式对权利人的通知行为进行抗辩，并有义务遵守法律规定，保障相关方合法权益免受侵害。

三、第三人在其合法权益因必要措施而受损之际能够采取的回应措施

下文在第二部分的基础上分析因网络服务提供者采取必要措施而造成的网络用户合同违约，进而讨论与网络用户具有合同关系的第三人在其合法权益受损之际能够维护自身权益的途径以及相关法律问题，并结合与网络服务侵权有关的法律规定以及上文讨论，分析第三人、网络用户、网络服务提供者以及权利人能够采取的回应措施。

（一）网络服务提供者采取必要措施的原因

网络服务提供者并非法官，在网络服务侵权行为发生之际，网络服务提供者应严格遵循《民法典》基于过错原则所构建的"通知—删除权"与"反通知—恢复权"的法律框架，结合相关法律的规定采取必要措施。网络服务提供者采取必要措施的原因主要有三：网络服务提供者自行得知侵权行为、网络服务提供者因用户的自认而得知侵权行为，以及网络服务提供者收到权利人的通知。[23]尽管仍有可能存在其他能够致使网络服务提供者采取必要措施的原因，但上述三类原因属于本文所关注的重点。以此为标准，必要措施分为以下三类。

第一，网络服务提供者自行得知侵权行为进而采取的必要措施。此类必要措施的出现次数较少，因为《民法典》未规定网络服务提供者有义务对于网络

---

〔23〕 黄薇主编：《中华人民共和国民法典侵权责任编解读》，中国法制出版社2020年版，第86页。

用户的行为进行事先审查。但对于在网络平台内多次实施侵权行为的网络用户而言，如果其行为十分明显，未实施必要措施的网络服务提供者就有可能基于“应当知道”的标准被认定具有过错。

第二，网络服务提供者通过网络用户的自认而得知侵权行为进而采取的必要措施。此类必要措施的出现次数较少，因为对于实施了网络侵权行为的网络用户而言，其有可能试图通过一系列技术手段消除侵权行为的影响，或通过技术手段掩饰自身身份信息。此外，因为侵权行为的认定不仅是一个事实问题，而且是一个法律问题，所以对于部分网络侵权行为的认定标准较为复杂，法院在认定侵权行为成立时需要参考多方因素，而网络用户也有权对此提出申辩。

第三，网络服务提供者因收到权利人的通知而采取的必要措施。此类必要措施正是本文关注的必要措施，属于《民法典》赋予网络服务提供者的一种自我保护权，即在侵权行为实际存在且网络服务提供者知道或应当知道其存在的情况下，网络服务提供者能够通过采取必要措施确保自身不构成不作为的帮助侵权行为。网络服务提供者采取必要措施的前提条件有二：其一是侵权行为实际存在，其二是基于网络用户的自认以及权利人发出的通知等方式知道或应当知道侵权行为的存在。由于《民法典》并未规定网络服务提供者有义务对于侵权行为进行事先审查，因此除非网络服务提供者因侵权行为十分明显或网络用户的自认等对侵权行为有所认识，否则网络服务提供者采取必要措施的原因往往是权利人的通知行为。

（二）第三人的回应措施

如果第三人与权利人以及网络服务提供者之间均不存在任何法律关系，那么在合同违约的情况下，原则上网络用户应根据《民法典》第 593 条以及《民法典》第 577 条的规定，向第三人承担继续履行、采取补救措施或者赔偿损失等违约责任。因此。在网络服务提供者所采取的必要措施造成了合同违约的情况下，原则上第三人有权要求网络用户承担违约责任。

与此同时，也应关注必要措施的出现是否赋予合同当事人法定解除权，进而允许合同当事人终止履行合同，并无须承担违约责任。根据解除权发生的原因，解除权分为法定解除权与约定解除权[24]。若当事人并未约定解除，则应关

〔24〕 马俊驹、余延满：《民法原论》，法律出版社 2010 年版，第 605 页。

注必要措施是否符合《民法典》第563条关于法定解除权的规定，此外，还应关注必要措施是否符合《民法典》第533条关于情势变更的规定[25]。

（三）网络用户承担违约责任后有可能有权要求网络服务提供者或权利人承担侵权责任

过错责任始终贯穿在《民法典》之中，网络用户在承担合同违约责任后，对于自身无过错的部分有可能有权要求权利人或网络服务提供者承担侵权责任。本文根据上文中所采用的分类方式将必要措施分为三类，并讨论在不同情况下网络用户是否有权对网络服务提供者或权利人进行追偿。

第一，如果网络服务提供者自行得知侵权行为进而采取必要措施，此时应关注网络用户的侵权行为是否真正成立。根据《民法典》第1194条的规定，除非法律另有规定，否则利用网络侵害他人民事权益的网络用户及网络服务提供者应当承担侵权责任。在侵权行为成立的情况下，网络服务提供者因自行得知侵权行为而采取必要措施的行为符合《民法典》第1197条的规定，网络用户也无权要求网络服务提供者对于必要措施所导致的合同违约承担责任；在侵权行为不成立的情况下，网络服务提供者因判断失误而采取必要措施对网络用户造成损害，这构成侵权行为，应根据《民法典》第1194条规定的承担侵权行为的方式，补偿网络用户因承担合同违约责任而造成的损失。如果这一行为同时违反网络服务提供者与网络用户间的网络服务协议，则根据《民法典》第186条的规定，在违约责任与侵权责任竞合的情况下，网络用户有权选择请求网络服务提供者承担违约责任或者侵权责任。

第二，如果网络服务提供者通过网络用户的自认而得知侵权行为进而采取必要措施，也应当关注网络用户所自认的行为是否真正构成侵权行为。在侵权行为成立的情况下，网络服务提供者因网络用户的自认而得知侵权行为进而采取必要措施的行为符合《民法典》第1197条的规定，网络用户也无权要求网络服务提供者就其所承担的合同违约责任部分承担责任；而在侵权行为不成立的情况下，即网络用户误认为自身行为构成侵权，但其行为实际上并不构成侵权的情况下，应该结合必要措施的类型和方式以及网络用户误认为构成侵权行为的行为属性、

[25] 根据《民法典》第533条关于情势变更的规定，合同当事人可以在构成情势变更的情况下请求人民法院或者仲裁机构变更或者解除合同。

网络服务提供者与网络用户之间存在的合同关系等法律关系，判断网络服务提供者是否具有过错，以及网络服务提供者是否应当就网络用户的合同违约部分承担责任。譬如，在电子商务行业，如果电子商务平台的用户与电子商务平台之间签订的服务合同允许作为网络服务提供者的电子商务平台在收到网络用户的自认之际采取暂时关闭其店铺等必要措施，并且电子商务平台无须对必要措施为网络用户造成的损失承担责任，网络用户就有可能无权要求网络服务提供者承担损失。

第三，如果网络服务提供者因收到权利人的通知而采取必要措施，仍应当关注权利人所通知行为是否真正构成侵权行为。在侵权行为成立的情况下，权利人和网络服务提供者的行为均符合《民法典》第 1194 条至第 1197 条的规定，网络用户也无权要求权利人及网络服务提供者就其所承担的合同违约责任部分承担责任；而在侵权行为不成立的情况下，根据《民法典》第 1195 条第 3 款的规定，除非法律另有规定，因错误通知造成网络用户或者网络服务提供者损害的权利人应当承担侵权责任。这里值得关注的问题有二：第一，由于《民法典》第 1195 条第 3 款并未明确网络用户的主观过错，因此法官应结合具体案情行使自由裁量权。对此学术界有不同观点，有研究认为此处的主观过错形态是无过错责任[26]，也有研究通过分析规制错误通知的成本和收益进而认为此处的主观过错形态是过错或者重大过失[27]。第二，网络服务提供者如果在主观上知道侵权行为不存在，却在收到权利人发来的错误通知后实施了必要措施，那么网络服务提供者也具有过错，应当根据《民法典》第 1194 条的规定与权利人一同承担侵权责任。此时的责任分配问题，可以参照《民法典》第 1172 条的规定：如果能够确定责任大小，则各自承担相应的责任；如果难以确定责任大小，则平均承担责任。

四、结 语

本文围绕过错责任原则、“通知—删除权”以及“反通知—恢复权”的内涵，通过分析权利人、网络服务提供者以及网络用户的权利和义务，讨论与网

---

〔26〕 程啸：《论我国〈民法典〉网络侵权责任中的通知规则》，载《武汉大学学报》（哲学社会科学版）2020 年第 6 期，第 147—148 页。

〔27〕 虞婷婷：《“通知—删除”程序中错误通知赔偿责任的主观要件》，载《大连海事大学学报》（社会科学版）2020 年第 6 期，第 45 页。

络用户具有合同关系的第三人的合法权益因网络服务提供者所采取的必要措施而受损的情况下，第三人以及相关方能够用于维护自身权益的途径以及相关法律问题。由于《民法典》施行后尚无足够的案例，后续研究可以结合相关案例分析《民法典》中与网络服务侵权有关的条款在司法实践中的应用，以进一步明确相关方的权利和义务。

商事仲裁在我国的法律移植及其影响与启示

张铁铁*

摘　要　法律移植是不同国家法律制度之间相互借鉴的过程，在人类历史上和当代社会中经常发生。比较法学者对于这一现象也多有研究，并提出了众多学说和观点。在我国，虽然很早就出现了仲裁的萌芽，但商事仲裁作为一项法律制度是从西方借鉴而来，因此是法律移植的产物。由于没有彻底理解仲裁在我国与西方明显不同的历史发展路径，我国法律界忽略了商事仲裁植根于当事人私权利这一根本性质，而错误地将其理解为一种准司法制度。这种对于商事仲裁性质的根本误解造成了我国现行仲裁制度中的许多缺陷，并导致其在与国际仲裁体系对接的过程中产生了许多复杂的法律问题，极大地增加了当事人的法律风险和交易成本，不利于我国及外国当事人顺利解决争议。我国应当以《仲裁法》修订为契机，纠正对于商事仲裁性质的误解，健全完善我国的商事仲裁制度，以保证我国深入全球化进程，推动经济与社会的持续发展。此外，商事仲裁制度在我国的法律移植经验也可以丰富比较法学界关于法律移植的相关理论，并进一步为其他国家的法律借鉴尝试提供参照和指引。

关键词　商事仲裁　法律移植　临时仲裁　《纽约公约》　仲裁法修订

一、导　言

法律移植是不同国家法律制度之间相互借鉴的过程，在人类历史上和当代社会中经常发生。[1]各国的比较法学者对于这一现象也多有研究，并提出了众多

---

* 张铁铁，英国伦敦大学城市学院高级讲师，主要研究方向：国际仲裁、国际私法、国际贸易法。

[1] See Michele Graziadei, "Comparative Law as the Study of Transplants and Receptions", in Mathias Reimann & Reinhard Zimmermann (eds.), *The Oxford Handbook of Comparative Law*, Oxford University Press, 2006, p. 442.

学说和观点。虽然其中不乏关于法律移植是否可行的争辩，但近年来学者大多对其可行性予以认同，并进而讨论其中涉及的各类问题。我国自清末司法改革开始，一直大量、多批次地开展法律移植，通过效仿外国的方式来建立或完善自己的法律体系和法律制度。这期间产生了许多相对成功的案例，也存在不完美甚至失败的情况。仲裁是人类历史上很早出现的、和平的争端解决方式，其萌芽在我国自远古时代起即存在。不过纵观商事仲裁作为一项法律制度在我国的发展历史，其显然是从西方借鉴而来，因此无疑是法律移植的产物。虽然历经曲折的发展，并且存在许多不完善之处，但是商事仲裁制度在我国的法律移植大体上是成功的。然而，通过梳理商事仲裁在西方和我国发展路径，可以看出二者之间存在显著差异。

从整体上看，仲裁在西方通过自下而上的方式发展起来。它首先作为一种民间的、私人的争端解决方式出现，基于当事人的私权利产生，其目的在于最大限度地满足当事人在中立性、效率性、经济性、保密性等方面的要求，从而最有效地解决他们之间的争议。后来，立法者和法院逐渐对这种私人的争端解决方式予以认可和支持。但毋庸置疑的是，仲裁的根本性质在于其是基于当事人的私权利而产生的争端解决机制。然而在我国，仲裁则遵循了截然不同的发展路径。虽然我国历史上很早就出现了仲裁的萌芽，但是由于多方面的原因，仲裁作为一种法律制度在我国并没能自下而上地发展起来，而是在近代司法改革的过程中从西方借鉴移植而来。我国现行的商事仲裁制度肇始于改革开放之后，通过以政府为主导、自上而下的方式建立，其目的在于替代当时能力不足或运转不畅的司法系统，来解决社会上突然出现的大量商事纠纷。由于这种目的上和功用上的区别，我国法律界往往将仲裁制度理解为一种准司法制度，而忽略了其基于当事人私权利的根本性质。因此可以说，仲裁在我国的发展历史直接造成我国法律界对于商事仲裁制度性质的根本误解。

这种误解并非仅仅具备学理上的意义，而是直接导致我国现行仲裁制度的种种缺陷和不足。例如，我国现行《仲裁法》对于临时仲裁持否定态度，没有采用仲裁地的概念，对于仲裁员的权力尊重不足，以及对仲裁的国际性和跨境流动性缺乏认识而导致其在法律适用范围上存在空白，等等。这些设计缺陷和先天不足均造成我国仲裁制度在与围绕《承认及执行外国仲裁裁决公约》（《纽约公约》）构建的国际仲裁体系对接的过程中出现严重问题，增加了法律的不确定性，不利于我国及外国当事人顺利采用仲裁方式解决纠纷。

重要的是，仲裁在今日已经成为国际社会解决商事纠纷的主流。[2]在《纽约公约》基础上建立起来的国际仲裁体系在世界范围内取得了巨大成功，其在解决跨境纠纷、促进全球化发展的过程中扮演着非常重要的角色。我国自加入《纽约公约》以来，也一直积极参与国际仲裁体系，并且已经作出巨大努力来改进我国的仲裁制度。在此背景下，鉴于仲裁制度高度的国际性和跨境流动性，以及以《纽约公约》为基础的国际仲裁体系对于全球仲裁法律统一化发展的促进作用，我国有必要也应当进一步健全完善自己的仲裁制度，并更多地向该国际仲裁体系靠拢。第十三届全国人大常委会于 2018 年 9 月将《仲裁法》修订列入二类立法规划，司法部也于 2021 年 7 月发布了《中华人民共和国仲裁法（修订）（征求意见稿）》。我国应当以此为契机，在讨论《仲裁法》修订的过程中深入研究并彻底纠正长久以来对于仲裁性质的误解，认清仲裁是基于当事人私权利而产生的争端解决机制这一根本性质，摒弃将仲裁视为准司法制度的错误观念。只有这样，才能透彻理解我国现行商事仲裁制度中存在的种种问题，并在此基础上对《仲裁法》进行彻底完善和修改。也只有这样，我国才能建立真正符合国际规则和法律原则的商事仲裁制度，才能更好地融入国际仲裁体系，并利用这一体系带来的优势和利益，促进我国仲裁业的发展壮大，继而为进一步推动我国经济社会持续发展保驾护航。

除了实践中的种种问题，针对我国对于仲裁性质的误解展开反思和审视也具有非常重要的理论意义。商事仲裁制度在我国的法律移植过程可以印证或丰富有关法律移植的理论和学说，并为它们的进一步完善提供重要启示。这不但有益于相关比较法学理论的发展，还可以为世界其他国家的法律借鉴过程及其法律体系的发展演进提供参照和指引。

本文第二部分将对比较法学界主要的法律移植理论和学说进行梳理和归纳。第三部分将对仲裁制度在西方和我国的发展历史进行分析并加以对比，从而体

---

〔2〕 See e. g. , Christian Bühring-Uhle, Lars Kirchhoff & Gabriele Scherer, *Arbitration and Mediation in International Business*, 2d ed. , Kluwer Law International, 2006, p. 29; Gerald Aksen, "Arbitration and Other Means of Dispute Settlement", in David N. Goldsweig & Roger H. Cummings (eds.), *International Joint Ventures: A Practical Approach to Working with Foreign Investors in the U. S. and Abroad*, American Bar Association, 1990, pp. 287 –288.

现我国商事仲裁制度发展的独特之处。第四部分将对商事仲裁制度在我国的法律移植过程进行反思，并着重发掘该过程对于我国现行仲裁制度产生的深远影响，以及可能为法律移植理论带来的启示。第五部分将对本文主要观点进行总结。

值得指出的是，“仲裁”一词如今可以指代多种争端解决机制，范围很广。通常来说，所有不经过国家司法机关审理，而是由当事人或当事方选任的仲裁员来决定案件结果的程序，都可冠以“仲裁”之名。常见的类型包括商事仲裁、劳动仲裁、投资仲裁，等等。此外，在国际公法层面上，国与国之间的争议也经常通过仲裁方式解决，WTO 规则框架下就存在相关的仲裁程序。在这些类型众多的仲裁制度中，商事仲裁无疑是最普遍、最正宗，也是最具代表性的仲裁形式。本文专门讨论商事仲裁在我国的法律移植过程。如无特别说明，本文中使用的“仲裁”一词，均指商事仲裁。

二、法律移植理论及学说

几十年来，比较法学者对于法律规则和法律制度的移植与借鉴问题提出了众多学说和观点，也进行了大量探讨和争论。这其中许多观点针锋相对，但也有很多学说互为印证和补充。总体说来，关于法律移植的辩论主要围绕两个主题展开。相对早期的比较法学者对于在不同国家之间开展法律移植是否可行展开了讨论。其后，尤其是近一段时间来，大多数相关学者在法律移植的可行性问题上能够达成一致，进而转向于讨论移植过程中涉及的具体及相关问题。

（一）法律移植是否可行

法律移植的先决问题在于其是否可行。具体来说，争论焦点集中于法律移植过程与某一国家的政治、经济、社会情况是否或在多大程度上相关。尼古拉斯·福斯特（Nicholas Foster）将这一争论的两大阵营形容为“移植论者”（transferists）和“文化论者”（culturalists）。[3] 艾伦·沃森（Alan Watson）的学

---

〔3〕 See Nicholas Foster, “Transmigration and Transferability of Commercial law in a Globalized World”, in Andrew Harding & Esin Örücü (eds.), *Comparative Law in the 21st Century*, Kluwer Law International, 2002, p. 59. 但也有其他学者认为这种划分太过简单。See Margit Cohn, “Legal Transplant Chronicles: The Evolution of Unreasonableness and Proportionality Review of the Administration in the United Kingdom”, *American Journal of Comparative Law* 58, 2010, p. 587.

说，或者至少是沃森的强势观点〔4〕(strong version)，与皮埃尔·拉格朗（Pierre Lagrand）提出的理论可以视为这两派的最典型代表。

沃森坚定地支持法律移植。从一名法律史学者的角度出发，他认为法律发展的历史证明，法律移植不仅是可行的，而且至少从西方法制史的角度看是非常成功的。根据沃森的说法，无论是移植单个的法律规则，还是移植法律体系中一大部分的情况，在古代和当今都是非常常见的。〔5〕他指出，法律移植事实上是一国法律制度演进的最主要方式，并且诸多法律体系中发生的变化大多源于对外国法律制度的借鉴。〔6〕沃森认为法律规则的移植相对简单，而且对于接收一方来说不会存在太大困难。〔7〕在他看来，这一点即便在相关法律规则来源于一个非常不同的法律体系时也仍然正确，其原因在于法律规则通常都不是仅为某一社会特别制定的。〔8〕在沃森看来，法律和科技一样，都是人类经验的果实。〔9〕他认为法律规则虽然是社会架构的一部分，但从本质上来说仍然是在“理念”（idea）的层面上运行。〔10〕因此，法律借鉴的客体通常都是某一“理念”。〔11〕法律改革者们也仅仅需要一个好的“理念”。〔12〕沃森还十分强调法律职业在立法过程中所扮演的角色，并且认为包括遵循先例和引经据典在内的法律职业习惯可以用来解释法律移植受到的欢迎和获得的成功。〔13〕在他看来，法律之所以通过移植来发展，并非因为规则是由社会结构决定的，而是因为立法者和法律

〔4〕 See William Ewald, “Comparative Jurisprudence (II): The Logic of Legal Transplants”, *American Journal of Comparative Law* 43, 1995, p. 489.

〔5〕 See Alan Watson, *Legal Transplants: An Approach to Comparative Law*, 2d ed., University of Georgia Press, 1993, p. 95.

〔6〕 See ibid.

〔7〕 See ibid, pp. 95 –96.

〔8〕 See ibid, p. 96.

〔9〕 See ibid, p. 100.

〔10〕 See Alan Watson, “Comparative Law and Legal Change”, *Cambridge Law Journal* 37, 1978, p. 315.

〔11〕 See ibid.

〔12〕 See Alan Watson, “Legal Transplants and Law Reform”, *Law Quarterly Review* 92, 1976, p. 79.

〔13〕 See Watson, *Legal Transplants: An Approach to Comparative Law* 2d ed., University of Georgia Press, 1993, pp. 99, 117 –118.

精英认为某些外国的法律规则有用处，可以拿来借鉴。[14]

沃森的强势观点进一步提出，法律制度自成一体，并独立或隔离于社会及其他因素。根据威廉·埃瓦尔德（William Ewald）的归纳，沃森的强势观点认为基于法律精英的特点和作用，法律制度主要是通过移植，而非通过“白手起家”的发明创造的方式来演进，因此法律制度主要体现的是法律传统，而不是法律外部的因素。[15]所以其结论是，不同法律体系之间的差异主要是由法律历史方面的原因造成的。[16]

与沃森的观点相反，皮埃尔·拉格朗认为法律移植是不可行的。在拉格朗看来，在讨论此问题时，“法律”的概念至关重要。他认为，那些主张法律移植可行的人对于“法律”的理解过于形式化，因而把“法律”（law）过窄地理解为通常包括法律文本和法院判决在内的“规则”[17]（rule）。然而根据拉格朗的理论，“规则”从来不能独立或轻易地被人理解。[18]他认为“规则”是需要被解释的，因此某一“规则”的含义是这个“规则”不可或缺的一部分，而这种含义并不完全来源于“规则”本身，而主要取决于“规则”解释者的历史和文化背景。[19]所以他认为法律规则必然包含文化、历史和意识形态等方面的因素。[20]因此，虽然某项法律规则可以被借鉴，但其真正的含义却无法转移至不同的法律体系之中。[21]这就意味着，法律移植无法在其真正的意义上发生。[22]换句话说，移植来的法律规则并不可能是原封不动的。[23]

在以沃森的强势观点和拉格朗的理论为代表的这两派“极端”理论之间，

---

〔14〕 See Alan Watson, “Comparative Law and Legal Change”, *Cambridge Law Journal* 37, 1978, p. 315.

〔15〕 See William Ewald, “Comparative Jurisprudence (II): The Logic of Legal Transplants”, *American Journal of Comparative Law* 43, 1995, p. 501.

〔16〕 See Alan Watson, *The Making of the Civil Law*, Harvard University Press, 1981, p. 38.

〔17〕 See Pierre Legrand, “The Impossibility of ‘Legal Transplants’”, *Maastricht Journal of European and Comparative Law* 4, 1997, pp. 111-112.

〔18〕 See ibid, p. 114.

〔19〕 See ibid, pp. 114-115.

〔20〕 See ibid, p. 116.

〔21〕 See ibid, p. 117.

〔22〕 See ibid, p. 118.

〔23〕 See ibid.

还存在宽广的空间。比如，沃森的弱势观点（weak version）承认法律和社会之间存在某种联系，但认为这种联系并非天生、特别紧密或不可避免。[24]他认为法律制度自身具有生命力，而且并不总是准确地反映社会的需求以及统治精英的愿望。[25]因此，法律并非社会的"镜像"。[26]沃森的弱势观点也承认法律制度在移植后经常或通常都会经历一定的、甚至是重大的改造和修正。[27]但是，他认为法律移植仍然是可能的。[28]

另外还有许多比较法学者反对以沃森的强势观点和拉格朗为代表的"绝对论"，而是选择了二者之间的中间路线。[29]比如，奥托·卡恩－弗罗因德（Otto Kahn-Freund）认为法律移植虽然是可能的，但是存在被排斥的机会。[30]卡恩－弗罗因德首先对于机械式的"转移"和手术性的"移植"加以区分。[31]其后，他将成功移植法律规则或制度的可能性形容为位于一条线段的两端之间。[32]为了认定不同法律的可移植性，卡恩－弗罗因德援引了孟德斯鸠关于法律由一国的地理、气候、经济、社会、文化、宗教和政治等因素决定的理论，认为法律移植应当是一种有机的过程，而不是机械性的。[33]此外，他认为在孟德斯鸠的理论提出 200 年之后，政治因素已经成为决定某一法律可移植性高低的最关键要

〔24〕 See Alan Watson，"Comparative Law and Legal Change"，*Cambridge Law Journal* 37，1978，pp. 315 –321.

〔25〕 See ibid，pp. 314 –321.

〔26〕 See William Ewald，"Comparative Jurisprudence （II）：The Logic of Legal Transplants"，*American Journal of Comparative Law* 43，1995，p. 489.

〔27〕 See Alan Watson，*Legal Transplants：An Approach to Comparative Law* 2d ed. ，University of Georgia Press，1993，p. 116；Alan Watson，"Comparative Law and Legal Change"，*Cambridge Law Journal* 37，1978，p. 314.

〔28〕 See Alan Watson，"Comparative Law and Legal Change"，*Cambridge Law Journal* 37，1978，p. 314.

〔29〕 See Margit Cohn，"Legal Transplant Chronicles：The Evolution of Unreasonableness and Proportionality Review of the Administration in the United Kingdom"，*American Journal of Comparative Law* 58，2010，p. 587.

〔30〕 See Otto Kahn-Freund，"On Uses and Misuses of Comparative Law"，*Modern Law Review* 37，1974，p. 6.

〔31〕 See ibid.

〔32〕 See ibid.

〔33〕 See ibid，pp. 6 –7.

素。[34]因此，任何法律规则或制度能否得以成功移植，主要取决于该规则或制度与接受国家政治和权力体系之间联系的紧密程度。[35]卡恩－弗罗因德的结论是，法律规则和制度的可移植性并非理所当然。[36]在实践中，进行法律移植不仅要求对于外国法律规则和制度非常熟悉，而且需要对来源国的社会背景特别是其政治背景予以透彻理解。[37]

（二）法律移植的后果、类型和成功因素

近些年来，比较法学者大多以法律移植是可行的这一结论为出发点，进而专注于讨论与法律移植相关的各种问题，比如法律移植的后果、类型以及成功因素等。

冈瑟·托伊布纳（Gunther Teubner）认为法律移植比器官移植更加复杂，因为在器官移植中只会出现排斥和融合这两种后果，而当某一外国法律规则被强行施加于本国文化之中时，它会对本国法律造成根本性的干扰。[38]因此，相对于“法律移植”（legal transplant），他更喜欢使用“法律干扰”（legal irritant）这一表述。[39]在他看来，法律干扰会造成一系列动态变化，其中外来法律规则的含义会被彻底重构，而本国法律的相关背景也会被根本改变。[40]托伊布纳以大陆法系合同法中的诚实信用原则进入英国法的历程为例，认为法律制度的移植会在新环境中造成两方面的干扰，并影响法律和社会之间业已固定的关系，这是因为外国法律规则不仅会干扰接收国的法律制度，而且会干扰在特定条件下与法律制度密切相关的社会制度。[41]因此，托伊布纳的结论是，法律移植这种极端复杂和具备极强扰动性的过程很难促进不同法律体系的融合，而只会在封闭运行的社会制度之间的互动过程中制造新的隔阂。[42]

马克西莫·兰格（Máximo Langer）提出，当法律移植发生时，该法律理念

〔34〕 See Otto Kahn-Freund, “On Uses and Misuses of Comparative Law”, *Modern Law Review* 37, 1974, p. 6.

〔35〕 See ibid, pp. 12－13.

〔36〕 See ibid, p. 27.

〔37〕 See ibid.

〔38〕 See Gunther Teubner, “Legal Irritants: Good Faith in British Law or How Unifying Law Ends Up in New Divergences”, *Modern Law Review* 61, 1998, p. 12.

〔39〕 See ibid.

〔40〕 See ibid.

〔41〕 See ibid, pp. 31－32.

〔42〕 See ibid, p. 32.

或做法会由于接收国法律体系中已经存在的意思架构、个人倾向、制度和权力安排、激励机制等得到改造。[43]兰格进一步认为，对于法律规则、理念和做法的借鉴会深层次改造被移植的规则本身以及接收国法律体系的整体。[44]因此，兰格觉得“法律移植”这一名词无法精确捕捉现实情况，所以他提议应当使用“法律翻译”（legal translation）来描述法律借鉴的过程。[45]

埃辛·奥鲁库（Esin Örücü）在某种程度上同意兰格的观点。她首先承认法律制度和理念的跨境移动是法律演进过程中的自然现象，并提出这个过程类似于音乐中的移调、调音和填词。[46]奥鲁库认为在音乐领域中使用的“移调”（transposition）一词要比“移植”更为恰当和敏锐，因为在“移调”过程中，音调的高低虽然发生变化，但是音符之间的相对位置没有改变，然而却能适应不同乐器或者不同歌手的嗓音。[47]她提出“调音”（tuning）可以用来指代法律借鉴及其全球化的过程。[48]奥鲁库认为“调音”这一过程是必要的，并且通常应当由法官来实施。[49]她还主张“移调”若要成功，必须在各个层面上均进行“调音”，包括在法学教育领域。[50]在奥鲁库看来，法律移植的后果取决于很多条件，比如移植的规模，法律借鉴过程中的特性，“移调”和“调音”是否成功，借鉴是被迫进行还是自愿选择，以及移植到的新环境中的社会文化等。[51]奥鲁库还认为“移调”和“调音”是一种持续的过程，总会有新的“移调”出现，也就需要进一步“调音”，因此法律就是一系列“调音”的结果。[52]

乔纳森·米勒（Jonathan Miller）使用社会学方法论中的类型学将所有形式

[43] See Máximo Langer, “From Legal Transplant to Legal Translation: The Globalization of Plea Bargaining and the Americanization Thesis in Criminal Procedure”, *Harvard International Law Journal* 45, 2004, p. 31.

[44] See ibid, p. 32.

[45] See ibid, pp. 32 –35.

[46] See Esin Örücü, “Law as Transposition”, *International and Comparative Law Quarterly* 51, 2002, p. 205.

[47] See ibid, p. 207.

[48] See ibid, p. 208.

[49] See ibid.

[50] See ibid.

[51] See ibid, p. 212.

[52] See ibid, p. 223.

的法律移植分为四种类型，即“节省成本型”“外部强加型”“创业型”以及“合法性生成型”。[53]米勒认为，这些不同类型的法律移植与其目的相关，并且经常以混合形式呈现。[54]他还提出不同类型的法律移植经常遵循不同的路径，而且对于其环境中的变化也会作出不同反应。[55]玛吉特·科恩（Margit Cohn）也采用了类似的方法，并根据“事实主权”“结果”“影响类型”“引进者类型”“态度”“规范类型”“引进者目的”等因素归纳出了不同的法律移植类型。[56]科恩使用类型学的原因不仅在于其解释功用，还因为这样可以驳斥法律移植理论中关于移植是否可行的两分法，并继而为法律移植的结果提供多方面分析。[57]

理查德·斯莫尔（Richard Small）试图将移植论者和文化论者之间的争辩引领至新的方向。[58]斯莫尔首先将“文化”（culture）和“背景”（context）加以区分。[59]在他看来，“文化”指能够塑造法律规则整体形态的社会大环境，而社会“背景”则是推动某一法律规则发展的具体情况。[60]与其他法律移植学者所研究的对于某一法律的移植不同，斯莫尔提出的是对于社会“背景”的移植。[61]他以俄罗斯为例，指出在前社会主义国家，由于实行生产资料公有制而且不存在证券交易市场，内幕交易法规没有存在的必要。[62]但是当此背景改换为资本社会，该项法规便成为必需品。[63]斯莫尔认为在某种情况下，社会背景直接决定对于某项法律的需求，而更宽泛的社会文化则决定该项法律究竟应采

---

〔53〕 See Jonathan M. Miller, “A Typology of Legal Transplants: Using Sociology, Legal History and Argentine Examples to Explain the Transplant Process”, *American Journal of Comparative Law* 51, 2003, p. 842.

〔54〕 See ibid.

〔55〕 See ibid, p. 867.

〔56〕 See Margit Cohn, “Legal Transplant Chronicles: The Evolution of Unreasonableness and Proportionality Review of the Administration in the United Kingdom”, *American Journal of Comparative Law* 58, 2010, pp. 590 –596.

〔57〕 See ibid, p. 590.

〔58〕 See Richard G. Small, “Towards a Theory of Contextual Transplants”, *Emory International Law Review* 19, 2005, p. 1438.

〔59〕 See ibid, pp. 1437 –1438.

〔60〕 See ibid, p. 1438.

〔61〕 See ibid.

〔62〕 See ibid, pp. 1438 –1439.

〔63〕 See ibid.

取何种形式。[64] 换句话说，在特定情况下，社会背景本身是移植的对象，并进而造成相关的法律移植，而接收国的特定社会文化则会决定该移植而来的法律的形态。[65] 总之，他主张法律是社会文化和社会背景的产物，因此法律需要适应社会背景的移植，而这恰恰是许多法律演进的原因和方式。[66]

丹尼尔·伯科威茨（Daniel Berkowitz）、卡特琳娜·皮斯托尔（Katharina Pistor）和让－弗朗索瓦·理查德（Jean－Francois Richard）关注法律移植的效果问题。[67] 他们提出，就法律移植的效果来说，移植的过程比所移植法律的内容更具有决定性。[68] 在他们看来，决定法律移植是否成功的因素包括：法律演进是否基于内在驱动，也即法律移植是否是自愿进行的；法律移植过程中是否考虑到了被移植法律规则的恰当性并因此对其作出修改来使其适应接收国的情况；以及接收国及其人民是否熟悉被移植的法律规则及其来源国的法律体系。[69]

三、商事仲裁在西方和我国的历史进程比较

在了解了法律移植的相关学说之后，有必要对于商事仲裁制度在西方和我国的发展历史进行梳理和对比。这样才能窥探商事仲裁制度在我国的法律移植过程，并对其经验进行分析和总结。

（一）仲裁在西方的发展史

仲裁作为一项争端解决方式具有非常久远的历史，其源头可以追溯到人类社会的蒙昧时代。在西方文化中，许多神话和传说都有仲裁的身影。[70] 虽然若

---

〔64〕 See Richard G. Small, "Towards a Theory of Contextual Transplants", *Emory International Law Review* 19, 2005, p. 1438.

〔65〕 See ibid.

〔66〕 See ibid, p. 1455.

〔67〕 See Daniel Berkowitz, Katharina Pistor & Jean-Francois Richard, "The Transplant Effect", *American Journal of Comparative Law* 51, 2003, p. 171.

〔68〕 See ibid, p. 189.

〔69〕 See ibid, pp. 189－190.

〔70〕 See generally Larry E. Edmonson, *Domke on Commercial Arbitration*, 3d ed., Thomson West, 2003, s. 2: 1; Frances Kellor, *American Arbitration: Its History, Functions and Achievements*, Harper, 1948, pp. 3－8; William Catron Jones, "History of Commercial Arbitration in England and the United States: A Summary View", in Martin Domke (ed.), *International Trade Arbitration: A Road to World-Wide Cooperation*, American Arbitration Association, 1958, p. 127.

想找到仲裁的准确起源恐怕不太现实，但是可以推定，在远古时代，当人们发生纠纷需要解决却又不想诉诸武力时，只能求助于一位知识丰富、德高望重、不偏不倚因而可以服众的人物来加以评判。[71]可以说，这种和平的、由第三人解决纠纷的机制便是仲裁。有证据表明，早在公元前1500年左右，古埃及就已经有人使用仲裁这一方式来解决纠纷。[72]当然，该阶段的“仲裁”必然处于一种原始状态，与我们今日所理解的概念存在很多不同。甚至，在这一历史阶段，由于尚不存在国家、政府、法院等概念，因此恐怕很难对仲裁、调解和诉讼作出明确区分。[73]然而无论如何，这无疑可以视为仲裁的开端。

随着人类社会变得愈来愈复杂，仲裁也在演进。在古希腊和古罗马时代，仲裁都是常见的争端解决方式。[74]许多在现代仲裁制度中被普遍接受的原则和理论在这些时期均已出现，甚至这一时期的仲裁程序已与今日非常相似。[75]比如在古希腊，当事人可以选择一位博学而公正的人士作为仲裁员来审理其案件。[76]如果案件由多位仲裁员审理，那么其结果将由多数意见决定。[77]在古罗马，人们普遍认为仲裁员的权力来源于其与当事人之间的协议。[78]此外，仲裁在古希腊和古罗马时期还取得了两项重大进展。第一，仲裁突破了国界，在国际层面上展开。

---

〔71〕 See ibid.

〔72〕 See Thomas Oehmke, *Commercial Arbitration*, Lawyers Co-operative Publishing Company, 1987, p. 17.

〔73〕 See Michael John Mustill, “Arbitration: History and Background”, *Journal of International Arbitration* 6, 1989, p. 43; Bühring-Uhle, Kirchhoff & Scherer, *Arbitration and Mediation in International Business*, 2d ed., Kluwer Law International, 2006, p. 31; Edmonson, *Domke on Commercial Arbitration*, 3d ed., Thomson West, 2003, s. 2: 1.

〔74〕 See Earl S. Wolaver, “The Historical Background of Commercial Arbitration”, *University of Pennsylvania Law Review* 83, 1934-1935, p. 132; J. Martin Hunter, “Arbitration Procedure in England: Past, Present and Future”, *Arbitration International* 1, 1985, p. 82; Nicholas Geoffrey Lemprière Hammond, “Arbitration in Ancient Greece”, *Arbitration International* 1, 1985, p. 188; Oehmke *Commercial Arbitration*, Lawyers Co-operative Publishing Company, 1987, p. 17; Edmonson, *Domke on Commercial Arbitration*, 3d ed., Thomson West, 2003, s. 2: 2-2: 3.

〔75〕 See Edmonson, *Domke on Commercial Arbitration*, 3d ed., Thomson West, 2003, s. 2: 2-2: 3.

〔76〕 See ibid, s. 2: 2.

〔77〕 See ibid.

〔78〕 See Arthur Engelmann, *A History of Continental Civil Procedure*, Little, Brown, 1927, p. 259.

在古希腊，仲裁不仅被应用于不同城邦之间的纠纷，而且还被应用于不同城邦的公民之间的纠纷。[79]其后由于古罗马的重要地位，仲裁制度得以传播到欧洲其他地方。[80]第二，商事仲裁兴起。古希腊商人普遍采用仲裁的方式来解决纠纷，而古罗马的商人也非常乐于接受仲裁程序所具有的自由度，因而对其予以广泛使用。[81]

仲裁在中世纪得以生存下来，在意大利、法国、德国和英格兰都曾有人使用。[82]其后，随着国际贸易和其他商业活动的兴盛，仲裁相对于诉讼的优势使其愈加获得商人的青睐。[83]通过仲裁，商人们可以远离各国流程烦琐、花费不菲的法院系统，并最大限度地保证争端解决过程的中立、高效、经济和专业。[84]因此，仲裁在商事及海事领域被广泛应用，并且传播到了包括美国在内的世界其他地区。[85]与此同时，仲裁发展出了一整套复杂而详细的程序，并在很大程度上保留至今。[86]

仲裁制度后来的历史为人熟知。在相当长一段时间内，各国法院对于仲裁基本持敌对态度。[87]但是随着时代的发展，仲裁作为一种当事人私下解决纠纷特别是国际商事纠纷的方式，其优越性得以充分展现，并逐渐获得了世界各法域的尊重与承认。在现代，由于仲裁活动的增多，出现了旨在为当事人和仲裁员提供服务，以促进仲裁程序顺利进行的永久性仲裁机构。[88]这些机构在指定仲裁员、举办庭审等方面为当事人和律师提供协助，极大地增加了当事人使用

---

〔79〕 See Kellor, *American Arbitration: Its History, Functions and Achievements*, Harper, 1948, p. 4; Edmonson, *Domke on Commercial Arbitration*, 3d ed., Thomson West, 2003, s. 2: 2.

〔80〕 See Edmonson, *Domke on Commercial Arbitration*, 3d ed., Thomson West, 2003, s. 2: 3.

〔81〕 See ibid, s. 2: 2 –2: 3.

〔82〕 See ibid, s. 2: 4.

〔83〕 See ibid, s. 2: 4.

〔84〕 See ibid, s. 2: 4.

〔85〕 See ibid, s. 2: 6.

〔86〕 See ibid, s. 2: 4.

〔87〕 See Kellor, *American Arbitration: Its History, Functions and Achievements*, Harper, 1948, pp. 5 – 6; Oehmke, *Commercial Arbitration*, Lawyers Co-operative Publishing Company, 1987, p. 19.

〔88〕 例如，国际商会仲裁院（the ICC International Court of Arbitration）成立于 1923 年，其简介参见国际商会仲裁院网站：https://iccwbo.org/dispute-resolution-services/icc-international-court-arbitration/，最后访问时间：2022 年 6 月 12 日。

仲裁解决纠纷的便利性，也对整个仲裁行业的发展起到了引领作用。时至今日，仲裁已经在世界范围内成为解决跨境商事纠纷的主要途径。

（二）仲裁在我国的发展史

总体来说，仲裁在我国的发展历史主要经历了原始和现代两个阶段。其中原始阶段始于数千年前，并且贯穿古代历史，直至清代。然而，仲裁在这漫长的时期中却一直没能取得实质性进步与发展。虽然仲裁在清末才进入现代阶段，但其发展迅猛。

1. 传统中国的仲裁

与西方世界一样，仲裁在我国自远古时期起就存在萌芽。当两方当事人之间产生争议，并且打算以和平的方式加以解决时，他们必然会向一位双方均觉得知识渊博、公正、受人尊重且经验丰富的人求助。可以理解，当时仲裁与诉讼的界限并不明确，因为并不存在真正概念上的"法院"。同样，此时恐怕也无法将仲裁与调解区分开来。这是因为以今日之标准，仲裁与调解的主要区别在于仲裁员的决定对于当事人具备法律约束力，可以得到法院的强制执行；而当事人在调解员的调解下达成的协议仅具备合同的效力，不能在未经审判的情况下直接被法院予以强制执行。[89]鉴于在远古时代并不存在清晰的"法律"、"法律约束力"或"强制执行力"等概念，也就无法对仲裁和调解进行严格划分。然而无论如何，史料表明周代已经存在调解或仲裁的活动，并设有专门官职来以此形式处理诸侯国之间的纠纷。[90]

仲裁在我国虽然历史久远，但我国的仲裁制度在非常长的历史时期处于萌芽状态。纵观历史，在数千年的奴隶及封建社会中，仲裁制度在我国基本没有太大的发展。究其原因，恐怕有三。首先，儒家学说在我国长期占据主导地位。儒家强调社会和谐、息讼和解，因此即便出现争议，也不会提倡仲裁这种对抗

〔89〕 See Tibor Várady, John J. Barceló III, Stefan Kröll & Arthur T. von Mehren, *International Commercial Arbitration: A Transnational Perspective*, 6th ed., West Academic Publishing, 2015, pp. 29 -30.

〔90〕 参见邓瑞平、孙志煜：《论国际商事仲裁的历史演进》，载《暨南学报》（哲学社会科学版）2009年第6期，第93页。

性的争端解决方式。与之相比，调解则备受青睐。[91]其次，我国古代商业活动并不发达。在封建社会中，我国一直奉行重农抑商的政策，因而商业活动长期受到管制与压制。[92]商业活动不发达必定导致商事纠纷不常见，因此仲裁也就没有用武之地。即便产生了些许纠纷，也可以由官府解决。[93]最后，历史上我国与其他国家之间的商业及贸易交往基本不属于经济活动的主流。特别是明清时期施行闭关锁国的政策，更加抑制跨境商业活动的开展，也进一步压缩了仲裁的生存空间。[94]

2. 晚清及民国司法改革

鸦片战争之后，清政府被迫打开国门，与西方列强通商。此外，清政府也采取了诸如发动洋务运动等措施试图发展经济，改变国家的落后局面。其中，大力发展工商业是主要举措之一。在此环境下，我国社会中的商业活动逐步增加，仲裁作为一项法律制度终于获得了发展的空间。

随着商业活动的增加，清代的法律和司法体系明显无力跟上时代的步伐，不能为解决社会上大量出现的商事纠纷提供制度保障。商人在发生纠纷后，往往并不愿意到官府解决，其原因大致有三。首先，清代官府通常视商事纠纷为细故琐事，并不重视，因此案件积压严重，及时审理无望。其次，清代官府断案民刑不分，商人如果对簿公堂，轻则受刑罚，重则倾家荡产、家破人亡。至此，必然影响生意以及双方继续合作。最后，清代本来并无专门的商事法律，官员也根本不懂商事，因此即便听审，也是胡乱判案，根本无助于解决纠纷。鉴于此，商人经常告诉无门，怨声载道，多有不满。[95]

---

〔91〕 See John King Fairbank, *The United States and China*, 4th ed. , Harvard University Press, 1979, pp. 118 –120.

〔92〕 See John King Fairbank & Merle Goldman, *China: A New History*, 2d ed. , Harvard University Press, 2006, pp. 179 –182.

〔93〕 参见邓瑞平、孙志煜：《论国际商事仲裁的历史演进》，载《暨南学报》（哲学社会科学版）2009年第6期，第94页。

〔94〕 See Fairbank & Goldman, *China: A New History*, 2d ed. , Harvard University Press, 2006, pp. 139, 194 –97; Harold Tanner, *China: A History*, Hackett Publishing Company, 2009, pp. 312, 372 –375.

〔95〕 参见任云兰：《论近代中国商会的商事仲裁功能》，载《中国经济史研究》1995年第4期，第117页；郑成林：《近代中国商事仲裁制度演变的历史轨迹》，载《中州学刊》2002年第6期，第122页。

在此背景下，清政府在变法过程中尝试建立全新的仲裁（当时称为“公断”）制度。自1895年始，清政府应地方政府及有识之士的要求，授权省级政府设立商务局，以振兴工商业，改善官商关系，并兼顾商事纠纷的处理。[96]这一新政虽然在多方面发挥了积极作用，但是对于处理商事纠纷而言，似乎并未有效改变局面。其原因首先在于，此时的商务局在各省设立，缺乏统一的规章制度和整体规划。此外，商务局作为政府机构，人员大多由官府委派，并经常聘任候任官员，因此在处理商事纠纷时与官府并无太大区别。[97]为了解决这些问题，进一步推进变法，并响应商人的要求，清政府于1904年颁布了《商会简明章程》，在全国范围内设立商会。其中第15条规定：“凡华商遇纠葛，可赴商会告知，总理定期邀请各董，秉公理论，从众公断。如两造尚不折服，准其具禀地方官核办。”[98]可见，该法明确赋予商会商事裁判权，可对商事纠纷予以仲裁。在该机制下，全国多家商会在解决商事纠纷方面发挥了良好的作用，其聘任商人进行调解、仲裁的方式在相当程度上得到了商界认可，也促进了行业的发展。[99]

辛亥革命后，民国政府继续清末司法改革的步伐，并且在向西方学习的基础上制定颁布了一系列法律。在仲裁方面，民国政府也试图在清末创立的仲裁制度的基础上继续推进。1913年，北洋政府司法和工商两部颁布了《商事公断处章程》，在商会内部设立商事公断处，专门负责对于商事纠纷进行调解和仲裁。根据该章程，商事公断处既可以审理双方当事人协议提交的案件，也可以审理法院交付的案件。公断结果需经双方当事人同意方可生效，若有一方不同意，则仍可诉至法院。另外，该章程还对商事公断处的内部机制、人员结构以

---

〔96〕 参见朱英：《论晚清的商务局、农工商局》，载《近代史研究》1994年第4期，第74—79页。

〔97〕 参见马敏：《商事裁判与商会——论晚清苏州商事纠纷的调处》，载《历史研究》1996年第1期，第30页；朱英：《论晚清的商务局、农工商局》，载《近代史研究》1994年第4期，第89页。

〔98〕 参见任云兰：《论近代中国商会的商事仲裁功能》，载《中国经济史研究》1995年第4期，第117页。

〔99〕 参见冯铭明：《晚清商会对涉外商事纠纷的司法干预》，载《法制与社会》2006年第22期，第42页；马敏：《商事裁判与商会——论晚清苏州商事纠纷的调处》，载《历史研究》1996年第1期，第31页；任云兰：《论近代中国商会的商事仲裁功能》，载《中国经济史研究》1995年第4期，第117—118页。

及收费标准作出了详细规定。1926 年，北京政府还颁布了《修订商事公断处章程》及办事细则。在此基础上，民国时期的商事仲裁制度较晚清更加规范、完备和有效。[100]

清末民初创立的商会“仲裁”体系无疑是商事仲裁制度在我国历史发展中的开创性举措。然而，其与现代意义上的商事仲裁制度相比仍然存在明显差距。例如，《商会简明章程》和《商事公断处章程》均规定，如果我国商人不服商会或商事公断处作出的“仲裁裁决”，其可继续将案件诉至官府或法院。这一点明显有别于现代仲裁中一裁终局的原则。此外，这一时期的商事仲裁还体现出许多有趣的特征。比如，商会和商事公断处在审理案件过程中普遍采用调解的方式。这无疑体现了我国传统的儒家思想，以及在此基础上形成的民间习惯。另外，商会是商人之间的行业组织，不难理解其出于维护行业内部团结的目的而青睐调解的方式。又如，官府和法院也时常与商会合作，将其认为合适的案件交由商会处理，并予以配合。[101]再如，《商会简明章程》还对国内仲裁和涉外仲裁加以区分。其第 16 条规定：“华洋商遇有交涉龃龉，商会应令两造各举公正一人，秉公处理，即酌行剖断，如未能允洽，再由两造公正人合举众望夙著者一人，从中裁判。其有两造情事，商会未及周悉，业经具控该地方官或该管领事者，即听两造自便。设该地方官领事裁判未尽公允，仍准被屈人告知商会，代为申理。案情较重者，由总理禀呈本部，当会同外务部办理。”可见，该章程为发生于华商和洋商之间的涉外纠纷设立了特别的处理程序，与华商之间的国内纠纷所适用的程序并不相同。[102]

由于清末及民国时期政权更迭频繁、社会动荡、战乱不断，全国各地的商会和商事公断处也常常处境艰难，无法充分发挥其潜力和功用。因此，虽然这

---

[100] 参见付海晏：《清末民初商事裁判组织的演变》，载《华中师范大学学报》（人文社会科学版）2002 年第 2 期，第 91—93 页；任云兰：《论近代中国商会的商事仲裁功能》，载《中国经济史研究》1995 年第 4 期，第 119—121 页；张松：《民初商事公断处探析——以京师商事公断处为中心》，载《政法论坛》2010 年第 3 期，第 31 页。

[101] 参见马敏：《商事裁判与商会——论晚清苏州商事纠纷的调处》，载《历史研究》1996 年第 1 期，第 31—32 页；任云兰：《论近代中国商会的商事仲裁功能》，载《中国经济史研究》1995 年第 4 期，第 118—119 页。

[102] 参见冯铭明：《晚清商会对涉外商事纠纷的司法干预》，载《法制与社会》2006 年第 22 期，第 42 页。

一时期很多商事纠纷确实通过仲裁的方式得以解决，商人群体也在一定程度上得到了服务和便利，但是总体来说，仲裁作为一种法律制度在我国仍然处于非常不成熟的状态。[103]

3. 新中国的仲裁制度

新中国成立后，仲裁和我国其他法律制度一样，经历了非常大的变化。从计划经济时代到改革开放时期，在各个历史阶段，我国商事仲裁制度的形式存在很大区别。然而无论如何，新中国的仲裁制度始终保持了对国内仲裁和涉外仲裁的区分。实际上，如果依照国际通行的、以仲裁地区分仲裁裁决国籍的标准，涉外仲裁也属于我国的“国内仲裁”。只不过在我国法律制度中，对于这种特殊的、具备涉外因素的“国内仲裁”给予优惠对待。此外，我国于1987年加入《纽约公约》后，又进一步产生了外国仲裁的概念。本文将对这三种类型的仲裁在新中国的发展历程予以梳理。

（1）国内仲裁

新中国成立后，很快废除了民国时期的法律制度，并逐步建立实行计划经济模式。在计划经济体制下，并不存在自由交易的市场行为，企业只需遵循国家计划指令，无须自主经营。在这种模式下，企业之间不会产生“商事”纠纷。即便在执行国家计划指令的过程中发生争议，相关行政部门也会予以解决，不必诉诸诉讼或仲裁。比如，1961年《国营工业企业条例》规定，企业、部门之间有关经济合同的纠纷，由各级经济委员会设置专门机关处理。[104]又如，1962年中共中央和国务院颁布了《关于严格执行基本建设程序、严格执行经济合同的通知》，其中规定，在执行合同中发生的纠纷，由各地经济委员会予以“仲

---

[103] 参见任云兰：《论近代中国商会的商事仲裁功能》，载《中国经济史研究》1995年第4期，第123—124页；张松：《民初商事公断处探析——以京师商事公断处为中心》，载《政法论坛》2010年第3期，第38—39页；郑成林：《近代中国商事仲裁制度演变的历史轨迹》，载《中州学刊》2002年第6期，第124页。

[104] 参见全国人大常委会法制工作委员会：《中华人民共和国仲裁法律释评》，法律出版社1997年版，第2页。此处《国营工业企业条例》的文件名称存疑。《国务院批准全国科学技术档案工作会议的报告（1980年9月22日）》指出：“1961年党中央批准试行的《关于自然科学研究机构当前工作的十四条意见（草案）》和《国营工业企业工作条例（草案）》……”，https：//www. pkulaw. com/law? isFromV5 =1，最后访问日期：2022年7月21日。根据该文件，1961年颁布的似应为《国营工业企业工作条例（草案）》。

裁”，各地人民银行或者建设银行负责执行并扣款。由此可见，计划经济运行过程中出现的任何纠纷，均由行政部门予以处理解决，而不会涉及法院或仲裁机构。[105]值得注意的是，虽然1962年《关于严格执行基本建设程序、严格执行经济合同的通知》中的确使用了“仲裁”一词，但这显然不是指现代意义上的仲裁制度，而实为一种行政处理机制。[106]

改革开放之后，这种借用“仲裁”之名的行政机制仍然被普遍使用。出现这一现象的原因不难理解。当计划经济体制逐渐瓦解、市场经济逐步建立时，企业掌握自主经营权并于市场中独立开展商业活动后，商事交易无疑变得频繁起来，而这又必然导致商事纠纷增多。我国社会中骤然变化的经济形态呼唤新的商事争端解决机制来保驾护航。20世纪80年代起，在逐步进行司法改革的同时，我国制定了一批相关法律法规，提供了许多仲裁机制来解决不同类型的商事纠纷，包括经济合同纠纷、技术合同纠纷、著作权纠纷、房地产纠纷、产品质量纠纷、消费纠纷等。[107]截至1994年，我国已有14部法律、80多部行政法规、近200部地方性法规中包含了“仲裁”相关规定。[108]

这种复杂的“仲裁”体系虽然在一定程度上起到了解决商事纠纷的作用，并且弥补了当时法院系统的不足，但无疑存在许多问题，也与现代意义上的商事仲裁制度差距明显。首先，在这些“仲裁”制度中，通常由行政机关或其下属单位作为“仲裁机构”，这一点与现代仲裁机构的独立属性明显不同。比如，《中华人民共和国经济合同仲裁条例》第2条规定，“经济合同仲裁机关是国家工商行政管理局和地方各级工商行政管理局设立的经济合同仲裁委员会”。由此可见，这些“仲裁机构”都处于政府部门的直接领导之下，其工作人员基本都是国家公务人员，而且很多人同时在政府内部任职。因此，这种“仲裁”程序

---

〔105〕 参见全国人大常委会法制工作委员会民法室、中国国际经济贸易仲裁委员会秘书局编著:《中华人民共和国仲裁法全书》，法律出版社1995年版，第9页。

〔106〕 参见全国人大常委会法制工作委员会民法室、中国国际经济贸易仲裁委员会秘书局编著:《中华人民共和国仲裁法全书》，法律出版社1995年版，第9页。

〔107〕 参见全国人大常委会法制工作委员会民法室、中国国际经济贸易仲裁委员会秘书局编著:《中华人民共和国仲裁法全书》，法律出版社1995年版，第9—11页。

〔108〕 参见全国人大常委会法制工作委员会:《中华人民共和国仲裁法律释评》，法律出版社1997年版，第4页；全国人大常委会法制工作委员会民法室、中国国际经济贸易仲裁委员会秘书局编著:《中华人民共和国仲裁法全书》，法律出版社1995年版，第12页。

和机构都具有比较浓重的行政化特色。其次，与现代仲裁不同，当事人并不一定必须缔结仲裁协议便可开展这种“仲裁”。这是因为这些“仲裁机构”往往根据当时的法律法规就拥有管辖权，无须当事人授权。而“仲裁员”也往往是行政机关的工作人员。再次，这些“仲裁机构”的决定通常不是最终的，如果一方当事人对该决定不满，仍然可以将案件起诉至法院。这也与现代意义上一裁终局的仲裁制度有明显区别。最后，相关法律法规也直接表明了这种“仲裁”的性质。《国家工商行政管理局经济合同司关于贯彻执行〈经济合同仲裁条例〉的几点意见》第2条明确指出，“经济合同的仲裁是我国的一项法律制度，仲裁机关作出的裁决，不同于资本主义国家仲裁机构的居中公断。它是代表国家行使仲裁权，它的裁决代表了国家的意志”。这些情况无疑印证了这种“仲裁机构”开展的“仲裁”并非私人或民间的争端解决程序，实际上仍然是政府部门主持展开的行政处理程序。

在当时的历史环境中，特别是在计划经济体制的影响下，一切事项都由行政机关负责，因此我国立法者将“仲裁”的权力赋予行政机关也并不令人意外。但这无疑说明，这些“仲裁”与真正的仲裁制度存在根本性差异，其只是借用了仲裁的名义，本质上却是一种在从计划经济向市场经济过渡时期采用的特殊的行政处理程序。〔109〕至于我国为何建立此种“仲裁”制度，则至少可以从两个方面进行解释。首先，在计划经济时代，政府部门统管社会和经济全局，争端解决机制也不能例外。在向市场经济过渡期间，以政府为依托建立仲裁机构恐怕是方便且易行的做法。其次，某些政府部门可能更愿意将争端解决的职能转移出去，因为这样可以避免当事人由于不满政府决定而在行政诉讼程序中起诉政府。在这种“仲裁”程序中，若一方当事人不满处理结果，可以将案件进一步诉至法院。由于政府部门以“仲裁机构”的身份作出裁决，后续诉讼将在双方当事人之间进行，政府无须参与。〔110〕

虽然存在严重缺陷，但是我国的商事仲裁制度在20世纪80年代末、90年代初逐步推进，并且出现了很多喜人的进步。比如，一些法律开始确定或裁或

〔109〕 参见全国人大常委会法制工作委员会民法室、中国国际经济贸易仲裁委员会秘书局编著：《中华人民共和国仲裁法全书》，法律出版社1995年版，第13页。

〔110〕 参见全国人大常委会法制工作委员会民法室、中国国际经济贸易仲裁委员会秘书局编著：《中华人民共和国仲裁法全书》，法律出版社1995年版，第13页。

审、一裁终局的原则，以及规定仲裁裁决可以直接由法院予以执行。[111] 当然，这些闪光点还只是散见于部分法律之中，并没有得到普遍推广和适用。因此可以说，从改革开放直至 20 世纪 90 年代初期，我国的国内仲裁制度虽有长足发展，但整体上仍然比较落后。

正是为了改变这种局面，1994 年我国制定颁布了现行的《中华人民共和国仲裁法》（以下简称《仲裁法》），并自 1995 年起施行。现行《仲裁法》在借鉴国际通行做法的基础上，对于我国的仲裁制度进行了重大改革，旨在满足促进经济发展和建设市场经济的需要。[112] 虽然仍存在许多不足，但现行《仲裁法》大致遵循了仲裁领域国际通行的原则和做法。比如其规定，当事人之间达成的仲裁协议是仲裁员管辖权的来源，并且会受到法院尊重；当事人可以自主选择仲裁员；仲裁裁决对于双方当事人具有法律约束力；仲裁机构独立设立，与行政机关不存在隶属关系；等等。可以说，现行《仲裁法》是我国历史上第一部现代意义上的仲裁立法。

（2）涉外仲裁

虽然商事仲裁在新中国成立后的 30 年间于我国国内基本绝迹，但其在对外贸易这一领域中得以保存。早在 20 世纪 50 年代，我国政府就按照苏联模式建立了涉外仲裁机构。中央人民政府政务院于 1954 年颁布了《关于在中国国际贸易促进委员会内设立对外贸易仲裁委员会的决定》。其中第 1 条规定，在中国国际贸易促进委员会（以下简称“贸促会”）内设立对外贸易仲裁委员会，以解决对外贸易契约及交易中可能发生的争议，特别是外国商号、公司或其他经济组织与中国商号、公司或者其他经济组织间的争议。1956 年，贸促会正式成立了对外贸易仲裁委员会。改革开放后又数次更名，最终确定为中国国际经济贸易仲裁委员会。与之类似，1958 年国务院制定了《关于在中国国际贸易促进委员会内设立海事仲裁委员会的决定》。1959 年，贸促会成立了海事仲裁委员会，20 世纪 80 年代又更名为中国海事仲裁委员会。

建立这两家涉外仲裁委员会的目的非常明确。虽然我国当时实行计划经济

---

[111] 参见全国人大常委会法制工作委员会民法室、中国国际经济贸易仲裁委员会秘书局编著：《中华人民共和国仲裁法全书》，法律出版社 1995 年版，第 10 页。

[112] 参见全国人大常委会法制工作委员会民法室、中国国际经济贸易仲裁委员会秘书局编著：《中华人民共和国仲裁法全书》，法律出版社 1995 年版，第 1 页。

体制，国内基本不存在市场交易行为，但是在国际层面上，我国的企业，特别是专门从事进出口业务的企业，仍然需要与他国企业进行贸易和其他经济往来，因此需要解决可能发生的争议。仲裁由于在多方面具备优势，显然成为首选的争端解决方式。例如，早在 1950 年新中国与苏联就交货共同条件达成的协议中，就规定出现争议后，不得向一般法庭起诉，而是应当根据被申请人的国籍，在中国或苏联进行仲裁来解决争端。[113]

因此，在这一时期的我国社会中，商事仲裁仅在对外贸易这一领域内存在。虽然在法律层面上缺乏足够的支撑，但其在对外贸易中仍然起到了一定的作用。改革开放以来，随着对外贸易的迅猛发展，涉外仲裁也兴盛起来。在现行《仲裁法》出台之前，我国已有很多法律法规规定了涉外仲裁。1994 年出台的现行《仲裁法》除全面改革建立新的国内仲裁制度外，还特别对涉外仲裁提供了更为优惠的保障措施，也更加符合国际惯例，从而为我国仲裁事业的长足发展提供了制度保障。

（3）外国仲裁

我国于 1987 年加入《纽约公约》。同年，最高人民法院出台了《最高人民法院关于执行我国加入的〈承认及执行外国仲裁裁决公约〉的通知》，规定了我国法院在司法实践中应当直接适用《纽约公约》对外国仲裁裁决进行审查并确定是否予以执行。至此，我国法律体系中第一次引入了外国仲裁的概念。虽然 1994 年颁布的《仲裁法》对于外国仲裁没有作出任何规定，但是最高人民法院的司法解释沿用至今。而且在司法实践中，我国法院对于《纽约公约》予以高度尊重，对于外国仲裁裁决也从整体上采取了非常友好和支持的态度。

四、商事仲裁在我国的法律移植过程之影响与启示

（一）对我国商事仲裁制度的影响

通过对比不难看出，仲裁在西方和我国的历史发展路径截然不同。在西方，仲裁通过自下而上的方式发展起来，其源于双方当事人希望以和平友好的方式由第三方解决争议。其后，以商人为代表的当事人不愿意通过任何国家的司法

---

〔113〕 参见全国人大常委会法制工作委员会民法室、中国国际经济贸易仲裁委员会秘书局编著：《中华人民共和国仲裁法全书》，法律出版社 1995 年版，第 8 页。

系统，而是希望能够私下解决其间纠纷，以便享受最大程度的中立性、灵活性、效率性和保密性。后来，各国的法律和法院承认并尊重当事人的这一愿望，进而建立和实施一整套法律制度来支持和促进仲裁这种私人的争端解决机制。而我国历史上虽然很早就出现了仲裁的萌芽，但是很遗憾，仲裁制度在相当长的时间里都没有实现突破。在我国的传统社会中，仲裁一直未曾得到壮大的机会和土壤，因而没能自下而上地发展起来。与之相反，仲裁在我国近现代通过政府主导以自上而下的方式得到确立，其目的和功能在于替代能力不足或运行不畅的司法系统，为商事纠纷提供有效的解决途径。换句话说，在我国仲裁制度建立之初，当事人"选择"仲裁的原因并非其与诉讼相比在中立性、灵活性、效率性或自由度方面存在优势，而是因为仲裁是唯一切实可行的选项。

仲裁在我国的发展历史对我国的商事仲裁制度产生了深远影响。其中最为重要的是，其独特的历史进程导致我国法律界对仲裁的根本性质产生了严重误解。仲裁本是建立在当事人私权利基础上的争端解决机制，其旨在按照双方当事人的意愿和要求，在可能的前提下提供最优方案来私下解决其间争议，以便在中立性、效率性、灵活性、保密性等方面最大限度地满足当事人的需求。在此过程中，当事人往往不希望政府、法院或公权力过多介入，更愿意依赖双方的意思自治。在西方，立法机构及法院也对此过程以及当事人的私权利予以充分尊重。除非违反公共政策或出现其他特殊情况，否则不会轻易干涉仲裁过程或否认仲裁结果。然而遗憾的是，我国法律界对仲裁制度基于当事人私权利这一根本性质认识严重不足。仲裁在我国往往被视为一种"准司法制度"，在实践中经常被等同于诉讼程序。由于仲裁在我国并非基于当事人的私权利自下而上发展起来，而是在国家司法系统能力不足或运行不畅的背景下，为了解决社会上大量出现的商事纠纷自上而下得以确立，因此自然被法律界理解为司法系统的替代，并常常用来与诉讼制度进行类比，久而久之被打上了"准司法制度"的烙印。具体而言，我国现行《仲裁法》中的很多问题都可以溯源至对仲裁性质的误解，在此举如下三例。

首先，这种误解直接导致我国法律对临时仲裁持抵制态度。从仲裁在西方自下而上的发展历史中可以看出，临时仲裁出现在先，机构仲裁在后。仲裁自诞生起便是临时仲裁，与之相比，机构仲裁出现得较晚，至现代才产生。而我国的仲裁制度自始便只包含机构仲裁，而从来没有过临时仲裁。我国现行《仲裁法》仍然只承认机构仲裁，否定临时仲裁的效力。

如前述，仲裁在我国是自上而下建立起来的，其原因在于当时急需仲裁制度来弥补能力不足或运转不畅的司法系统。在此情况下，不难理解我国立法者在建立一整套仲裁体系时必定首选机构仲裁。这是因为若想自下而上地发展仲裁，则需要慢慢培养临时仲裁的传统和习惯。在我国没有成熟的仲裁实践的前提下，这无疑需要很长时间，显然也不可行。相对而言，在全国范围内建立一批仲裁机构，并以它们为主导开展仲裁业务，无疑会事半功倍。因此，从历史发展角度看，我国在缺乏基础的前提下选择机构仲裁来构建商事仲裁制度，实属正常。但是，自现行《仲裁法》制定以来，随着时代的发展，我国的政治、经济、社会情况已经发生了翻天覆地的变化，临时仲裁在我国无疑已经具备了生存空间。然而由于对仲裁的性质存在根本误解，我国法律界对临时仲裁一直心存芥蒂，虽然在法律实践中偶有尝试和努力，但尚未完全接受。[114]

其次，在我国的仲裁制度中，仲裁员的角色经常被弱化，而仲裁机构则往往被赋予“重任”。比如，根据《仲裁法》，案件管辖权由仲裁机构决定。[115]这与国际通行的仲裁员自裁管辖权原则（Doctrine of Kompetenz-Kompetenz）明显不符。根据该原则，仲裁员有权决定自身的管辖权，[116]仲裁基于当事人私权利的性质决定当事人应当位于仲裁制度的核心。而仲裁员受当事人选任，对案件拥有最终决定权，其权力自然应当受到充分尊重，并在仲裁程序中居于中心位置。因此，在案件管辖权这一仲裁程序的关键问题上，决定权无疑应当属于仲裁员。然而，我国立法者将仲裁错误地等同于司法制度，将仲裁机构和仲裁员之间的关系等同于法院和法官的关系，才会出现将本来属于仲裁员的权力交由仲裁机构行使的情况。这种安排无疑忽视了仲裁的根本性质以及仲裁和诉讼程序的本质区别。

应当明确的是，仲裁不是司法制度，仲裁员和仲裁机构的关系与法官和法

---

〔114〕 关于我国法律制度对临时仲裁持否定态度的原因及效果，以及应当采取的改革措施与方向，参见张铁铁：《我国法律制度对商事仲裁性质的误解——从临时仲裁谈起》，载《北方法学》2020 年第 4 期；张铁铁：《无法禁止的临时仲裁及当事人的应对策略——兼谈仲裁协议准据法及〈纽约公约〉》，载《师大法学》2019 年第 1 期。

〔115〕 参见《仲裁法》第 20 条。

〔116〕 参见《联合国国际贸易法委员会国际商事仲裁示范法》第 16 条。

院的关系截然不同，仲裁员并非仲裁机构的工作人员。当事人选择的是仲裁员来对争议进行决断，而非仲裁机构。虽然当事人确实会选择某一仲裁机构的仲裁规则，但这只意味着仲裁员应当按照仲裁规则的规定来推进仲裁程序，仲裁机构也应当按照其规则向仲裁员和当事人提供协助，而并非将仲裁员置于仲裁机构的管理或领导之下。我国法律界将仲裁误解为准司法制度，不仅拒绝临时仲裁，而且在机构仲裁中对仲裁机构的角色理解不当，才导致将仲裁机构置于仲裁员之上的错误情况。

最后，我国《仲裁法》将仲裁误解为准司法制度，没有充分考虑仲裁的国际性，以及其高度的跨境流动性，因而存在设计缺陷和漏洞。比如，我国《仲裁法》没有确立仲裁地的概念，也就没有以此为标准判定仲裁裁决的属性，并作出相应的制度安排。此外，立法者错误地推定仲裁机构如同法院一样，只能在一国境内运行，因此《仲裁法》完全以仲裁机构所在地为标准来确定规则。这种错误的制度设计造成的结果之一便是，外国仲裁机构在我国境内开展的仲裁活动完全处于法律真空之中，没有任何我国法律予以规制。具体来说，如果当事人意图按照境外仲裁机构的仲裁规则在我国境内解决争议，那么我国法律究竟应当将该仲裁视为国内仲裁还是外国仲裁？对于最终作出的裁决，应当如何对其进行执行和监督？是否可以根据我国《仲裁法》对其予以撤销，还是应当对其适用《纽约公约》予以审查执行？这些问题都悬而未决，属于我国法律的空白，也反映出我国仲裁制度的不足和缺陷。总之，我国现行《仲裁法》对于仲裁制度的国际性和跨境流动性认识严重不足，在立法层面存在重大漏洞。

可以看出，商事仲裁制度在我国的法律移植过程，由于受到我国不同历史时期政治、经济、社会情况的影响，因而采取了某些特定的路径。而这种特殊的历史进程使得我国的商事仲裁制度与西方相比呈现出许多不同特征。这些区别和变化不仅具有理论意义，也在实践中对我国的法律制度造成了深远影响。

（二）法律移植学说的启示

商事仲裁制度在我国的发展进程无疑为法律移植实践添加了成功的一例。在我国，仲裁作为一种从西方移植、借鉴而来的法律制度，得到了长足的发展。时至今日，我国的商事仲裁制度已相对比较成熟，有一批非常成功的仲裁机构，也有相当数量的专业仲裁员和专门从事仲裁业务的律师。这些事实都证明法律移植无疑是可行的。此外，仲裁在我国的法律移植过程可以证明，法律制度和社会背景之间存在着很强的关联性。

首先，仲裁在我国的法律移植过程可以用来验证卡恩 - 弗罗因德的理论。仲裁制度在我国历史的不同阶段多次被移植，虽效果不一，但其过程表明，法律移植能否成功取决于我国作为接收国的社会背景，特别是政治背景。就现行《仲裁法》而言，我国20世纪90年代初的政治和经济环境直接决定了该法的具体内容，临时仲裁就因与我国当时的政治经济环境不相容而在移植过程中被剔除。仲裁在我国的法律移植过程也能支持托伊布纳和兰格的相关学说。这是因为在移植的过程中，被移植的仲裁制度和我国原有的法律体系都在一定程度上得到了改造。而恰恰是在这种情况下，仲裁制度才能够顺利融入我国的法律体系。此外，在制定现行《仲裁法》后，我国进一步修改了《民事诉讼法》和其他相关法律，以保持我国法律体系的一致性。这就和奥鲁库提出的“调音”过程不谋而合。而且，仲裁在我国的法律移植过程是国家经济结构变化的结果，现行《仲裁法》中规定的许多具体制度（包括以仲裁机构为主导以及不承认临时仲裁）都体现了我国当时的社会及政治情况。这符合斯莫尔的学说，也即社会背景的变化导致法律的借鉴，而我国的社会文化整体决定了仲裁制度所采取的形式。

仲裁在我国的法律移植过程中体现出的很多特点也提供了对于法律移植理论进行再思考的机会。首先，仲裁制度在我国的发展历程显示，在法律移植过程中，接收国在借鉴外国法时不一定对于某一法律制度一次性完全采纳，可以根据本国的需要，考虑自身的政治、经济和社会背景来主动选择对其进行重塑和调整。以20世纪90年代为例，我国政府在考虑建立仲裁制度时，其目的在于建立一套有效的争端解决机制来为我国过渡时期经济运行提供保障。鉴于此，立法机关意识到临时仲裁并不符合这一需求，也无法与我国当时的政治、经济和社会背景相适应，因此在从国外移植仲裁制度的过程中将临时仲裁的内容从一项完整的仲裁制度中剔除，只保留并建立了机构仲裁制度。这种策略被证明是有效的，达到了预期效果。虽然我国立法机关和法院仍然需要在许多方面对于该“缩减版”的仲裁制度作出微调以使其顺利融入我国的法律体系，但是从整体上来说，由于机构仲裁制度与我国当时的法律体系契合度相对较高，这项法律移植的过程才得以顺利展开并获得成功。不难想象，如果当时就建立临时仲裁制度，则很可能造成该制度“水土不服”，无法融入我国当时的法律体系，并产生方方面面的问题。因此可以说，我国这种有计划、有选择的法律移植手段，达到了预期效果，也保证了其获得成功。

当然，采取这种策略造成的不利后果是，移植而来的法律规则或制度并不健全。虽然这种有选择的法律移植在当时达到了效果，但在一定时间后，尤其是在接收国的政治、经济、社会环境发生变化的情况下，这种不健全的法律规则或制度的弊端可能会逐渐显现。特别是在接收国的立法者对于移植来的法律制度并没有掌握透彻的情况下，这种因为某种特定目的而被“缩减”的法律制度，往往会丢失许多表面上看起来并不明显的重要因素，并因为其原有结构遭到破坏而使其偏离自身逻辑，进而造成误导或混淆。例如，我国在移植商事仲裁制度的过程中，抛弃临时仲裁的做法导致我国政府甚至法律界整体对于仲裁性质产生了根本性误解，没有认识到仲裁植根于当事人私权利这一性质，而是将其视为一种准司法制度，并常常与诉讼这一公共司法制度进行类比，而且在很多具体的法律问题上也往往作出趋同的规定。如前所述，这种误解在法律实践中造成了许多复杂的问题。又如，我国法律界对于仲裁的国际性和跨境性认识不足，也造成了在移植过程中没有设计仲裁地这一概念，导致我国现行《仲裁法》的结构性缺陷。这些现象都说明，在法律移植的过程中，彻底掌握被移植的法律制度，并对各种相关情况予以周全考虑，是至关重要的。

然而，法律移植并非一蹴而就，可以分阶段多次完成。我国一开始选择建立了一套不完整的仲裁制度，但这并不妨碍此后通过“二次移植”的方式对其进行补充。比如，我国目前完全可以将临时仲裁纳入仲裁体系。现行《仲裁法》出台已 25 年有余，其间我国的经济发展突飞猛进，政治、社会条件等也都发生了巨大变化。法律实践也证明，我国已无须继续对临时仲裁持敌对态度。[117] 可喜的是，我国立法机关也早已表达出对于承认临时仲裁的开放态度。[118] 又如，我国法律界近年来对于我国现行法中仲裁地概念缺失的问题也多有反思。2018 年 9 月，第十三届全国人大常委会将《仲裁法》修订列入二类立法规划。司法

[117] 关于我国应当承认临时仲裁的具体原因，参见张铁铁：《我国法律制度对商事仲裁性质的误解——从临时仲裁谈起》，载《北方法学》2020 年第 4 期；张铁铁：《无法禁止的临时仲裁及当事人的应对策略——兼谈仲裁协议准据法及〈纽约公约〉》，载《师大法学》2019 年第 1 期。

[118] 参见胡康生：《仲裁的本质是民间性》，载《法制日报》2004 年 9 月 8 日第 12 版。

部也于2021年7月发布了《中华人民共和国仲裁法（修订）（征求意见稿）》，提出在一定范围内允许开展临时仲裁，并且引入了仲裁地的概念。我国应当利用好此次契机，将临时仲裁及仲裁地概念纳入我国的仲裁制度之中。若能如此，也表明法律移植可以根据接收国的实际情况，按照切实可行的策略，有意图地分阶段进行。当然，后续阶段具体应当在何时进行以及如何进行，在很大程度上取决于接收国对于第一阶段移植效果的考量，并且会受限于其政治、经济、社会背景的发展变化情况。这种策略对于过渡经济体可能尤为有效。这是因为在这些国家和地区内部，往往会在某一特定时期经历政治、经济、社会等方面的巨大变化，如果某些改革措施基于客观原因无法一步到位，则不妨考虑分阶段进行。我国在这方面的经验，可以为这些国家提供重要的借鉴。

五、结　论

商事仲裁在我国是一项移植的法律制度，其在我国的历史发展路径与西方明显不同。在西方，仲裁通过自下而上的方式发展起来，植根于当事人的私权利，旨在为当事人提供最佳的私人争端解决方案，并在之后得到立法机关和法院的尊重与支持。而在我国，仲裁是在法律改革的过程中自上而下确立的，其目的在于替代暂时能力不足或运转不畅的司法系统，来解决社会中出现的大量商事纠纷。这种目的上的差异，造成我国法律界忽略了商事仲裁基于当事人私权利的根本性质，而错误地将其理解为一种准司法制度。这一点与西方法律界对于仲裁制度的理解存在显著差异。换言之，我国在借鉴商事仲裁制度的过程中，没能彻底理解该制度的本质。

这种对于商事仲裁性质的错误理解不仅存在于抽象的观念之中，而且对法律实践产生了深远影响。比如，我国现行《仲裁法》只规定机构仲裁而不承认临时仲裁，没有包含仲裁地概念，对于仲裁员的权力尊重不足，以及对仲裁的国际性和跨境流动性缺乏认识而导致在其法律适用范围上存在空白，等等。这些先天不足造成我国商事仲裁制度在与围绕《纽约公约》建立的国际仲裁体系对接的过程中产生了许多复杂的法律问题。这极大地增加了当事人的法律风险和交易成本，不利于我国及外国当事人顺利解决争议。2018年9月，第十三届全国人大常委会将现行《仲裁法》修订列入二类立法规划，司法部也于2021年7月发布了《中华人民共和国仲裁法（修订）（征求意见稿）》。我国应当以此为契机，纠正对于商事仲裁性质的误解，建立成熟完善的仲裁制度，保证我国继续顺畅参与全球化，以促进经济和社会的持续发展。

此外，商事仲裁制度在我国的法律移植过程也可以为相关比较法理论提供启示。比如，我国自建立商事仲裁制度以来的数十年间，仲裁产业迅速发展壮大，这证明法律移植不仅可行，而且完全可以成功。当然，这一过程也表明，法律移植同接收国的政治、经济和社会背景之间存在重要关系。接收国在移植外国法律制度的过程中，应当注重细节，并且对于相关问题积极作出调整，才能保证法律移植的成功。同时，法律移植可以有计划地分批、依次推进。但在此过程中，务必要对移植的法律制度彻底理解，并视情况进行修正，这样才能避免出现偏差，保证法律移植的效果。我国移植商事仲裁制度的经验可以丰富比较法学界关于法律移植的相关理论，并进一步为其他国家的法律借鉴尝试提供参照和指引。

专利权保护范围不清楚及其裁判规则研究〔1〕

——兼评最高人民法院第55号指导性案例

周洪涛*

摘　要　权利要求解释是确定专利权保护范围的逻辑起点，专利权保护范围确定是权利要求解释的直接后果，权利要求解释不能必然导致专利权保护范围不清楚。最高人民法院第55号指导性案例确立的“专利权保护范围不清楚即不侵权”规则，有其正面的价值，其负面效应亦不能忽视，司法实践中妥善处理专利权保护范围不清楚，构建科学合理的裁判规则，必须依赖立法上的完善以及专利保护行政与司法体系的变革。

关键词　专利权保护范围　不清楚　权利要求解释 指导性案例

2015年11月19日，最高人民法院发布了《关于发布第11批指导性案例的通知》（法〔2015〕320号），公布了4个指导性案例。其中，第55号指导性案例柏万清诉成都难寻物品营销服务中心等侵害实用新型专利权纠纷案（以下简称“柏万清诉成都难寻案”）的裁判要点是专利权的保护范围应当清楚，如果实用新型专利权的权利要求书的表述存在明显瑕疵，结合涉案专利说明书、附图、本领域的公知常识及相关现有技术等，不能确定权利要求中技术术语的具体含义而导致专利权的保护范围明显不清，则因无法将其与被诉侵权技术方案进行有实质意义的侵权对比，从而不能认定被诉侵权技术方案构成侵权。〔2〕简而言

---

* 周洪涛，管理学博士，杭州师范大学沈钧儒法学院讲师，主要研究方向：知识产权法。

〔1〕 本文系杭州市软科学研究项目“杭州市知识产权贯标推进工作的实证分析与策略研究”阶段性研究成果。

〔2〕 最高人民法院：《指导案例55号：柏万清诉成都难寻物品营销服务中心等侵害实用新型专利权纠纷案》，中国法院网，https：//www. chinacourt. org/article/detail/2015/11/id/1756743. shtml，最后访问日期：2020年12月31日。

之，该案确立了“专利权保护范围不清楚即不侵权”的裁判规则。然而“专利权保护范围不清楚”的内涵、外延如何，其产生的机理如何，适用于什么样的场合，在专利侵权案件中如何处理专利权保护范围不清楚，应选择何种裁判方式，在现行法律制度下应建立何种裁判规则，最高人民法院第 55 号指导性案例确立的规则是否妥当……这些问题值得深入探讨。

一、专利权保护范围不清楚及其界定

我国《专利法》第 26 条第 4 款规定，权利要求书应当以说明书为依据，清楚、简要地限定要求专利保护的范围。这一条文来源于 2001 年 7 月 1 日实施的《专利法实施细则》第 20 条第 1 款“权利要求书应当说明发明或者实用新型的技术特征，清楚、简要地表述请求保护的范围”，在基本法律层面规定了权利要求书应“清楚、简要地限定专利保护的范围”。权利要求书是否清楚，对于确定发明或者实用新型要求保护的范围是极为重要的，鉴于权利要求与专利权保护范围的关系，该条款从侧面明确了专利权保护范围应当清楚。国家知识产权局《专利审查指南（2014 年版）》中对于权利要求的保护范围是否清楚作出较为细致的规定和说明。根据《专利审查指南（2014 年版）》，权利要求书应当清楚，一是指每一项权利要求应当清楚，二是指构成权利要求书的所有权利要求作为一个整体也应当清楚。每一项权利要求应当清楚，是指每项权利要求的类型（产品或方法）应当清楚，权利要求的主题名称应当与权利要求的技术内容相适应，每项权利要求所确定的保护范围应当清楚。构成权利要求书的所有权利要求作为一个整体也应当清楚，是指权利要求之间的引用关系应当清楚。对于“权利要求所确定的保护范围应当清楚”，《专利审查指南（2014 年版）》特别指出权利要求的保护范围应当根据其所用词语的含义来理解，权利要求中一般不得使用含义不确定的用语，如“厚”“薄”“强”“弱”“高温”“高压”“很宽范围”等，也不得出现“例如”“最好是”“尤其是”“必要时”等类似用语，以及“约”“接近”“等”“或类似物”等类似的用语，同时应尽量避免使用括号［如（混凝土）“模制砖”］。[3] 在权利要求中，记载的专业术语有清晰的内涵和外延，对于本领域技术人员而言应当有明确的含义，不会产生歧义，否则相关术语则会被认为含义不

---

〔3〕 国家知识产权局：《专利审查指南（2014 年版）》，第 3.3.3 节。

清楚。如果术语不是本领域常用词汇，应当在说明书中对其进行定义，以确定其内涵及外延。含义不明确的术语和不适当的括号的使用，会在一项权利要求中限定出不同的保护范围，出现模棱两可的模糊地带，导致专利权保护范围不清楚。

判断专利权保护范围是否清楚，需要注意两个方面的问题。一方面，首先要注意其与判断独立权利要求是否缺少必要技术特征、一项权利要求是否得到说明书的支持的区别。判断独立权利要求是否缺少必要技术特征（或者判断某一技术特征是否为独立权利要求的必要技术特征），以及判断一项权利要求是否得到说明书的支持时，必然需要结合说明书内容来进行，即其判断依据为说明书的内容。而在判断权利要求的保护范围是否清楚时，其通常只是针对该权利要求的内容进行，即其判断依据为权利要求本身。其次，它们所起的作用不同。权利要求保护范围不清楚是指权利要求的撰写导致权利要求所表述的方案存在多种理解，其要求的保护范围不唯一确定。而缺少必要技术特征是权利要求所要保护的技术方案与发明人在说明书中公开的能够解决其基本技术问题的技术方案的对应不一致；得不到说明书支持是指权利要求概括了较宽的保护范围，后两者的判断应当是建立在权利要求的保护范围清楚、确定的基础上。[4]另一方面，判断专利权保护范围是否清楚，不能只关注权利要求的字面意义，应当结合发明创造的目的及具体技术特征来分析，穷尽所有的解释方法和手段，最后综合判断是否存在专利权保护范围不清楚的情形。

二、专利权保护范围不清楚的生成机理分析

（一）专利权保护范围确定与权利要求解释

专利权保护范围是专利制度中最为复杂、最有难度的课题或问题。专利权保护范围，亦称专利权的保护范围、专利权利要求保护的范围，其作用在于预设专利排他的边界，从而划定社会公众自由利用现有技术的范围，具有重要的公示意义和警示功能，在专利行政或司法程序中，又具有证明力极强的证据功能。确定专利权保护范围有不同的原则和方法，如周边限定主义、中心限定主义及折中主义等，其中主要涉及的对象就是专利权利要求。专利权保护范围的

---

〔4〕 王荣、王蕊娜：《无效宣告程序中以权利要求保护范围不清楚为无效理由时常见的法律适用问题》，载《中华全国专利代理人协会年会知识产权论坛论文集》（2014 年）。

确定，有赖于对权利要求的解释，二者具有一致性，确定专利权保护范围的具体手段或唯一手段就是解释权利要求。权利要求解释是确定专利权保护范围的逻辑起点，专利权保护范围确定是权利要求解释的直接后果。有学者认为权利要求解释是通过对权利要求中不清晰、不明确的词语进行解释，以确定专利权的保护范围，使权利要求的边界更加清晰、确定和一致〔5〕。但是笔者认为，专利权保护范围所确定的范围要大于权利要求解释，在确定专利权保护范围时，虽然权利要求中的语义解释非常重要，但除了要对权利要求进行字面意义上的澄清、解释，还有适用“禁止反悔”“等同原则”“功能性限定”等复杂的原则和规则，这些并不能仅仅通过解释权利要求的字面意义而完成。

（二）权利要求解释的性质

纯粹的“事实问题”独立于法律而存在，其产生、解决均无须法律的介入；纯粹的“法律问题”也只需通过法律规范的解释、识别或选择予以解答，与案件事实无涉。但是，“法律向下滋生进事实的根部，而事实持续不断地向上延伸进法律”，当事实因素与法律因素不断趋近并逐渐交织融合，就产生了区别或定性的难题。〔6〕权利要求解释，就是这样一种事实因素与法律因素交织融合的问题。在美国，特别是 1996 年之前，权利要求解释属于事实问题还是法律问题，是一个关系重大的核心问题。在 1996 年之前，美国专利侵权案件中，权利要求解释通常是由陪审团完成的，而陪审团只负责事实认定问题，法律适用则由法官完成。在 Markman 案中，美国联邦最高法院最终裁定权利要求应交由法官处理，原因是法官对权利要求进行解释的过程，是对权利要求的字面意义进行澄清和追寻发明真实意图的过程，解释专利权利要求的权力属于法庭而不是陪审团。〔7〕

我国没有引入陪审团制度，在专利行政机关、专利侵权审判机构由专利审查员、知识产权法官一并审理事实和法律问题的情形下，专利权保护范围确定的定性似乎是一个无关紧要的命题。但是，在某些情况下，这一问题却攸关生死。就本文的研究主题而言，专利权保护范围确定及权利要求解释的性质，关

---

〔5〕 高莉：《专利权利要求解释规则研究》，知识产权出版社 2015 年版，第 69 页。

〔6〕 陈杭平：《论“事实问题”与“法律问题”的区分》，载《中外法学》2011 年第 2 期。

〔7〕 Markman v. Westview Instruments，Inc，52F. 3d 967 Fed. Cir. 1995.

系到在专利侵权诉讼中，法院如何处理专利权保护范围不清楚的问题。首先，根据辩论原则的内涵，将判断请求妥当与否所需的事实及证据之收集、提出权能和责任赋予当事人，也即由当事人负责主张“主要事实”并收集、提出证据加以证明，双方当事人围绕事实达成的一致意见对法院形成拘束力。而法律的检索和适用不受当事人的控制，属于法院职权的范畴。[8]专利侵权案件中，原告未能举证证明其专利权保护范围达到“清楚”的要求，法院能否以其未妥当履行举证责任而判其败诉？第三方鉴定机构是否有权力判断专利权保护范围是否清楚？答案取决于权利要求解释属于事实认定问题还是法律适用问题。

司法实践中，我国法院达成的基本共识是权利要求解释属于法律问题，应当由人民法院依职权在相关方举证的基础上，审查相关问题，启动特定程序，适用特定规则，以确定专利权的保护范围。在这一共识的基础上，我们可以得出一个基本的结论：在专利侵权诉讼中，只有法官有权对专利权保护范围是否清楚作出判断。

（三）权利要求解释不能及其后果

在专利侵权诉讼中，是否能正确地对权利要求进行解释，将根本性地影响案件的结果。专利权利要求，是一个使用语言文字表达发明创造内容、限定专利权保护范围的过程，不可避免地存在所谓模糊的“边缘地带”，专利申请人很难将以文字形式记载的技术方案与其发明创造精确地对应起来。尤其是在权利要求的语义解释中，上述“边缘地带”是一个普遍的现象。权利要求语义解释，俗称权利要求的文言解释，从广义上来讲，它应包括两个方面：一方面，它是指通过一定的证据资料（尤指说明书及其附图）解释权利要求用语的含义，从而确定权利要求的语义范围或者否定式地间接排除权利要求的语义范围。另一方面，它是指在被控侵权物基本覆盖权利要求文言记载的技术方案的情况下，解释权利要求中与被控侵权物不一致的个别特定用语的法律可实施含义，以确认经解释而得到的这种用语含义（语义）是否与被控侵权物中的特殊用语相同，或者是否涵盖被控侵权物中的特用术语。[9]

---

[8] Markman v. Westview Instruments，Inc，52F. 3d 967 Fed. Cir. 1995.

[9] 杨志敏：《专利权保护范围研究——专利权行使与对抗的理论和实践》，四川大学出版社 2013 年版，第 65—66 页。

在理论与实务中，权利要求语义解释的方法有限缩性解释和扩张性解释之分。所谓限缩性解释，即如果权利要求书中的语句在本领域技术人员的角度看具有较宽的含义，但说明书没有对该用语进行必要的披露，法官会对其作出限制解释，从而缩小专利权保护范围。而扩张性解释则相反，即使说明书没有对该用语的全部含义加以披露，法院会根据说明书进行推理，作出有利于专利权人的更加宽泛的解释。针对专利权利要求字面含义对于确定权利保护范围的作用，有学者提出了基于语境主义的解释方法，认为语境主义强调动作、说话或表达所发生的语境的作用，认为只有结合语境才能理解动作、说话或表达的具体含义，权利要求的语境可以限定权利要求中语词的含义，还可以排除权利要求中语词的歧义〔10〕。实践中，可能存在权利要求解释不能的窘境：由于权利要求的解释是针对外在文本的抽象语言文字符号进行还原，重现具体的技术内容，对有些权利要求无法进行还原，重现其映射的技术内容。这种窘境，是否能够通过限缩性解释或扩张性解释予以规避？不论是限缩性解释，还是扩张性解释，都是基于科学认定权利要求语言文字含义而选择的解释方式，自然应该基于语境主义解释权利要求，而非任由解释者随意发挥。在专利复审、无效及相关专利行政诉讼中，专利权保护范围不清楚即是专利权权利要求解释不能的逻辑后果。如果运用各种方式仍不能确定权利要求语言文字的含义、产生多种相互矛盾的含义，或者不接受限缩性陈述、扩张性陈述，仅在可接受的澄清性陈述的范围内进行解释仍然不能得到清楚限定的保护范围，那么将产生解释不能的结果。〔11〕

在专利侵权民事诉讼中，同样存在类似的问题。在柏万清诉成都难寻案中，在涉案专利说明书中，既没有记载导磁率在涉案专利技术方案中是指相对磁导率还是绝对磁导率或者其他概念，也没有记载导磁率高的具体范围，或者是包括磁场强度 H 等在内的计算导磁率的客观条件。本领域技术人员根据涉案专利说明书，难以确定涉案专利中所称的导磁率高的具体含义。高导磁率的含义十分宽泛，柏万清提供的证据并不能证明在涉案专利所属技术领域中，本领域技术人员对于导磁率高的含义或者范围有相对统一的认识。最终，最高人民法院

---

〔10〕 刘庆辉：《基于语境主义的专利权利要求解释》，载《电子知识产权》2016 年第 7 期。

〔11〕 陈文煊：《专利权的边界——权利要求的文义解释与保护范围的政策调整》，知识产权出版社 2014 年版，第 278 页。

认定，根据涉案专利说明书以及柏万清提供的有关证据，本领域技术人员难以确定权利要求 1 中技术特征“导磁率高”的具体范围或者具体含义。[12]因此，运用各种解释方法和推理方式都无法确定权利要求中某些语言文字的含义，这种情形理论上是有可能发生的，权利要求解释不能是客观存在的。专利权保护范围不清楚，是权利要求解释不能的直接后果，有可能成为专利局、法院处理案件的依据和结论。

三、专利权保护范围不清楚对专利侵权判定的影响

专利权保护范围确定是判定专利侵权行为的前提和基础。先确定专利权保护范围，再判断被控侵权行为是否落入了上述被确定的保护范围，这是判断一种行为是否侵犯专利权最常见、最基本的步骤。但是有学者认为实践中这两个步骤并非有先后之别，而是相互交织不可分离。最终确定专利权保护范围不能离开对侵犯专利权行为的认定，因为认定一种实施行为构成侵犯专利权的行为，则表明该专利权的保护范围可以被解释为能够大到足以囊括该种行为的程度，认定另一种实施行为不构成侵犯专利权的行为，则表明该专利权的保护范围不能被解释为达到能够囊括该种行为的程度，这本身就是在确定专利权的保护范围。[13]

无论是否承认专利权保护范围确定与侵权对比具有可分离性，侵权判定的结果，不论是否侵权，一般都能够获得一个相对比较明确的专利权保护范围。在确定专利权保护范围判定是否侵权时，如果出现了权利要求解释不能的情形，即使结合被控侵权的行为，也无法确定专利权的保护范围，将使得专利侵权对比工作无法继续进行，是否构成侵权，则成为一个晦暗不明的模糊状态。在这种情况下，如果强行将被控侵权行为认定为构成侵权，则表明专利权保护范围可以被解释为能够大到足以囊括该种行为的程度，如果被认定为不构成侵权，则表明该专利权的保护范围不能被解释为达到能够囊括该种行为的程度。这两种结论都从反面说明不存在权利要求解释不能的情形，专利权保护范围都是清楚的。这无疑是一个悖论。对这一悖论的处理，直接关系原告、被告及社会公众的切身利益，如何裁判必须慎之又慎。

---

〔12〕 参见最高人民法院（2012）民申字第 1544 号判决书。

〔13〕 尹新天：《中国专利法详解》，知识产权出版社 2011 年版，第 555 页。

具体到柏万清诉成都难寻案，一审法院认为，在柏万清既未举证证明涉案专利（防电磁污染服，专利号：200420091540.7）技术特征“导磁率高”所表示的导磁率的具体数值范围，也未举证证明被控侵权产品所采用的不锈钢纤维的导磁率的数值范围属于其权利要求保护范围且该不锈钢纤维具有无剩磁的特性的情况下，柏万清关于技术特征C与c相同的主张不能成立，故被控侵权产品未落入涉案专利权利要求1的保护范围。[14]二审及再审法院支持了一审法院的认定。[15]

四、侵权诉讼中专利权保护范围不清楚时的裁判方法比较

司法实践中，如果出现了权利要求解释不能，一旦专利权保护范围被认定为不清楚，将直接导致专利侵权比对无法继续进行。在专利权推定有效的原则下，法院应如何处理，确实是一个重大而棘手的理论与实践问题。

（一）拒绝裁判

西方法谚有言，“法官不能拒绝裁判”，我国法律要求法官应“以事实为依据，以法律为准绳”，及时作出裁判。当专利权保护范围不清楚，法官无法确定作为裁判依据的专利权保护范围到底如何时，首先想到的对策可能就是拒绝对专利侵权纠纷作出裁判。这种处置办法从表面上看或许有一定的合理性，但在现行的司法制度下，如何结束案件是个难题，法官是给出拒绝裁判的裁定、判决，还是口头告知当事人拒绝裁判不了了之？显然，拒绝裁判是与现代法治观念格格不入的一种处置方法，侵权纠纷不因法官的拒绝裁判而消失，矛盾反而会被进一步激化。拒绝裁判不仅与法官职责相违背，拒绝裁判的法官甚至有可能构成违法犯罪。拒绝裁判也意味着法院拒绝对权利作出保护，这与法治国家的要求显然是背道而驰的，也违背以司法保护人权的历史潮流。尤其是在当代，公民对法院的裁判请求权受到高度的重视，许多国家的法律以明示或默示的方式将其作为人权的基本内容之一，联合国《世界人权宣言》和《欧洲人权公约》、《美洲人权公约》均确认了这一权利。因此，如果说拒绝裁判的主张在过去尚值得讨论的话，那么在今天明显是不合时宜的。[16]

---

〔14〕 参见成都市中级人民法院（2010）成民初字第597号判决书。

〔15〕 参见四川省高级人民法院（2011）川民终字第391号判决书。

〔16〕 李浩：《事实真伪不明处置办法之比较》，载《法商研究》2005年第3期。

（二）延迟裁判

从裁判行为上来看，延迟裁判具有三种表现形式：一是久拖不决，二是久调不决，三是中止审理。久拖不决显然不是正确的选择，在此无须讨论。司法实践中更多的是以久调不决、中止审理的方式延迟案件的处理。

我国《民事诉讼法》第93条规定，人民法院审理民事案件，根据当事人自愿的原则，在事实清楚的基础上，分清是非，进行调解。《最高人民法院关于适用〈中华人民共和国民事诉讼法的解释〉(2002)》第142条规定，人民法院受理案件后，经审查，认为法律关系明确事实清楚，在征得当事人双方同意后，可以径行调解。根据上述规定，专利权保护范围不清楚的情形下，即使双方当事人同意，也不宜通过调解解决纠纷，因为不仅不能满足“事实清楚”“法律关系明确”的要求，而且调解结案后专利权保护范围仍然不清楚，将会使社会公众的创新无所适从。当然，更不能久调不决，使调解本身失去其合法性、正当性。

我国《民事诉讼法》第150条规定了中止诉讼的适用情形，逐项分析发现，只有“其他应当中止诉讼的情形”这一兜底条款适用于专利权保护范围不清楚的情形。而我国专利法及其司法解释都没有明确专利权保护范围不清楚时法官是否可以中止诉讼。对于专利权保护范围不清楚的案件，中止诉讼也许是一个较好的选择。但是问题是，中止诉讼一般是以其他案件或事项的处理结果为依据，由于专利权保护范围不清楚属于专利权无效的理由之一，而根据我国专利制度，专利权无效应由国家专利复审委员会处理。因此，如果专利侵权案件的被告已经向专利复审委员会提出了专利无效宣告请求，法院中止诉讼或许没有问题。但是，如果涉案被告没有提出专利权无效宣告请求的话，法院将失去恢复中止诉讼的依据，这种情形下的中止诉讼是否符合法律规定，则是非常值得商榷的。

（三）驳回起诉

驳回原告起诉，即专利权保护范围处于不清楚这一状态时，法院以驳回原告起诉的方式解决问题。根据我国民事诉讼法，驳回起诉仅仅适用于不符合起诉受理的条件及法律规定本不应受理而受理的案件，属于程序性问题，而不涉及实体法律关系。另外，根据我国民事诉讼法规定，若不符合起诉条件的，在审查起诉时就应作出不予受理的裁定，在受理后发现起诉不符合条件的，应及时驳回起诉，一般不可能出现案件开庭审理后方作出裁定驳回起诉的情形。驳回起诉没有厘清专利权保护范围，没有对是否侵权作出认定。如果仅裁定驳回起诉，根据我国的民事诉讼法，原告在起诉被驳回后可以就同一纠纷再次提起诉讼，这样反而会加重当事人的讼累，浪费司法资源。

（四）驳回诉讼请求

根据我国民事诉讼法的规定，诉讼请求不成立的，驳回诉讼请求。柏万清诉成都难寻案，法院选择的就是判决驳回诉讼请求这一裁判方式。从表面上看，驳回诉讼请求否认了原告的主张，即原告柏万清的诉讼请求不成立。但是由于驳回诉讼请求的理由实际上是法官对原告的专利权保护范围到底如何不能形成心证，并不意味着原告的主张是不成立的，也不意味着被告不侵权。

专利侵权案件开庭审理后，法官经反复论证发现专利权保护范围不清楚、无法确定，如果此时作出判决驳回诉讼请求，既不符合民事诉讼法的规定，对原告也显失公平。涉案专利已经被宣告无效，[17]然而在再审裁定作出时，涉案专利虽然形式上仍然处于有效状态，但实质上已无法律意义上的价值，已无法制止他人实施其专利。

五、解决专利权保护范围不清楚法律适用困境的制度完善及变革

如果是单纯事实问题，事实真伪不明时，可以先根据举证责任分配规则让原告、被告承担相应的举证证明责任。而权利要求解释作为一个涉及事实问题的法律问题，从理论上排除了原被告双方证明责任规则的适用问题，专利权人有责任证明自己的主张，有责任对涉及的相关事实承担举证责任，但是没有责任证明自己专利权保护范围的大小，这应该是法官的职责。前已述及，权利要求解释不能是客观存在的，专利权保护范围不清楚的情形也是客观存在的。而“专利权保护范围不清楚即不侵权”这一规则一旦被误用或滥用，对于专利权的保护可以说是灭顶之灾，利益的天平将不适当地偏向被控侵权人。更为严重的问题是，这一规则使得法院实质上具有否定专利权效力的职能，这本是专利行政部门的职责，如此一来势必造成部门之间的职权及利益冲突，导致专利制度

[17] 参见北京知识产权法院（2014）京知行初字第 23 号判决书，北京市高级人民法院（2015）高行（知）终字第 1549 号判决书。

体系的混乱与无序。已有法官指出，对于缺乏技术背景、对《专利法》第26条第4款的法律适用目前还不甚熟悉的法官而言，其裁决容易导致司法判决的不确定性。一旦滥用，会对现有专利授权、无效制度带来较大冲击[18]。解决专利权保护范围不清楚的法律适用困境，应从立法上进行完善，从战略层面对专利制度进行变革。

2014年《最高人民法院关于审理侵犯专利权纠纷案件应用法律若干问题的解释（二）（公开征求意见稿)》第5条第2款规定，权利要求含义不明，运用法定的解释方法仍无法确定其限定的专利权保护范围，且不属于本解释第4条规定的情形的，人民法院可以裁定驳回起诉。该征求意见稿给出了处理专利权保护范围不清楚的裁判方式：裁定驳回起诉。令人欣慰的是，2016年3月发布的《关于审理侵犯专利权纠纷案件应用法律若干问题的解释（二)》删除了上述条款，也说明司法解释的起草者已经认识到驳回起诉的潜在危害性。现行立法及司法解释均没有对侵权诉讼中专利权保护范围不清楚如何处置进行明确规定，在当前专利确权、专利侵权判定二元制的制度框架下，最高人民法院的第55号指导性案例没有给出合适的路径，通过指导案例对涉及专利制度根本的问题进行变革，不符合现代法治的原则和精神。专利权保护范围不清楚，目前应从立法层面对涉及专利制度基础的问题进行修正、协调，通过特别法律规范克服目前左右为难的窘境。更重要的是，在立法过程中，相关部门有机会在立法框架下有效沟通、磋商，克服部门立法的弊端，以确保专利体系的良好运行，确保专利权人与社会公众的利益平衡。当然，归根结底的解决方案，应是从战略层面，抛弃专利确权与侵权判定的严格分离主义，变革专利行政及司法制度。

现代专利法是一个“名为权利要求的游戏”[19]，权利要求保护范围解释问题是典型的价值判断问题，需要在保障专利权人基于创新的合法权益和社会公

---

[18] 吴光侠、周翔、杜微科：《柏万清诉成都难寻物品营销中心等侵害实用新型专利权纠纷案的理解与参照——专利权保护范围明显不清的不能认定被诉侵权技术方案侵权》，载《人民司法（案例)》2017年第11期。

[19] S. Giles，“Rich，Extent of the Protection and Interpretation of Claims—American Perspective”，*International Review of Industrial Property and Copyright Law* 21，1990. 转引自闫文军：《专利权的保护范围——权利要求解释和等同原则适用》，法律出版社2007年版，第1页。

众的可期待利益之间寻求价值平衡。解释不能在穷尽所有能够接受的解释方法之后仍然不能得出清晰含义的情形下适用。在维护权利人利益的情况下，应当考虑公众的接受能力和接受成本。[20] 相应地，专利权保护范围不清楚的裁判规则问题同样是一个涉及事实、法律的价值判断问题，制度的完善和变革，需要在保障专利权人合法权益与保障社会公众创新空间之间寻求价值平衡，需要考虑整个社会的接受能力和接受成本。最后，在处理专利权保护范围不清楚的裁判规则没有正式确立之前相当长的时间内，专利侵权案件是如何处理的，专利行政部门与司法审判部门分工如何，原被告举证责任分配是否能够避免保护范围不清楚这一结论的出现，这些都是值得深入讨论和反思的问题。

---

〔20〕 张鹏：《专利权授权确权制度原理与实务》，知识产权出版社 2012 年版，第 278 页。

我国《个人信息保护法》“告知—同意”原则的细化
——情境脉络完整性理论的启示

韩天雨*

摘　要　在未寻找出更有效的保护个人信息方式之前，仍需要不断细化我国《个人信息保护法》确定的“告知—同意”原则，可行的路径之一是情境脉络完整性理论提供的场景化探索。场景化探索通过选择符合社会期待的理解途径，增加个人的选择余地。本文结合营销短信场景下的个人信息保护以作说明。该理论不仅能够为法律与社会价值的沟通提供渠道，也启示我们需要对“告知—同意”原则予以加强，从具体场景中思考价值，为法律再次赋予生命力。

关键词　个人信息　情境脉络完整性　场景化　“告知—同意”原则

一、问题的提出：“告知—同意”原则的假性失效

我国《个人信息保护法》以“告知—同意”原则为框架，但是该原则普遍被认为不能很好地保护个人信息，阻却了个人信息的流动。[1]除了互联网行业对“告知—同意”原则的有意规避，经过检索司法判决，笔者发现在司法实践中“告知—同意”原则也被消极对待。以营销短信场景下的个人信息保护为例，我国法院普遍认为平台或商家基于用户协议和隐私政策获得的概括同意有效。

---

* 韩天雨，杭州师范大学沈钧儒法学院硕士研究生，主要研究方向：法律文化。

〔1〕 此方面的论文很多，可以参见万方：《隐私政策中的告知同意原则及其异化》，载《法律科学（西北政法大学学报）》2018 年第 2 期；任龙龙：《论同意不是个人信息处理的正当性基础》，载《政治与法律》2016 年第 1 期；韩旭至：《个人信息保护中告知同意的困境与出路——兼论〈个人信息保护法（草案）〉相关条款》，载《经贸法律评论》2021 年第 1 期；蔡星月：《数据主体“弱同意”及其规范结构》，载《比较法研究》2019 年第 4 期；等等。

在2015年刘春泉诉工商银行上海分行的侵权责任纠纷一案〔2〕中，一审法院认为工商银行上海分行侵犯了刘春泉的一般人格权，侵扰了用户安宁，未经持卡人明示同意或请求，不得利用其掌握的手机号码向持卡人发送营销短信；若在发送后持卡人明确表示拒绝的，应当立即停止发送。但是，在该案的二审中，上海市第一中级人民法院推翻了前述一审判决，认为商家未经用户同意向用户发送商业性广告并未超出格式条款中的信息服务范围，即用户对平台“一揽子”授权协议的概括同意有效，所以商家可以基于用户的概括同意自动向用户发送商业广告，并且营销短信骚扰程度并未达到不可容忍的程度，不构成对用户权利的侵犯。此后，华宇波诉上海银行股份有限公司侵权责任纠纷案〔3〕和王娜诉每日优鲜网络购物合同纠纷案〔4〕也都延续了刘春泉案二审判决的说理逻辑。

若不论违约之诉还是侵权之诉，用户对营销短信发送者拟好的隐私政策做出的概括同意都有效，商家便可以通过精心设计的格式条款架空用户对营销短信推送的同意，“告知—同意”原则便形同虚设。个人信息兼有财产权性质，也同样具有人格权属性〔5〕，法院由财产权路径使用“量化方法”处理个人信息侵权是有失偏颇的。在越来越互联互通的今天，如果用户从生活中缔约的每一位商家处都接收到营销短信，累加起来也会达到一个庞大的数字，用户又该如何保障私生活的安宁?〔6〕过度的大数据营销会导致人的主体地位被削弱，人的尊严和价值也会发生流失。〔7〕而个人信息的人格利益是《个人信息保护法》所追求的或者所凝固的核心价值，深刻地影响着个人信息保护制度的生存与发展，也是制度利益的根本属性体现。〔8〕

当数据控制者和个人的主张都有恰当之处，纯粹的逻辑推理也面临不同价值

〔2〕 刘春泉诉工商银行上海分行侵权责任纠纷案，上海市第一中级人民法院（2015）沪一中民六（商）终字第107号民事判决书。

〔3〕 华宇波与上海银行股份有限公司侵权责任纠纷案，上海市第一中级人民法院（2020）沪01民终10879号民事判决书。

〔4〕 王娜与北京每日优鲜电子商务有限公司网络购物合同纠纷案，北京互联网法院（2020）京0491民初9057号民事判决书。

〔5〕 参见丁晓东：《个人信息保护原理与实践》，法律出版社2021年版，第60—61页。

〔6〕 《App个人信息泄露情况调查报告》，载中国消费者协会官网，http：//www.cca.org.cn/jmxf/detail/28180.html，最后访问日期：2021年9月1日。

〔7〕 参见马长山：《迈向数字社会的法律》，法律出版社2021年版，第121页。

〔8〕 参见张新宝：《个人信息收集：告知同意原则适用的限制》，载《比较法研究》2019年第6期。

的挑战之时，法官作出的决断很大程度上来源于其所拥有的有关法律的目的或法律的功能的观念。[9]法律若脱离了大众情感和信仰，法律目标便会功利化，致使法律仅仅成为强制的规则而不再是意义的载体。[10]在信息时代，从代码的编写到数字鸿沟都导致个人选择的余地几乎完全置于数据控制者提供的选项之下，似乎由传统契约论得出的“同意”原则变得无法承载平等之义。而在没有探索出系统可行的新方法之前，仍旧需要修补“告知—同意”原则使这一差距再次平衡。法官需要更贴近和深入事实进行分析，选择更为贴合实际的法律适用方法，将人从科技中解放，避免为了逻辑或学理上的圆融而将受害者呈贡为司法的祭品。[11]

二、“告知—同意”原则被忽视的另一极：个人的选择余地

推论“告知—同意”原则失去作用的逻辑忽视了该原则在信息时代潜在的发展可能性，多数研究只将目光局限在了宏观的数据控制者一侧，忽视了从微观主体入手解决个人在信息时代的需求。在当前未能发现更好的保护个人信息方法之时，取得信息主体的“同意”仍具重要意义，否则值此过渡期的个人信息保护将露出巨大缺口。英国数据保护机构（ICO）指出，对于如何利用个人信息，应更加透明化，通知义务仍然不能免除。该机构提出以下建议：通知的清楚与简化、将通知分层、从设计着手保护隐私、以处理目的为何制定通知、及时更新通知、在各个阶段综合各种创新方法提供有意义的通知。[12]这是因为“告知—同意”原则不仅具有规范数据控制者的意义，即促使个人信息收集和处理者更加清晰透明地制定隐私政策，更重要的在于努力推进该原则的适用是培养信息时代公民信息素养的良性渠道。通过“告知—同意”这一过程将建立起正当程序的价值，即决策是如何做出的、在整个决策的过程中个人是如何被对待的，其中的公开透明也将清扫掌握大多数资源的平台与处于劣势地位的个人之间良性互动的障碍。

---

〔9〕 参见［美］本杰明·卡多佐：《法律的成长》，李红勃、李璐怡译，北京大学出版社 2014 年版，第 109—110 页。

〔10〕 参见高鸿钧：《全球视野的比较法与法律文化》，清华大学出版社 2015 年版，第 239 页。

〔11〕 ［美］本杰明·卡多佐：《法律的成长》，李红勃、李璐怡译，北京大学出版社 2014 年版，第 78 页。

〔12〕 参见翁清坤：《大数据对于个人资料保护之挑战与应对之道》，载《东吴法律学报》2019 年第 3 期。

用户的选择余地是个人信息保护中的关键，它将促使个人信息收集和处理者更加清晰透明地制定隐私政策。隐私政策的复杂或互联网技术的复杂[13]，不能成为否认“告知—同意”原则有效性的有力辩护。个人信息的公共性[14]也不能否认个人信息私人的一面由此忽视个人同意的价值，因为营造更为自由的环境，重要的是让个体，尤其是少数群体可以保有不同的选择[15]。若要使得用户侧更能有选择的机会，首先需要个人信息收集和处理者做出改变，“告知—同意”原则便是一个获取个人信息的正当程序。例如，网站可以采用在进入网页时先征询用户同意哪些 cookies 被网站获取。网站在下方附上隐私政策，并提示用户选择“接受所有 cookies”或“仅接受必要的 cookies”，有些网站将同意原则落实得更加详细，设置按键供用户分别选择是否接受不同种类的 cookies。以《世界报》（*Le Monde*）网站[16]为例，它将 cookies 分为六种，即保障网页正常使用最低限度的“默认设置”、提升网站使用舒适度的“分析 cookies”、对接第三方平台便于用户一键分享的“社交 cookies”、展示非本网站来源的第三方音频或视频的“视听交互 cookies”、使用个性化推荐算法提供内容的“个性化内容推荐 cookies”和针对个性化内容展示广告的“个性化广告推荐 cookies”。每一种 cookies 下都提供了简洁切要的解释和例子，便于用户理解。

对用户一侧来说，有效实行“告知—同意”原则不仅增加了用户对抗个人信息收集和处理者的力量，更是对互联网时代用户信息素养的培养。科技发展的根本目的是提高人们的生活质量，关怀人类的心理本质，而非使人不断地陷入文明的痛苦[17]。科技越是深入人们的日常生活，就越需要重视用户体验。[18]对效率和质量的追求指向一种平衡的艺术，纵使选择退出模式更加便利商业的发展或提高个人信息的处理效率，仍需培养发展与保质之间长久的良性互动。现代

---

〔13〕 例如林凯、张建肖：《知情同意权的功能失灵与应对——兼评〈数据安全管理办法（征求意见稿）〉相关规定》，载《中国应用法学》2020 年第 2 期。

〔14〕 例如高富平：《个人信息保护：从个人控制到社会控制》，载《法学研究》2018 年第 3 期。

〔15〕 参见［英］约翰·斯图亚特·密尔：《论自由》，鲍容译，中华书局 2016 年版，第 70 页。

〔16〕 See Le Monde，https：//www. lemonde. fr，last visited on 1 September，2021.

〔17〕 参见［奥］弗洛伊德：《文明及其不满》，严志军、张沫译，浙江文艺出版社 2019 年版，第 91—93 页。

〔18〕 参见［日］福田雅树、林秀弥、成原慧编著：《AI 联结的社会：人工智能网络化时代的伦理与法律》，宋爱译，社会科学文献出版社 2020 年版，第 65 页。

社会实现控制的形式在新的意义上是技术的形式，它一方面使得人们享受高科技带来的便捷与高效，但另一方面制度的效率使个人认识迟钝，人们更多地生活在人为构建的规则之中，进步的冲击使人们的理性屈从于现实生活。[19]同时，信息时代技术的高度覆盖与其强大的影响力，让孤独和抽身其外变得极难实现，作为社会成员的每一个人无处可逃。[20]迈入大数据时代，具备数据素养（data literacy）十分重要。数据植根于内容、文化与情境才能成为知识，知识历经证明与检验才可能成为智慧。[21]数据素养旨在帮助人们抵御数据化的侵蚀，首先要求个人具有正确认识与看待数据的态度，其次需要具备一系列参与数据生活的能力，以确保个人的独立性并同时有建设性地参与公共生活。[22]若欲在日常生活中培养普通人对数据的读写、使用、分析与说理的能力，便需将选择的权利交还给个人，让人们在每一次的选择中培养数据素养。体现在个人信息保护上，就是使"告知—同意"原则更易操作，而非因噎废食受网络技术复杂或隐私政策冗杂之影响。

而增加用户选择余地的努力更多指向"告知—同意"原则在实际操作中的细化。一个普遍的操作是聆听个人在不同场景下对其信息保护的需求，以探索社交场合的一般惯例。这也是我国《个人信息保护法》需要继续深化的地方，即对同意方式的细分和场景化探索，否则条文规定将与目的和期望相违。从长远来看，探索新技术和保护方式的过渡期，"告知—同意"原则作为《个人信息保护法》的框架仍是有效的，若在收集信息阶段就放弃获得信息主体同意的步骤，转向利用者负责[23]或寻求第三方代理[24]将弱化信息主体，这是一种忽视

〔19〕 参见［美］赫伯特·马尔库塞：《单向度的人：发达工业社会意识形态研究》，刘继译，上海译文出版社2016年版，第8—11页。

〔20〕［美］赫伯特·马尔库塞：《单向度的人：发达工业社会意识形态研究》，刘继译，上海译文出版社2016年版，第62页。

〔21〕 See Henry A. Kissinger, "Eric Schmidt and Daniel Huttenlocher, The Age of A. I.: And Our Human Future", *John Murray*, 2021, p. 48.

〔22〕 See Luci Pangrazio, Julian Sefton-Green, "The Social Utility of Data Literacy", *Learning, Media and Technology* 45, 2019, p. 212.

〔23〕 例如，克雷格·蒙迪（Craig Mundie）在《隐私实用主义》（Privacy Pragmatism）一文中提出修改隐私保护框架，用加重利用者责任的方式换取允许几乎无限制收集用户个人信息的权利。

〔24〕 例如，2016年由杰克·巴尔金（Jack M. Balkin）提出的"数据信托"，旨在平衡数据控制者与用户在权力与知识层面上的不平等。数据信托将像医生、律师、会计师那样，遵从"关心、私密、忠诚"的原则，帮助处于弱势的用户管理个人信息，形成与数据控制者的抗衡。

因信息不对称带来的深层次权力不平衡的做法[25]，甚至将产生一种以商业为中心的隐私父权主义[26]（privacy paternalism）。

三、“告知—同意”原则的细化：情境脉络完整性

在美国，对个人信息的保护被普遍置于隐私法的保护体系之下[27]，美国著名隐私专家海伦·尼森鲍姆（Helen Nissenbaum）就信息时代如何保护隐私及个人信息提出了情境脉络完整性理论（Contextual Integrity）。该理论认为，由于网络世界中有不同的社交场景，社交场景中的不同关系又具有流动性，人们对隐私的理解也因情境脉络的不同而变化。所以，试图寻找保护隐私的普遍原则并不能达成目的。对个人信息的保护需要依据具体社交场合寻找一般社交规则，而这些不同的规则植根于具体社会的政治、经济、文化等因素的价值取向，据此设置个人信息保护的边界和方式。[28]这种依据情境来选择不同保护个人信息的模式也被称为“场景化”理论。[29]

一方面，情境脉络完整性理论侧重于不同场景之下个人对隐私保护的期待，寻求何为合适的尺度（appropriateness）。[30]通过三个关键标尺来判断一个具体场景中的个人信息流动尺度：通过信息类型（information types）判断该信息是何种信息，如医院场景中的医疗诊断或学校场景下的成绩结果；通过角色（actors）判断是谁或向谁传播，即信息的对象（subject）、发送者（sender）和接受者（recipient）；通过传输原则（transmission principles）判断在该场景下信息如何传播或受到怎样的限制，即人们对某一具体场景下该信息应如何传播或受限的社会规则或期待。[31]

---

〔25〕 参见蔡星月：《数据主体“弱同意”及其规范结构》，载《比较法研究》2019 年第 4 期。

〔26〕 See Joseph Jerome，“Big Data：Catalyst for a Privacy Conversation”，*Indiana Law Review* 48，2014，p. 238.

〔27〕 高富平：《个人信息保护：从个人控制到社会控制》，载《法学研究》2018 年第 3 期。

〔28〕 See Helen Nissenbaum，“Privacy as Contextual Integrity”，*Washington Law Review* 79，2004，pp. 124 –125.

〔29〕 丁晓东：《个人信息保护原理与实践》，法律出版社 2021 年版，第 86—87 页。

〔30〕 See Helen Nissenbaum，“Privacy as Contextual Integrity”，*Washington Law Review* 79，2004，pp. 138-140.

〔31〕 See Helen Nissenbaum，“Respectiong Context to Protect Privacy：Why Meaning Matters”，*Science Engineer Ethics* 24，2018，p. 839.

另一方面，情境脉络完整性理论揭示了个人信息的保护的整体性。与判定“告知—同意”原则的失效正相反，它告诉我们，“告知—同意”原则需要被加强。如上述结构，在具体场景中提取传输原则的关键就是利用大数据的特性，广泛征集接受者的意见。在辨析传输原则时，可以尝试将以下三个问题纳入考量：第一，特定的数据使用是否符合用户期望？第二，特定数据使用是否会对个人或群体造成重大伤害风险？第三，特定使用场景的社会效益是什么？[32]

不同于采用在概念与学理上预先界定权利边界的抽象做法，情境脉络完整性理论根据不同场景（contexts）对个人信息保护方式的识别采取了一种更为贴近实际与社会需求的具体路径。越来越多的事实表明，人们对“技术中立”的认知并不符合事实，尤其在商业活动中，人们更需要植根于对场景的解读来确定商业目标与创造不同的商业模式。[33]该理论的关键在于探寻合适的尺度，植根于情境来判断隐私保护的预设模式是社会层面的无数的个体对数据控制者的反向解读与互动。它能够为个体增加更多的发声渠道，增加个人与数据控制者博弈的筹码，进而合理地扩大个人的选择余地。该理论解除了此前对法律原则与规则适用僵化的枷锁，打开了另一种不受时空限制和人为预判信息敏感度的思维模式[34]，它为社会良好价值的融入开启通道，搭成一种允许法律不断成长的模型，是继隐私权和信息自决权等公私二分的静态保护理论之后发展出的一套动态保护框架[35]。这是用一种更为法律实用主义的视角来审视瞬息万变的互联网世界，即法律从本质上说是一种预测，存在着一种预期的力量或可信度的原则被称为法律，因为人们相信这个原则能够及应当在司法审判中得到遵循。[36]法律条文与判例自身的含义并不是脱离情境的，它们的生命力在于它们所承载的其他案件之背景，返还于从

---

〔32〕 See Lorrie Cranor et al，“Panel I：Disclosure and Notice Practices in Private Data Collection”，*Cardozo Arts & Entertainment Law Journal* 32（3），2014，p. 797.

〔33〕 See Helen Nissenbaum，“Respectiong Context to Protect Privacy：Why Meaning Matters”，*Science Engineer Ethics* 24，2018，p. 837.

〔34〕 See Helen Nissenbaum，“Privacy as Contextual Integrity”，*Washington Law Review* 79，2004，p. 136.

〔35〕 参见倪蕴帷：《隐私权在美国法中的理论演进与概念重构——基于情境脉络完整性理论的分析及其种对中国法的启示》，载《政治与法律》2019年第10期。

〔36〕 ［美］本杰明·卡多佐：《法律的成长》，李红勃、李璐怡译，北京大学出版社2014年版，第53—54页。

具体实践与个案中提取出的抽象原则与规则，以此为人们提供确信。[37]

除了理论上的佐证和我国《个人信息保护法》已经将“告知—同意”原则确定为框架，在过渡期的个人信息保护实践中，法院依旧坚持并继续探索“告知—同意”原则的具体适用。在欧盟《数据保护指令》（95/46/EC）生效期内，欧盟第 29 条数据保护工作组（The Article 29 Working Party）就根据不同的场景解释法律的适用，后欧盟《一般数据保护条例》（GDPR）生效后改为由欧盟数据保护委员会（European Data Protection Board）继续进行适用指引的工作。对于具体场景应该如何选择，各国给出的具体做法不同，下文以在营销短信场景下的个人信息保护为例进行详细说明。

四、“告知—同意”原则情境化的运用：以营销短信场景为例

营销短信通常是指用于介绍、推销商品、服务或者商业投资机会的短信息。[38]未经接收者同意的营销短信（unsolicited commercial message）可以归为垃圾信息（SPAM）的一种。经调查，在我国，发送营销短信是商家收集个人信息的主要目的。[39]但是，消费者对个人信息的保护却缺乏有效手段，许多人在日常生活中都会收到类似“退订回复 T”的营销短信，在按照短信要求回复了“T”之后，仍然会继续收到该号码发来的营销短信，甚至被认定为活跃用户，收到短信的频率更甚[40]，而如上述案例，法院的裁判也使得“同意”形同虚设。由于营销短信对于现代互联网商业发展的巨大促进作用，商家可以方便且低成本地向消费者宣传自己的商品或服务而在世界各国被广泛使用，各国也对此场景采取了不同的应对方式进行治理，效果各异。

为了便于征询个人同意，在收集个人信息时有选择进入（opt-in）与选择退出（opt-out）两种模式。前者为在收集信息之前征询个人同意；后者为默认个人同意在进入阶段被收集信息，当不愿之时再自己手动退出。作为“告知—同

---

〔37〕 参见［美］卡尔·卢埃林：《荆棘丛：我们的法律与法学》，王绍喜译，中国民主法制出版社 2020 年版，第 98 页。

〔38〕 参见工业和信息化部：《通信短信息和语音呼叫服务管理规定（征求意见稿）》第 42 条。

〔39〕 《App 个人信息泄露情况调查报告》，载中国消费者协会官网，http：//www. cca. org. cn/jmxf/detail/28180. html，最后访问日期：2021 年 9 月 1 日。

〔40〕 王军荣：《莫让“回 T 退订”成为形式》，载《人民公安报》2018 年 4 月 19 日，第 3 版。

意"原则进一步细化的子项，默认设置选择进入还是选择退出，需要符合社会的期待。

（一）选择退出模式：美国《反垃圾邮件法》（CAN-SPAM Act）

采用选择退出模式规制营销短信的方法，被部分学者认为"不切实际"[41]（a false hope）。美国于2003年在联邦层面颁布了《反垃圾邮件法》，采用选择退出模式规制滥发的电子信息、色情信息以及未经同意的垃圾邮件。该法授权公司传输未经请求的垃圾邮件，但必须提供明确的选择退出模式：一是提供一个收件人可以回复的电子地址，二是有一个在互联网上能够得到回复的模式，例如超链接到一个网络，允许用户从列表中删除。大多数商业信息还必须包括：针对一个事物，或者一个明确展示公众告知或要求的指示。所有垃圾邮件必须包含发送者的永久电子邮件地址，而那些含有性内容的垃圾邮件也必须包含额外的警告。这部法律还规定了刑事和民事制裁。刑事制裁最高可判处5年监禁，民事制裁的罚款金额可从每条垃圾邮件250美元到过量和非法发送这类信息的200万美元不等。[42]

在美国的《反垃圾邮件法》生效后，垃圾邮件的数量不减反增[43]，选择退出模式在规制垃圾邮件方面的作用并不充分。商家明知个人几乎无法完成他们的选择退出权，提供的隐私政策普遍都含义宽泛、模糊和暗含深意；个人缺少知情权，无法察觉商家如何使用信息，也无法发现商家故意设计追踪个人信息的程序；选择退出权也往往适用范围很小且极难使用。[44]

（二）选择进入模式：欧盟成员国的有益探索

选择退出模式往往不能事先给予用户在个人信息收集阶段的有效选择权，导致信息主体的同意被繁复的隐私政策架空。探索如何给予信息主体更多实现

---

[41] See Jay Reyero, "The CAN-SPAM Act of 2003: A False Hope", *SMU Science and Technology Law Review* 11 (2), 2007, p. 195.

[42] See Georgeta Basarabescu, "Unsolicited Commercial Messages- Accurate Reality of the Nowadays Informational Society", *AGORA International Journal of Juridical Sciences* 13, 2008, p. 16.

[43] See Dave Lorentz, "The Effectiveness of Litigation under the CAN-SPAM Act", *Review of Litigation* 30 (3), 2011, p. 575.

[44] See Joseph A. Tomain, "Online Privacy & the First Amendment: An Opt-in Approach to Data Processing", *University of Cincinnati Law Review* 83, 2014, pp. 25 -26.

自己同意的方式，便成了各国个人信息保护法关注的重点。欧盟成员国普遍认为，发送营销信息必须事先征得用户同意。

欧盟《一般数据保护条例》和《电子隐私条例》（ePrivacy Directive）认为发送商业性信息需事先取得用户同意。“同意”在欧盟《一般数据保护条例》解释第 32 条中进一步确定为一个“清晰的肯定行为”，是数据主体“自愿、准确、已获得告知和不模糊的指示”，沉默、预先勾选或不作为不能构成“同意”。欧盟《一般数据保护条例》认为，数据收集处理者将获得的同意运用于整个数据处理使用过程时，只能将同意用于一个或相同的目的；如果数据收集处理者将个人数据用于多个目的，则需要每个目的都获得数据主体的同意。也就是说，欧盟《一般数据保护条例》排除了概括同意的效力，需要数据收集处理者获得单独同意。负责解释欧盟《一般数据保护条例》第 29 条的工作组对同意进一步做出规范，常常结合具体场景来对指令中所规定的各种权利与责任进行解释，提供了一种行为主义的合规指引与执法指引。[45]欧盟《电子隐私条例》第 13 条也认为，在用户最初没有拒绝使用电子联系方式的情况下，才得发送营销信息。

罗马尼亚在第 506/2004 号法令中规定，针对商业性通信，适用选择进入模式。该法令第 12 条第 1 款规定，禁止通过传真或电子邮件，或通过使用某些不需要人工干预的自动呼叫系统，或通过任何其他以向公众提供的电子通信服务的方式进行商业通信，但使用者已事先明确同意接受该通信者，不在此限。[46]

德国联邦最高法院在著名的购物回馈案（Das Payback Urteil）中规定针对营销短信适用选择进入模式。德国联邦最高法院认为，有关当事人信息若是用于电话、电子邮件或是短信等广告方式，则必须得到当事人的明确同意，亦即必须以选择加入的方式取得当事人明确同意，否则即违反《不正当竞争防止法》第 7 条第 2 项第 3 款，因为短信或电子邮件等营销广告方式对于当事人而言，属于无法容忍的骚扰（unzumutbare Belaestigung）。究其原因，电话营销对当事人的干扰强度较高，电子邮件或短信相对于纸本邮件则具有传递迅速、成本低廉

---

〔45〕 丁晓东：《个人信息保护原理与实践》，法律出版社 2021 年版，第 86 页。

〔46〕 See Georgeta Basarabescu，“Unsolicited Commercial Messages- Accurate Reality of the Nowadays Informational Society”，*AGORA International Journal of Juridical Sciences* 13，2008，p. 19.

且可大量复制等特点，更容易造成对消费者的骚扰。[47]现实空间中高昂的成本迫使商家只在期待利益巨大的前提下投放垃圾邮件，成本成为垃圾邮件能否禁止的关键因素[48]。在营销短信场景下，为了落实当事人的同意，采取更加积极的选择进入方式更为合适。

（三）小结：如何作出选择

在营销短信的场景下，商家将获得用户同意发送营销短信的条款加入“一揽子”隐私政策中，有违用户的隐私期待。用户为使用商家提供的服务所达成的现时性商事契约合意，并不能代表其愿缔结长期商事契约之意思。商家在未取得用户对此的单项同意前，自动向用户推送商业短信的行为不符合目的限制与最小使用原则。用户与平台之间基于“商事合意”，将自己的一部分权利让渡给平台，便于平台进行管理。对于用户来说，平台积累的资金和技术等资源优势，对用户产生了事实上的支配与控制力，基于双方地位与实力的差距而逐渐产生不平等性，发展成为一定意义上的管理与被管理关系。面对入驻平台的众多商家，用户寻找侵权人也是极大的负担，要想有针对性地申诉是极为困难的。且往往因为用户与入驻商家只有最基本的民事合同关系而陷入只得依靠隐私政策的怪圈，用户真正的权利被架空而无法得到保障。对于网络平台来说，用户通过注册使用平台提供的服务，寻找交易对象，与入驻商家进一步达成合同，依据的仅有平台提供的全平台通用的隐私政策。因此，平台对于营销短信具有监督管理义务。

之所以能够得出选择退出模式在单个商家—用户之间的关系中仍处于失效和被架空的境地这一结论，是因为在营销短信场景下，选择进入模式更符合社会期待。社会惯常认为商业活动不应在任何时间或频繁打扰个人独处时间。未经用户同意的营销短信侵害了隐私权中的安宁权，看似商家能够迅速精准对接用户，只花费低成本便能获得潜在的商业利益，实则是对商业自身的威胁。正如欧盟在《关于未经请求的商业通信或“垃圾信息”》（Opinion on Unsolicited Commercial Communications or “Spam”）中指出的那样，它意味着商业额外的花

〔47〕 参见林玫君：《论个人资料保护法之“当事人同意”》，载《东海大学法学研究》2017年第51期。

〔48〕 参见［美］劳伦斯·莱斯格：《代码2.0：网络空间中的法律》（修订版），李旭、沈伟伟译，清华大学出版社2018年版，第265页。

销，是商业失去生产力的表现，也在暗中削弱消费者信心。建议商家和平台使用选择进入模式，在用户进入 App、网站注册或缔结合同之时，将同意接收营销短信作为单独同意的选项，征得用户同意。

五、结　论

在未发现更好的保护个人信息的方法之前，仍需要对我国《个人信息保护法》确定的“告知—同意”原则进行细化，对此需要聆听个人的声音，给予个人更多的选择余地。可采取的措施之一是根据情境脉络完整性理论，探寻不同场景中的社会期待，据此形成公认的“告知—同意”方式，例如探索采用选择进入模式还是选择退出模式更有利于长远利益。场景化的探索是一种将法律与社会价值对接的方式，使法律不致在科技发展的过程中丢失它公平和正义的信任之基。

由于我们害怕产生分歧，所以我们不愿意把我们的道德信念和精神信念带进公共领域。但是，从这些问题中退缩，并不会使它们处于免受决定的状况中。这只是意味着，市场会替我们来决定何去何从。[49] 尤其是随着人工智能应用的深入，更加注重“用户体验”，专家是必要的，但公民的参与才是根本的。

---

〔49〕［美］迈克尔·桑德尔：《金钱不能买什么》，邓正来译，中信出版社2012年版，第238页。

在瘟疫中呼喊公义
——从探索“残疾之间的歧视”审视改革香港《残疾歧视条例》的发展方向

赵文宗*

摘　要　2020年春，香港特区政府因新型冠状病毒肺炎疫情，提出在不同地区设立“指定诊所”。这些诊所会诊治轻微发烧或出现上呼吸道感染病征的病人。此政策引来各区部分居民强烈反对。这类反对，按香港《残疾歧视条例》，是否属歧视呢？本文分别从传统自由主义公义论、新兴后人类哲学和中华老庄文化审视香港反歧视法对“残疾”的定义是否出现问题：法律应否承认“残疾之间的歧视”？又或者，我们是否根本不需要“残疾”这一主体？本文并尝试在重构公义的脉络下，探讨修改《残疾歧视条例》及反歧视政策的可能。

关键词　残疾之间的歧视　残疾　公义　后人类哲学　老庄学说

前言：香港《残疾[1]歧视条例》的缺憾

2020年1月22日，香港发现首宗新型冠状病毒肺炎病例。2月6日，特区

---

* 赵文宗，杭州师范大学法学院特聘教授，澳洲南十字星大学法律学院访问教授，主要研究方向：法理学、比较法。

〔1〕 按《残疾歧视条例》第2条，残疾“就任何人而言，指：（a）该人的身体或心智方面的机能的全部或局部丧失；（b）全部或局部失去其身体任何部分；（c）在其体内存在有机体而引致疾病；（d）在其体内存在可引致疾病的有机体；（e）该人的身体的任何部分的机能失常、畸形或毁损；（f）由于失调或机能失常引致该人的学习情况与无此失调或机能失常情况的人的学习情况有所不同；或（g）影响任何人的思想过程、对现实情况的理解、情绪或判断，或引致行为紊乱的任何失调或疾病，亦包括（i）现存的残疾；（ii）曾经存在但已不再存在的残疾；（iii）在将来可能存在的残疾；或（iv）归于任何人的残疾”。

有论者认为“残疾”（字面上指“又缺又病”）一词完全负面，假设“非残疾”就是健康整全（健全）；对有关人士的社会/自我形象造成极坏影响，参见徐斯然：《以身体为维度：新时期中国电影中残疾人形象的文化嬗变（1978—2017）》，http：//gb. oversea. cnki. net/KCMS/detail/detail. aspx? filename = 1014418910. nh&dbcode = CDFD&dbname =CDFDREF，最后访问日期：2020年2月20日。香港树仁大学英文系原主任王建元教授就曾建议，使用“伤健”一词。

政府公布 18 间“指定诊所”的名单；这些诊所会专门诊治轻微发烧或出现上呼吸道感染病征的病人。设立指定诊所是希望于小区找出怀疑感染个案及早处理，减少传播的机会。不幸的是，不论专家多努力解释，暴力反对在小区设立指定诊所的事件依然无日无之。[2] 香港平等机会委员会[3] 主席朱敏健在 2 月 11 日发表声明：

> 香港正面对严峻考验，社会各界和市民需团结一致、通力合作推行抗疫措施。我们必须时刻保持理性，更应避免作出分化、制造社会矛盾和歧视性的言论及行为。在对抗疫情的同时，我们亦应以同理心，体恤有需要的人士……平机会（香港平等机会委员会）衷心希望，所有受疫症影响的人士，都能有平等机会，获取应有的服务和治疗。[4]

---

〔2〕 2020 年 2 月 8 日，葵涌伍若瑜夫人健康院因被列为新型冠状病毒肺炎轻症指定诊所而被投掷汽油弹，参见《葵涌健康院再遭投掷汽油弹医管局谴责吁停破坏行为》，明报，https://news.mingpao.com/ins/%e6%b8%af%e8%81%9e/article/20200214/s00001/1581648274492/%e3%80%90%e6%ad%a6%e6%bc%a2%e8%82%ba%e7%82%8e%e3%80%91%e8%91%b5%e6%b6%8c%e5%81%a5%e5%ba%b7%e9%99%a2%e5%86%8d%e9%81%ad%e6%8a%95%e6%93%b2%e6%b1%bd%e6%b2%b9%e5%bd%88-%e9%86%ab%e7%ae%a1%e5%b1%80%e8%ad%b4%e8%b2%ac-%e7%b1%b2%e5%81%9c%e7%a0%b4%e5%a3%9e%e8%a1%8c%e7%82%ba，最后访问日期：2020 年 2 月 13 日。2 月 9 日，香港西贡区及大埔区均发生反对设立新型肺炎检疫中心或诊所的示威，参见《多区示威反对设新型肺炎检疫中心或诊所 警方在西贡拘 7 人》，新城广播，http://www.metroradio.com.hk/News/live.aspx?SearchText=&NewsId=20200210030348&page=0，最后访问日期：2020 年 2 月 13 日。2 月 11 日，一批街坊及示威者，在葵涌快闪堵路，反对特区政府“在葵盛围设立新冠肺炎指定诊所，警方赶至，黑衣人逃去，冲锋队警员及后在葵联邨对开空地，截获 12 名男女(14—18 岁)，其中 6 人为学生”，参见《反检疫诊所接连堵路拘 12 人 最小 14 岁》，星岛日报，https://std.stheadline.com/sc/daily/article/2149476/%E6%97%A5%E5%A0%B1-%E6%B8%AF%E8%81%9E-%E5%8F%8D%E6%AA%A2%E7%96%AB%E8%A8%BA%E6%89%80%E6%8E%A5%E9%80%A3%E5%A0%B5%E8%B7%AF-%E6%8B%9812%E4%BA%BA%E6%9C%80%E7%B4%B014%E6%AD%B2，最后访问日期：2020 年 2 月 14 日。

〔3〕 香港平等机会委员会是一个法定机构，负责执行《性别歧视条例》(《香港法例》第 480 章)、《残疾歧视条例》(《香港法例》第 487 章)、《家庭地位歧视条例》(《香港法例》第 527 章) 及《种族歧视条例》(《香港法例》第 602 章)。

〔4〕 参见《平机会呼吁大众以理性包容态度和同理心对待受新型冠状病毒肺炎影响人士及相关设施》，平机会，https://www.eoc.org.hk/eoc/graphicsfolder/ShowContent.aspx?ItemID=16520，最后访问日期：2020 年 2 月 13 日。

即使如此，事件一度愈演愈烈，在3月终于停止；而设立“指定诊所”的政策亦一度名存实亡不了了之。[5]问题是：这些诊所一直存在，提供普通科门诊服务，过去相安无事，现在要改为专门处理轻微发烧或出现上呼吸道感染病征的病人（不一定是新型冠状病毒肺炎病人），就惹来激烈反抗，这是否构成“残疾之间的歧视”（Inter-disability Discrimination）？而香港现行《残疾歧视条

〔5〕 2月14日，葵涌伍若瑜夫人健康院再遭投掷汽油弹，参见《葵涌健康院再遭投掷汽油弹医管局谴责吁停破坏行为》，明报，https：//news. mingpao. com/ins/% e6% b8% af% e8% 81% 9e/article/20200214/s00001/1581648274492/% e3% 80% 90% e6% ad% a6% e6% bc% a2% e8% 82% ba% e7% 82% 8e% e3% 80% 91% e8% 91% b5% e6% b6% 8c% e5% 81% a5% e5% ba% b7% e9% 99% a2% e5% 86% 8d% e9% 81% ad% e6% 8a% 95% e6% 93% b2% e6% b1% bd% e6% b2% b9% e5% bd% 88-% e9% 86% ab% e7% ae% a1% e5% b1% 80% e8% ad% b4% e8% b2% ac-% e7% b1% b2% e5% 81% 9c% e7% a0% b4% e5% a3% 9e% e8% a1% 8c% e7% 82% ba，最后访问日期：2020年2月13日。“一批葵青区区议员昨（2月15日）发起游行，反对南葵涌诊所定为指定诊所，有数百人响应。另有网民昨午发起‘守护长沙湾’行动，反对当局用区内的赛马会门诊作指定诊所”，参见星岛日报，https：//hd. stheadline. com/news/daily/hk/834462/% E6% 97% A5% E5% A0% B1-% E6% B8% AF% E8% 81% 9E-% E5% A4% 9A% E5% 8D% 80% E5% B8% 82% E6% B0% 91% E9% 81% 8A% E8% A1% 8C% E6% 8A% 97% E8% AD% B0% E5% 8F% 8D% E5% B0% 8D% E8% A8% AD% E6% 96% B0% E8% 82% BA% E7% 82% 8E% E8% A8% BA% E6% 89% 80，最后访问日期：2020年2月19日。2月23日，有大约300名市民不满屯门仁爱分科诊所用作指定诊所，参见《300市民游行反对屯门指定诊所》，明报，https：//news. mingpao. com/pns/% e8% a6% 81% e8% 81% 9e/article/20200224/s00001/1582482909726/300% e5% b8% 82% e6% b0% 91% e9% 81% 8a% e8% a1% 8c% e5% 8f% 8d% e5% b0% 8d% e5% b1% af% e9% 96% 80% e6% 8c% 87% e5% ae% 9a% e8% a8% ba% e6% 89% 80，最后访问日期：2020年2月24日。同日晚上，九龙湾丽晶花园有人群聚集，“抗议政府用毗邻的九龙湾健康中心，设立新型冠状病毒病人的指定诊所……游行人士在游行期间高喊‘反对肺炎指定诊所’、‘丽晶人反抗’、‘自己家园自己救’等口号”，参见《丽晶花园再有人游行反对肺炎指定诊所》，东方日报，https：//hk. on. cc/hk/bkn/cnt/news/20200223/bkn—20200223212554893-0223_ 00822_ 001. html，最后访问日期：2020年2月24日。2020年3月18日，反对者入禀香港法院要求法院宣布设立指定诊所无效，参见《市民入禀复核指定诊所选址》，明报，https：//news. mingpao. com/ins/% E6% B8% AF% E8% 81% 9E/article/20200318/s00001/1584509936702/% E5% B8% 82% E6% B0% 91% E5% 85% A5% E7% A8% 9F% E8% A6% 86% E6% A0% B8% E6% 8C% 87% E5% AE% 9A% E8% A8% BA% E6% 89% 80% E9% 81% B8% E5% 9D% 80，最后访问日期：2020年3月23日。2022年，由于香港疫情严峻，医管局终于开设指定诊所；但仍有少量反对声音，参见《林郑：筹备设专属的士车队接送患者往指定诊所》，NOW TV，https：//news. now. com/home/local/player? newsId =466522，最后访问日期：2022年4月27日。

例》又可否处理此种歧视呢?

(一)《残疾歧视条例》:以比较判定歧视的方程式

按条例导言,《残疾歧视条例》旨在针对任何残疾人士或与其有联系人士(包括家属及照料者)的“歧视”;将针对残疾人士和与其有联系人士的“骚扰”及“中伤”定为违法。条例第2条第1款将残疾定义为:

> 一、有关人士的身体或心智方面的机能的全部或局部丧失;
>
> 二、全部或局部失去其身体任何部分;
>
> 三、在其体内存在有机体而引致疾病;在其体内存在可引致疾病的有机体;
>
> 四、该人的身体的任何部分的机能失常、畸形或毁损;
>
> 五、由于失调或机能失常引致该人的学习情况与无此失调或机能失常情况的人的学习情况有所不同;或
>
> 六、影响任何人的思想过程、对现实情况的理解、情绪或判断,或引致行为紊乱的任何失调或疾病。

故此,不论是否已染上新型冠状病毒肺炎,只要是发烧或出现上呼吸道感染病征的人士便符合条例所订明的残疾人士定义。

歧视分两种:直接歧视与间接歧视。直接歧视是指:残疾人士因身体情况遭到比非残疾人士/健全(健康整全)人士更差的对待,也就是以后者作“比较标准”(Comparator);而间接歧视是指:在划一标准下,实际结果对残疾人士不利。平机会提供了以下例子:“一名学生患上糖尿病,需经常到医院接受治疗,因而未达校方的一般出席率要求,学校因此在操行分方面给予他较差的等级。”[6]需注意的是,是否残疾歧视也要看该受委屈人士所处境况。譬如,要视力健康才可担任航空员,明显就是歧视;但由于是真正职业资格,所以合法。

问题是,在直接歧视的规定下对两种不同残疾有不同待遇,即残疾之间的歧视是否属《残疾歧视条例》下的歧视?我们可否以一种残疾面对的待遇作为另一种残疾的比较标准?

---

[6] 参见《香港平等机会委员会:残疾歧视条例教育实务守则》,平机会,https://www.eoc.org.hk/eoc/otherproject/chi/color/youthcorner/education/cop_edu/cop_edu_b.htm#_Toc514235912,最后访问日期:2020年2月17日。

（二）Law Chi-yuen 对香港教育局局长[7]：不存在的残疾之间歧视

香港法院原讼法庭其实在 Law Chi-yuen 一案曾处理过残疾之间的歧视问题。该案涉及香港教育制度中的特殊学校及英语教学。特殊学校的学生都是智力出现问题（Intellectual Disability，以下简称 ID）或有其他残疾（以下简称 non-ID），两类学生分别到两种不同的特殊学校上课。根据香港的教育政策，各学校均可以在“中央课程”（The Central Curriculum）的大框架下就自己学生的需要及兴趣发展各自的校本课程。[8]然而，课程发展议会的“只涉及 ID 学生的补充学科指引”（Supplementary Subject Guides for ID Students Only）却没有提及英语教育。[9]原因是：ID 学生因智力问题不及“正常”（Normal）学生及 non-ID 学生，所以无须一定学习英语。[10]吊诡的是，某些智力有问题的学生因其主要残疾属其他残疾（如视障、听障）而定性为 non-ID 学生，因此必须学习英语。ID 学校仍可借发展“校本课程”教授同等程度英语，但这却不是政府要求的。问题来了：香港教育局一直为需教英语的学校提供“以英语为母语的英语教师”（Native English-speaking Teachers，NET）计划；但 ID 学校由于无须一定教授英语，所以不论它们已在校本课程下教授英语多少年，都不能向香港教育局申请参与 NET 计划。[11]是故，原讼人（一名 ID 学生）入禀法庭，申请推翻香港教育局的政策及有关决定，理由之一即香港教育局的决定是直接歧视，亦即违反《残疾歧视条例》。

代表原讼人的是香港人权法专家戴启思资深大律师[12]（Philip Dykes SC）。他认为要证实残疾歧视发生，是将受屈人的遭遇与非残疾人士或与受屈人受不同残疾影响的人士比较，后者就是残疾之间的歧视。[13]戴启思指出：无论把原讼人与“正常”学生或 non-ID 学生比较，原讼人都遭受直接歧视，因为：（1）原讼人与“正常”学生攻读同等程度的英文课程，但只有后者可享受 NET 计划；及

---

〔7〕 Law Chi Yuen v. Secretary for Education [2011]，HCAL 91/2011.

〔8〕 Law Chi Yuen v. Secretary for Education [2011]，HCAL 91/2011，para 24，27.

〔9〕 Law Chi Yuen v. Secretary for Education [2011]，HCAL 91/2011，para 31.

〔10〕 Law Chi Yuen v. Secretary for Education [2011]，HCAL 91/2011，para 42.

〔11〕 Law Chi Yuen v. Secretary for Education [2011]，HCAL 91/2011，para 57.

〔12〕 戴启思资深大律师两次出任香港大律师公会主席（2005—2006 年，2017—2020 年）。

〔13〕 Law Chi Yuen v. Secretary for Education [2011]，HCAL 91/2011，para 66.

（2） 当原讼人与 non-ID 学生比较时，亦只有后者可享受 NET 计划。[14] 主审的区庆祥法官虽然接纳论点 （1） 并裁定香港教育局的政策构成直接歧视，[15] 但却简单指出：凭字面解释及立法过程，香港立法会并没有企图把残疾之间的歧视纳入《残疾歧视条例》。[16]

简单而言：原讼人在 Law Chi-yuen 一案胜诉依赖的是论点 （1）；然而不同残疾影响人士受到不同的对待却得不到法律保障。在抗议设立指定诊所事件上，轻微发烧或出现上呼吸道感染病征的病人受部分市民排挤就是一例。在那特定情况下，她/他们的遭遇没有比较标准——健全人士不会去指定诊所，唯一可供比较就是其他残疾人士（譬如行动不方便人士）。可是此模拟比较，即残疾之间（如轻微发烧或上呼吸道感染病征 vs. 行动不方便） 的歧视，却不被法律法庭承认。问题出在哪里？我们可先从审视被普遍认为反歧视法律 （如性别歧视） 指导思想的罗尔斯（Rawls）“公义论”[17]（A Theory of Justice） 开始。

公平起点，保障能力：“公义/能力论” 的一念无明

罗尔斯的理论按自由 （法律） 主义 （Liberal Legalism） 假设社会资源不能满足所有人所有欲望和需要，因此在分配资源时虽以“每人都有平等机会” 作第一原则，但又必须先照顾最弱势群体。[18] 这种态度就是当代反歧视法的起点。要令社会众生都按“公义论” 办事，罗尔斯依赖的是资本主义脉络下发展出来的自由主义（Liberalism） 本位“社会合约”（Social Contract）。[19] 这理论假设每人均是自由、独立、平等和（同属正常范围内的） 理智的，而各人“生命计划”（Life Plans） 及基本需要也应相差无几。罗尔斯又假设众生都生存于“无知之幕”（Veil of Ignorance） 之后，不知各自可分配多少资源，所以她/他们均应会同意订立这份建基于公义论的社会合约，以确保自己可获分配最弱势群体应

〔14〕 Law Chi Yuen v. Secretary for Education ［2011］，HCAL 91/2011，para 69 –73.

〔15〕 Law Chi Yuen v. Secretary for Education ［2011］，HCAL 91/2011，para 136.

〔16〕 Law Chi Yuen v. Secretary for Education ［2011］，HCAL 91/2011，para 87.

〔17〕 又译作 “正义论”。

〔18〕 John Rawls，*A Theory of Justice*，Harvard University Press，1971，pp. 126 –127.

〔19〕 Hobbes Thomas，*Leviathan*，Cambridge University Press，1991.

有的份额，并完成生命计划。[20]换言之，酷爱公义及富有同情心都不是参与社会公义合约的动机，纯粹是得与失的理性比较结果。[21]

正如努斯鲍姆（Nussbaum）在《正义前沿》（*Frontiers of Justice：Disability，Nationality，Species Membership*）一书中指出，自由主义对成熟（Mature）人格的假设就是罗尔斯理论的其中一个弱点：[22]残疾人士（如自闭及瘫痪）作为弱势，就不一定可以独立及理智。易言之，残疾人士不一定有决定参与社会合约的能力，亦可能只会成为社会的负担。罗尔斯的理论根本处理不了残疾的生命计划之余，也排斥了无偿残疾照顾者（如家人）的生命计划。[23]公义论另一缺陷是：即便真有无知之幕，幕后的人又做了当下最理智最好的决定；但之后，该人可能生病或生意外变成残疾，那她/他又可如何修订合约？是否须退出社会合约？明显，罗尔斯堕入自由主义二分世界观，认为人可分“精神”和“身体”，且着重理智、忽略健康，无法体会身体状况对生命计划的影响。事实上，他明白以上缺点，却无法处理，唯有建议迟点才处理残疾的问题。但试问：一个不能解决残疾（尤其是严重残疾不能自理者）当前困境的公义理论是否真正公义？[24]

努斯鲍姆于是提出另一套公义观——能力论（Capabilities Approach）：她提出了十项对全人类尊严（Dignity）最重要的能力：生存、健全、身体机能（Integrity）、感觉/想象/思想、情感、理智（Practical Reason）、与其他人类生活、可与其他物种生活、娱乐（Play）及控制环境能力；公义必须以保障这十项能力为目的。[25]而社会为维持公义便须保证残疾可享有这十项能力；譬如：社会须建设视障人士引导径和给予严重残疾未成年人照顾者更多资源。她特别推崇

[20] John Rawls，*A Theory of Justice*，Harvard University Press，1971.

[21] John Rawls，*Political Liberalism*，Columbia University Press，1996.

[22] Nussbaum Martha，*Frontiers of Justice：Disability，Nationality，Species Membership*，The Belknap Press，2006，p. 28.

[23] Nussbaum Martha，*Frontiers of Justice：Disability，Nationality，Species Membership*，The Belknap Press，2006，p. 112.

[24] Sen Amartyn，“Welfare Inequalities and Rawlsian Axiomatics”，*Theory and Decision* 7，1976，pp. 243 –262.

[25] Nussbaum Martha，*Frontiers of Justice：Disability，Nationality，Species Membership*，The Belknap Press，2006，pp. 76 –78，85.

美国的《残疾个人教育法》（Individuals with Disabilities Education Act），此法要求各州列出需要照料但未被政府留意的残疾未成年人，并在家长照顾她/他们时给予充分支持。[26]与罗尔斯公义论不同，努斯鲍姆的能力论，一是没有清晰原则及步骤，只问结果（Outcome）；二是不注重合同成立，所以不理各人是否理智独立；三是不问回报，所以将同情心视为追求创建公义的动力。[27]

回看香港的情况，由于早将残疾排斥在外，罗尔斯公义论是否可作为《残疾歧视条例》的基础也有争论，亦根本不能处理残疾之间的差别待遇。[28]而按努斯鲍姆能力论，残疾之间的差别待遇应根本不会出现；但她又如何证成那十项能力适用于所有人？健康人士与健康人士之间、健康人士与残疾人士之间、残疾人士与残疾人士之间，又会否对十项能力有不同优次不同诠释？要确保所有残疾人士（如自闭、严重智障）都享十项能力，又是否可能？

后人类（Posthuman）视点的扩散：遗忘同质主体

由于自由（法律）主义二分化世界观，比较及寻求比较标准变得十分重要。在这视点下，不比较的话，人类便无从自我定位。自笛卡儿（Descartes）以来，人类都是以二元对立、否定的视角去自我定义；换言之，我们唯有借比较知道“人类不是什么”，才能体会自己是什么。[29]我们也唯有比较，才知有否歧视。反歧视（法律）既是针对人类，为人类定义当然重要。譬如，我们知道自身不是动物，不是昆虫，不是机器，所以就是人类；因此，我们不必奇怪德希达（Derrida）和德勒兹（Deleuze）都分别（不自觉）用动物来作人类死亡/生命理论的其中一项依归。[30]

（一）众生同质只是沦落神话？

上面这种通过把其他物类“他者化”（Otherization）定义人类的方法，结

---

〔26〕 Nussbaum Martha, *Frontiers of Justice: Disability, Nationality, Species Membership*, The Belknap Press, 2006, p. 205.

〔27〕 Nussbaum Martha, *Frontiers of Justice: Disability, Nationality, Species Membership*, The Belknap Press, 2006, pp. 87, 89, 90.

〔28〕 Brighouse Harry, “Can Justice as Fairness Accommodate the Disabled”, *Social Theory and Practice* 27 (4), 2001, pp. 537-560.

〔29〕 Braidotti Rosi, *Posthuman Knowledge*, Polity Press, 2019, pp. 6 -7.

〔30〕 Derrida Jacques, *The Animal that therefore I am*, Fordham University Press, 2008; Deleuze Gilles, *Pure Immanence*, Zone Books, 2003.

果就是容易忽略人类之间的差异，先验地假定每个人都应是同质一元，而同质就是平等，就是公义的起始；即使因出身或意外，构成不一致，各人也应享平等机会。尼采（Nietzsche）认为执着这种信念的人，一概是俗众（Herd）—— 她/他们不接受面前不平等的对待，[31]对一直以来的苦难歧视感到愤恨（Ressentiment），因此便寻求最大公约数，设立规范法律（如人权法），迫使众生［包括俗众和精英（Noble）］生存于一个鄙视仇视差别的社会。[32]尼采甚至认为，俗众为了要在此无分别社会行动生存，创建理智自主的同质的人类主体，[33]而主宰一切人类主体命运的就是理智的上帝［也即是拉康（Lacan）理论的主宰能指（Master Signifier）］。此种主体不单有行动能力，亦可感觉感受。在这脉络中，理智是二分法的必要重点，是区分人类（理智）与非人类（欲念）的标准。请注意：俗众与精英之别在于对生命社会的态度，而不是体力智力的差距，此种二分更并非本质差别。换言之，在今天的社会，俗众不是指基层人民，也可指有权力人士；残疾人士更不会是必然俗众或弱势。

俗众关于平等的概念正是努斯鲍姆能力理论的盲点——她提出的能力都是从健全（理智）人士角度出发；残疾人士与健全人士当然不一样，前者可否或可会有其他想法？人权法又是不是同一道理调子：它毋宁就是企图把众生定于一格，然后赋予自以为是自有永有的权利。[34]

俗众此世界观（二元观及众生平等）只会将不公平的现实归咎他者（如精英），从而逃避审视自身问题。尼采反其道而行，挑战一致化同质化，认为面对、接受差别更重要。当人感到的内涵越丰富，灵魂的音乐与噪音越多元，他便越能感受自然和谐的力量。[35]

---

〔31〕参见［英］安东尼·卢多维奇：《尼采问：谁会是世界的主人》，五南出版 2016 年版，第 60 页，第 62 页。

〔32〕参见赵刚：《跳出妒恨的认同政治，进入解放的培力政治——串联尼采和工运（或社运）的尝试思考》，载《台湾社会研究季刊》，1998 年第 30 期，第 125 页。

〔33〕Braidotti Rosi，*The Posthuman*，Polity Press，2013，p. 6.

〔34〕Badiou Alain，*The Century*，Polity Press，2007，p. 169.

〔35〕See Nietzsche Friedrich，*Human*，*All too Human*，T N Foulis，1910，p. 118. 原文为：［T］he richer man now feels himself inwardly，the more polyphonous is the music and the noise of his soul the more powerfully the symmetry of nature works upon him。

他认为人类拥有多种相冲突相矛盾的驱力(Drive),[36] 由于驱力决定审视世界的视点,唯有多元及不确定才是唯一不变的现实。[37]

(二) 飞越稳定不变的主体(联结)

尼采指出世界充满差异,差异从何而来?正如帕顿(Patton)所言,尼采的分析可视为德勒兹差异、权力及欲望理论的基础、基调。[38] 德勒兹相信欲望借拉扯微幼线(Molecular)转变世界。[39] 德勒兹借用斯宾诺莎(Spinoza)对情感(Affect)的推论,指出欲望就是情感的延伸;[40] 而欲望则可推动身体的改变,建构自身的转化,形成差异。[41] 也即是说身体(及身份)不会停留在静止状态,而是不停转变(正如人会生病会复原)。德勒兹称此为"转化生成"(Becoming)。最吊诡的是转化生成又会激发情感,触动欲望,再引发转化生成,永不休止。简言之,人类不再一元同质,而是多重变化体;人类不再单由理智主宰,情感欲望都是定义/转化人类的动力。[42] 这正是罗尔斯和努斯鲍姆的盲点——主体多重多元[43] 流动变化,根本不可能一概而论;人类不单不一定理智行事,企图用十项能力概括全人类更是天方夜谭。最佳例子就是企图把残疾学生二分为 ID 及 non-ID,结局就是部分 ID 被认作 non-ID 且可参与 NET 计划。

简单地说,转化生成就是探讨并拆解既有约定俗成的联结,即"去辖域化"(Deterritorialization)。此技术当然也可用于审析人际关联(Connection),譬如性别互动。过去男尊女卑父权社会结构中性别关联当然已被修正七七八八,然而,当中盲点禁区仍在。法律上,婚内强奸豁免权仍存在(明显是对女性不信任,

---

[36] 跟随尼采的说法,驱力乃"欲望"的一种(呈现)。参见刘昌元:《尼采》,联经出版 2016 年版,第 107 页。

[37] Smith, "Two Concepts of Resistance", in Morar, Nail & Smith (eds), *Between Deleuze and Foucault*, Edinburgh University Press, 2016, p. 271.

[38] Patton, "Immanence, Transcendence, and Rights", in De Sutter, Laurent & McGee Kyle (eds), *Deleuze and Law*, Edinburgh University Press, 2012, p. 22.

[39] 必须强调由微幼线牵动的改革相当缓慢,因任何改变亦同时受粗壮线(Molar,即现存社会机制及传统文化)的牵制。See Deleuze Gilles, *Pure Immanence*, Zone Books, 2003.

[40] Braidotti Rosi, *Posthuman Knowledge*, Polity Press, 2019, p. 47.

[41] 参见杨凯麟:《分裂分析德勒兹》,河南大学出版 2017 年版,第 104 页。

[42] Braidotti Rosi, *The Posthuman*, Polity Press, 2013, p. 39.

[43] 多重、多元,英文都是 Multiplicities,但意义有差别:多重是相对独特(Singularity)的,譬如一人有多种残疾;多元是相对单元(Monolithic)的,譬如残疾有多种。

以为丈夫易遭女性诬告勒索)；语言上，正常语言仍有性别差异（“男女”“夫妻”可以，“女男”“妻夫”不可）。德勒兹学派认为要纠正此等歧视，方法是“生成女性”（Becoming Women）。[44]生成女性并不是指将男性器官重新排序成女性，或让男性代入女性角度看世界，此乃重蹈俗众一元主体本质论。转化生成并非由点1转变成点2的一次性单方向线性变形。[45]按德勒兹的解释，生成女性是由女性情感/欲望牵动微幼线引发男性的转变，之后又倒过来带动女性（情感/欲望）的变化。结果就是新的人类主体出现；此种人类主体不似一元主体般钢板一块，不再受固定性别框架窒碍，而是充满变化，充满活力。主体之间经去辖域化后再度联结，是为“再辖域化”（Reterritorialization）。当然，再辖域化不是一劳永逸；主体情感/欲望的波动不停，只会引致去辖域化再发生。

转化生成引致的改变当然可从身体的认知开始；此视点令我们体会人体“不再是一假设相互协调的组织体而成为‘无器官身体’（Body without Organs，或译‘没有器官的身体’）”。[46]无器官身体意指身体器官的排序并不僵化，而是多样可能。医学对器官的排列根本从未有一致定论（西医传统与中医五行不同，中医门派更多如繁星）；再加科技发展，女男之分也因性别重置技术变得不确定。再推而广之，残疾的定义也要重新厘定——可能根本就没有健全/正常身体的恒常定义：美容整形是正常，为什么易性是怪胎？好莱坞超级英雄电影《无敌浩克》中的男一号因受伽马射线照射，身体发生变异，每当动怒时，他便不由自控变成绿色巨人。那他是否病人、是否残疾？假如他是不正常的话（情绪失控便变形），为什么还被发掘成超级英雄，加入复仇者联盟？残疾之间的差异也大——由肢体异常到智力受损，从外表变形到多重病发，当然不可一概而论。

总括而言，“生成弱势”（Becoming Powerless，弱势例子除女性及残疾外，也包括未成年人及老人）及不断颠覆歧视覆权就是德勒兹学派生产的公义。如果“生成女性”是矫正性别歧视的政策方向，那“生成残疾”（Becoming Disabilities）又是否为德勒兹学派公义的另一呈现？生成残疾即由残疾人士的情感/欲望转变为健全人士的主体，从而质疑重建法律对健全健康的定义。问题是，当女性还可“健全地”与

---

〔44〕 Jenkins Barbara，*Eros and Economy*，Routledge，2017，p. 26.

〔45〕 Bankston Samantha，*Deleuze and Becoming*，Bloomsbury，2019，p. 96.

〔46〕 参见杨凯麟：《分裂分析德勒兹》，河南大学出版 2017 年版，第 118 页。夏可君：《身体：从感发性、生命技术到元素性》，北京大学出版社 2013 年版，第 181—182 页。

男性宰制斗争时，残疾人士（如病患）又是否有客观的社会资源资本去挑战歧视者？假如非性别化与生成女性可相辅相成，“非能力化”（De-abilitization）又是否是一个可行选项？譬如：香港部分市民反对在自己小区附近设立指定诊所，轻微发烧或出现上呼吸道感染病征的病人会有时间有资源有体力去对抗健全人士的死板主体吗？在疫情高峰，贸然将法律非能力化又是否能对残疾人士提供其所急需的保障？

后人类视点下闪亮的残疾主体：去人类本位的企图

转化生成既能挑战人类对身体的理解、人类关系的拉扯，当然也可整合人类与科技及环境的互动。随着网络科技光速发展，模拟世界与常理世界界限开始模糊，人类与科技/环境的互动日渐不明显。原因简单：人类不再单向操控世界，不再是万物之灵；人类反而要依靠模拟数据（如网上游戏的身份、个人在不同网站应用上的不同密码）来定义设定自己。[47]人类不再是灵性智慧理智加身体器官欲念的二元合成，而是一个仿真数码产品，是科技人类的融合。[48]再执着于人类是否“理智”“欲念”二分已没意思，争论“人类vs.科技”更无聊无意义。“深蓝”（Deep Blue）比棋王头脑厉害，机械人比医生手艺精细，早已是不争现实。后人类哲学就是在这脉络中蓬勃发展起来。[49]

后人类哲学秉承尼采视点质疑以人类为本位（Anthropocentric）的一切学术体系（包括法律）。[50]它挑战由人类本位发展的一切二元论（理智vs.欲念、人类vs.科技、女vs.男、健全vs.残疾……）；并继承德勒兹学派的理论，企图开发多元多重的关联。诚言之，人类本位世界观局限了人类变更的可能；[51]而在后人类哲学中，人类转化生成无限可能——不再局限于弱势社群，可以是“生成机械”（Becoming Machine）、“生成动物”（Becoming Animal）、“生成植物”（Becoming Plant）。这根本就是把去辖域化推至另一层面，把人类边缘化，

---

〔47〕 Wilson Scott, "Gnomonology: Deleuze's Phobias and the Line of Flight between Speech and the Body", in Nedoh, Bostjan & Zevnik, Andreja, (eds), *Lacan and Deleuze: A Disjunctive Synthesis*, Edinburgh University Press, 2018, p. 20.

〔48〕 Deleuze, Gilles & Guattari, Felix, *What is Philosophy?*, Columbia University Press, 1994.

〔49〕 Haraway Donna, *Simians*, *Cyborgs and Women*, Free Association Press, 1990.

〔50〕 Braidotti Rosi, *Posthuman Knowledge*, Polity Press, 2019, pp. 2, 8.

〔51〕 Murray Stuart, *Disability and the Posthuman*, Liverpool University Press, 2020, pp. 11 -12.

把当下人类本位世界观非中心化。后人类哲学鼓励我们利用科技高速（尤其是信息/生物技术）发展的机遇，成为世界蔓藤（Rhizome）的一部分，而不是（再竭力）企图控制世间事物的局外人。[52] 人类主体不再单独隔离存在，主体成为累积关联——纯人类不再是（俗众自以为是的）行动主体，人类需与他者（如计算机、数据）共生共存后生成后人类主体。然而，必须强调：此去辖域化并不是完结，只要新事物出现，去辖域化便会再启动。

以残疾人士为例，随着科技发展，她/他们不再必是永久弱势；主体流动的可能“也显露了罗尔斯理论忽略多重（残疾）主体的弱点”。[53] 事实上，现时信息/生物科技已发展了取代人类神经系统的仿真“身体”。[54] 合成人[55]（Cyborg）其实已出现（当然未能如电影《攻壳特攻队》及《阿丽塔：战斗天使》中的女主角十八般武艺那样厉害），譬如，瘫痪人士借电流刺激神经与人沟通（如霍金），借助行走辅助器具可站立走路。[56] 基于科技，残疾（Disability）不再是以健全为依归世界观下的弱势，而是“不同能力者”（Different Ability）。[57] 这种后人类主体甚至比（原生）人类与世界各方面及彼此之间更有效关联互通，知识创造因此（如光速指令周期）将会更快捷更有效。[58] 残疾可以不再自视为次于健全的、对社会没贡献的弱势群体，科技成为充权的途径；残疾因而给予人类

---

〔52〕 蔓藤（Rhizome）一词沿袭自德勒兹。他认为世界脉络缺乏中心，众多元素互相关联，而关联联结方式不可预期全没阵式，就像蔓藤一般。See Deleuze，Gilles & Guattari，Felix，*A Thousand Plateau*，Continuum，1987，p. 7.

〔53〕 Gauthier David，*Morals by Agreement*，Oxford University Press，1986，p. 18.

〔54〕 Clough Patricia，“The Affective Turn：Political Economy，Biomedia and Bodies”，*Theory*，*Culture &. Society* 25（1），2008，p. 3.

〔55〕 拜克西（Baxi）早已将合成人的定义扩展至运用电子起搏器及人工关节的人类。See Baxi Upendra，*Humand Rights in a Posthuman World*，Oxford University Press，2007，p. 20. 此观点亦已渗透流行文化，在《心灵判官》（*Psycho-Pass*）第9集，一个角色泉宫志丰久（他只有脑及神经不是人工造的）在接受访问时被问及：大部分人反对由人变成合成人；他反问：“其实我们早已离不开手提电话、计算机、互联网及云端。我们是否已（和科技合体）是合成人？程度及定义而已。”此番话发人深省。

〔56〕 See “Paralysed people walk again after spinal-cord stimulation”，Nature，https：//www. nature. com/articles/d41586-018-07237-9，last visited：19 Feburary 2020.

〔57〕 Murray Stuart，*Disability and the Posthuman*，Liverpool University Press，2020，p. 5.

〔58〕 Ferrando Francesca，“From the Eternal Recurrence to the Posthuman Multiverse”，*Agonist* 4（1－2），2013，pp. 1－11.

一个突破自己的固有空间。[59]由此再回看人类本位的“健全 vs. 残疾”二元，便不能不承认其过时落伍——在与科技合一后，残疾人士真的恒久都比健全人士弱能吗？

问题是，在这崭新视角下，当尊重多元接纳多重已不再人类本位时，当后人类主体已出现并渐趋超能时，我们如何打击已出现的歧视，创建新型法律公义？如果放弃忘记（Unlearn）传统以人为本的人权法/反歧视法，[60]如果反压迫反榨取的包括动物及自然，我们又该如何创造新的法律工具？布拉伊多蒂（Braidotti）声嘶力竭地呼吁各种学说应在后人类哲学下以创新态度整合，创造应对新时代的理念；[61]可是，除了不停强调以新视点审析当下，然后说出对新公义理论的期望（对种族政治敏感、具持续性及对跨世代团结有贡献）外，后人类哲学似乎还没提供可行的政策发展方向。布拉伊多蒂其实亦在《后人类》（*The Posthuman*）一书中指明人类需要一个新向度（Dimension）去应对后人类时代的新局面。[62]

坐忘话儿：自然就是人类就是自然

尼采强调欲望的重要，希望人类重新注重身体；夏可君认为此角度与中华传统对身体的理解相呼应。[63]而德勒兹在阐释休谟（Hume）时，就强调人类在与社会现时制度辖域化时，忽略了自己的情感/欲望，导致人类与自然（Nature）疏离。他认为人类与自然的关系应是正面的，也提到文化（包括社会制度）只是自然的延伸。[64]种种迹象显示这两位后人类哲学先驱的理念可与中

[59] Hickey-Moddy, Anna & Wood, Denise, “Imagining Otherwise: Deleuze, Disability & Second Life”, *ANZCA Conference*, 2008. Goodley Dan, Lawthom, Rebecca & Cole, Katherine, “Posthuman Disability Studies”, *Subjectivity*, 2014, pp. 342 –361.

[60] KällJanice, “A Posthuman Data Subject”, *German Law Journal* 18 (5), 2017, pp. 1145 –1163.

[61] Braidotti Rosi, *Transpositions*, Polity Press, 2006. Braidotti Rosi, *Posthuman Knowledge*, Polity Press, 2019.

[62] Braidotti Rosi, *The Posthuman*, Polity Press, 2013, p. 196.

[63] 参见夏可君：《身体：从感发性、生命技术到元素性》，北京大学出版社 2013 年版，第 150 页。

[64] Deleuze Gilles, *Empiricism and Subjectivity*, Columbia University Press, 2001, p. 49. Roffe Jon,, *Gilles Deleuze' s Empiricism and Subjectivity: A Critical Introduction and Guide*, *University Press*, 2016, p. 50.

华文化的传统老庄学说关联。[65]然而，要把这种关联辖域化，而达至互相借镜互相补充的作用，我们先要审视老庄学说中自然的定义，人类与道/自然的互动及应对当下问题的方法。[66]

老子的“道”没有规定的形态，人类不能凭触觉感受道的存在。[67]道先于世界众生存在，不停运作，以阴阳互动创造万物。[68]吴汝钧认为，道的运作需与自然合作。按夏海的诠释，老子的自然与德勒兹的（大）自然不同，是指道（包括人类）的本然本质。[69]刘笑敢指出，自然是“人类社会的生存状态”。[70]然而，赖锡三却认为我们跟后人类学者一样，应抛开“人类 vs. 自然”二分，视老庄的道“横跨在人与物两层面上……回归道家那种前主客的天人互渗”来理解道。[71]无论哪一位学者的阐解，可以肯定老庄的道/自然包括人类在内。尼采以降，欧洲后人类哲学家对“人类 vs. 自然”二分的不停挑战，老庄早就参悟了。

然而，人类干扰了老庄眼中的自然，继而失去了可以感受大自然的能力。这种干扰的能力来自名/语言［即拉康的符号秩序（Symbolic Order）］。道未开创世界时，语言不存在；但当世界开始运作，语言同时出现：“无名，天地之始；有名，万物之母”（《老子》第一章）。人类感官感觉以符号表达，此符号系统就是名/语言。人类运用语言建构了社会各式各样的制度及知识；有了制度

---

〔65〕 参见陈文团：《尼采道德观之虚无主义》，载《哲学杂志》1994 年第 10 期，第 39 页。

〔66〕 过去也有学者尝试联结后人类学说与道家思想，如陈鼓应比较尼采与庄子理论，刘沧龙亦由尼采及气学来分析跨文化路向，王建元也曾由道家思想分析德勒兹思想；但鲜有平排两家学说互相补足。详见陈鼓应：《尼采新论》，香港商务印书馆 1988 年版。刘沧龙：《气的跨文化思考：王船山气学与尼采哲学的对话》，台北五南图书出版社 2016 年版。Wong Kin-yuen, “The Yin-Yang Assemblages and Deleuze's Transcendental Empiricism”, in Braidotti, Rosi et al (eds), *Deleuze and the Humanities*, Rowman & Littlefield, 2020.

〔67〕 关于道本质的讨论，参见刘笑敢：《老子》，台北东大图书出版社 1997 年版。李增：《老子道之哲学》，台北唐山书店 2010 年版。吴汝钧等：《道家诠释学与纯粹动力学》，台湾学生书局 2011 年版。夏海：《老子与哲学》，生活·读书·新知三联书店 2016 年版。赖锡三：《“庄子”的跨文化编织：自然·气化·身体》，台大出版中心 2019 年版。

〔68〕 参见吴汝钧等：《道家诠释学与纯粹动力学》，台湾学生书局 2011 年版，第 16—17 页，第 121 页。

〔69〕 参见夏海：《老子与哲学》，生活·读书·新知三联书店 2016 年版，第 104 页。

〔70〕 参见刘笑敢：《老子》，台北东大图书出版社 1997 年版，第 68 页。

〔71〕 参见赖锡三：《“庄子”的跨文化编织：自然·气化·身体》，台大出版中心 2019 年版，第 133 页。

知识，人便有各自角色［拉康想象界（Imaginary Order）］——人类既然花了精力时间在操演角色上，顺理成章逐渐阉割了自身对道的感应。[72]更厉害的是，人类开始以为可以凭知识（包括科技）操纵并剥削大自然。同时，当制度出现，“属于 vs. 外在”二元世界观亦无可避免地产生。[73]

为了消除歧视消除执着，老子认为唯一办法就是回归道（并不是俗众鼓吹的一致）；而要回归道，方法是“涤除玄鉴，能无疵乎”（《老子》第十章），也就是“虚其心”[74]（《老子》第三章）。要放下所有欲望自以为是：“自见者不明；自是者不彰；自伐者无功；自矜者不长。其在道也，曰余食赘”[75]（《老子》第二十四章）。而要清除自以为是，就要先从语言中释放人类。然而，人类当下世界，又如何不用语言文字？老庄不是鼓吹放弃语言（包括法律），[76]而是鼓励人类不停质疑语言秩序后的主宰意识（主宰能指）。在主宰能指操纵下，名/语言发展越来越细密，人类经语言秩序（包括法律）洗礼，发明对“形”（式）/分别的执着，也就是成见之心（“成心”）。这个“成心”就是人类自我中心的“狭隘眼界”。[77]庄子指出“形化”不单分别了众生，也阻碍了众生对话沟通，阻止了大众接纳差别。

要解决成心形化，庄子认为“坐忘”是解方法。他在《大宗师》中说明清楚：要坐忘，先要“堕肢体”“黜聪明”；也就是让身体从语言（符号界）释放出来，放弃忘记二元对立，忘记人类主体性，重新开启身体情感，使人类重新学习与道沟通互相感应，融入大自然。目的就是：放弃人类中心世界观，放下人类所有过分的执着欲望，应任万物呈现自身，而人类只是与万物同游。[78]因此，人类不可随意榨取自然资源乱用科技，而是与所有事物同游于道。此意境

---

〔72〕 参见赖锡三：《“庄子”的跨文化编织：自然·气化·身体》，台大出版中心2019年版，第285—287页。

〔73〕 老子早已看穿上古有权势者借掌握语言制造社会阶层。详见《老子》第二章。参见赖锡三：《当代新道家：多音复调与视域融合》，台大出版中心2011年版，第254页。

〔74〕 参见李增：《老子道之哲学》，台北唐山书店2010年版，第154页。

〔75〕 参见李增：《老子道之哲学》，台北唐山书店2010年版，第167页。

〔76〕 参见赖锡三：《当代新道家：多音复调与视域融合》，台大出版中心2011年版，第291页。

〔77〕 参见黎惟东：《庄子“保形存神”思想探究》，五南出2017年版，第63页。

〔78〕 参见李增：《老子道之哲学》，台北唐山书店2010年版，第167页。赖锡三：《当代新道家：多音复调与视域融合》，台大出版中心2011年版，第285页。赖锡三：《“庄子”的跨文化编织：自然·气化·身体》，台大出版中心2019年版，第206页。

与后人类哲学的目标——放弃人类本位世界观，与世界万物重新关联——不谋而合。

而要清除由名/语言延伸的歧视压迫，庄子认为人类应“无听之以耳，而听之以心；无听之以心，而听之以气”（《庄子·人间世》），也就是说放下自我，用“气”去聆听众生。气即阴阳，永不停止运行；万物也是通过“气化”（即气的运动）不停互相感应感染。情况就如德勒兹所描述的去/再辖域化，也就是先放下既定执着，再与万物重新关联，结局是在道中体现常变差异。[79]结果就是忘掉自我忘掉人类（主体）。《庄子·德充符》中，五位外表不被众生接纳的人——王骀、申徒嘉、叔山无趾、哀骀它及闉跂支离无脤都充满智慧。庄子就是希望我们挑战并放下成心，唯有如此，众生才可对话聆听。困难就是，在当下社会，我们当然可以亦应该挑战语言秩序包括法律制度背后隐藏的偏见（譬如男性本位及理智霸权）；但之后，我们是否又需要重新为法律定义公义呢？我们又如何可以在法律系统中坐忘呢？

结语：这可能是改革最好的时代

综观而言，不论是挑战同质主体的理论，还是由此而生的后人类哲学与老庄学说都是努力建构挑战主体石化（Ossified）及尊重接纳差异的视点系统。尼采强调变化；德勒兹创立转化生成程序；后人类哲学企图把人类重新与世界关联，并借此将人类主体边缘化；老庄重申人类只是道的一部分，不可本末倒置，并鼓吹人应不断反省质疑语言秩序的价值观。换言之，即使辩证逻辑不同，在她/他们眼中，公义并非寻找一特定比较标准，并以现实情况与之比较，而是自身不断反省（气化）及万物情感互染。然而，这些理论如何在残疾歧视的法律脉络中落实呢？我们早知道歧视残疾不正确，我们也明白健康与残疾二元、残疾/残疾定义充满问题，但法律又可以鼓励加速生成残疾/机械、硬性规定人类坐忘吧？

有两点必须承认：第一，香港现时法例即使不完美，但的确曾在某程度上为弱势争取权利；第二，以上学说都是先由与残疾沟通开始，然后开始互动，深入体会后改变观念，那何不先保留现行法律架构，就如老庄不主张完全放弃

〔79〕 参见赖锡三：《当代新道家：多音复调与视域融合》，台大出版中心 2011 年版，第 442 页。

语言。但须规定(1)所有场所及交通工具均须设有便利各类残疾人士的设施(政府可提供资助);及(2)所有措施都要照顾不同残疾的需要,譬如:各类课程要根据不同残疾的需要设计;记者会须附手语表述及凸字版本新闻稿。同时,我们又立法强制每位市民学习一种与残疾沟通/共同生活的办法或技能,可以是手语、凸字(当下香港只为失明人士提供点字训练),甚至是学习使用/维修专为残疾设计的机械(如计算机及运动器具)。这当然可以是由学校课程开始(就如学习第二语言或基本木工)。立法还要求在强迫教学期间(小、中学期间)参与模拟残疾生活一段时间,譬如在物理治疗师协助下,让学生在一周内模拟中风、眼疾人士的生活。唯有这样,人们才有工具、有渠道放下"健全正常"的人生观,离开舒适带,有胆量与残疾人士生活,与他们同呼同吸(不是融合不是照顾),才可以有机会由情感启动生成残疾,才有机会坐忘"健康正常"的生活。否则,即使鼓励"健全正常"人士与残疾接触,结果不一定是多了解,反而更有机会使前者以高高在上的姿态审视扶助后者,加固"健全 vs. 残疾"二元观。

当众生都可了解大家,各种残疾可能面对的困境就以各自的独特办法解决,不需与任何人(健全或其他残疾)比较,才可确定已受压迫,尤其是每种残疾都有自身特点,怎可比较?他要拐杖,她要假眼;他可否因自己不获分配假眼而投诉遭歧视?所以残疾之间的歧视是否被法律承认已不是问题。就指定诊所事件来说,轻微发烧或出现上呼吸道感染病征的病人面对的排斥,就是压迫。根本无须"残疾之间的歧视",亦无须与其他伤残或能力列表比较才知道歧视是否存在。反对者固执地完全拒抗接受医学分析——不设立指定诊所,打击防治疫情策略,又不会令自己更安全。固执己见,就是不义。

回归理论,我们会诘问:既然老庄学说已提供有效视点挑战主体僵化及反歧视,为什么还要讨论尼采等欧陆学说呢?首先,不论是尼采、德勒兹还是后人类哲学,都对现行(歧视)法律背后的自由主义作最有效痛击。其次,是以上学者均相信欲望是改变改革的动力,而不像老庄学说般主张放下欲望。也就是说欧陆学说未必可以正本清源,由清除欲望开始扫除人世所有不公平,却可以先有效处理当前的歧视情况。[80]

---

〔80〕 这当然亦涉及法律/理论移植及后殖民(Postcolonial)暴力的争论。参见赵文宗:《欲望公义》,香港圆桌文化2015年版。

瘟疫蔓延时，各人基本人生价值观尽显。部分香港人歧视残疾，歧视医护（残疾照顾）——曾有酒店拒绝租房给她/他们休息；[81]部分甚至歧视不同地方人士——过去有食肆列明“只招待香港人”、“不招待内地人”或“不懂广东话，不招待”。[82]所以，瘟疫不只涉及残疾歧视，也生产了其他类型的差别待遇及压迫，迫使我们寻求打击不义不仁的新方法。瘟疫无疑对健康对民生是最差的时代，但也是个让我们反省及再建公义的最好时代。

---

〔81〕 参见《医管局安排照顾确诊病人员工住宿有酒店拒绝出租房间》，雅虎新闻，https：//hk. news. yahoo. com/amphtml/%E9%86%AB%E7%AE%A1%E5%B1%80%E5%AE%89%E6%8E%92%E7%85%A7%E9%A1%A7%E7%A2%BA%E8%A8%BA%E7%97%85%E4%BA%BA%E5%93%A1%E5%B7%A5%E4%BD%8F%E5%AE%BF-%E6%9C%89%E9%85%92%E5%BA%97%E6%8B%92%E7%B5%95%E5%87%BA%E7%A7%9F%E6%88%BF%E9%96%93-054115258. html，最后访问日期：2020 年 2 月 17 日。

〔82〕 参见《食店限粤语侍客平机会：或属间接歧视》，星岛日报，https：//std. stheadline. com/special/KG2019/news-detail. php? y =2020&r =1207292，最后访问日期：2020 年 2 月 17 日。按香港法律，前两项属残疾歧视，最后一项属种族歧视；当然均违法，参见 https：//std. stheadline. com/daily/article/detail/2156551/%E6%97%A5%E5%A0%B1-%E6%B8%AF%E8%81%9E-%E9%A3%9F%E5%BA%97%E9%99%90%E7%B2%B5%E8%AA%9E%E4%BE%8D%E5%AE%A2-%E5%B9%B3%E6%A9%9F%E6%9C%83-%E6%88%96%E5%B1%AC%E9%96%93%E6%8E%A5%E6%AD%A7%E8%A6%96，最后访问日期：2020 年 2 月 24 日。

恶意诉讼的规制及其启示：以澳门地区为例

陈　怡*

摘　要　恶意诉讼是一种滥用诉权及滥用诉讼程序行为，法律对恶意诉讼进行规制的正当性源自善意原则。澳门立法对恶意诉讼的规制源于葡萄牙1961年《民事诉讼法典》的规定。受葡萄牙立法影响，《澳门民事诉讼法典》在总则中确立了善意原则和合作原则，并以此为基础对恶意诉讼进行规制。《澳门民事诉讼法典》采用类型列举的立法模式，清晰界定了恶意诉讼的内涵外延，并建立了惩罚与救济功能兼具的规制体系，其立法经验对我国内地恶意诉讼制度的完善具有一定的参考价值与启发意义。

关键词　恶意诉讼　诉讼欺诈　滥用诉权　滥用诉讼程序　善意原则

一、恶意诉讼的规制基础：善意原则

善意原则是源自罗马法的一项重要法律原则，一直以来被称为民法的“帝王条款”。从实证法的角度看，现代立法中不仅民法，包括民事诉讼法在内的许多其他部门法亦规定了善意原则，但从时间与发展来看，民事诉讼则是民法以外善意原则最先扩张适用的领域。[1]即便如此，善意原则在民事诉讼法中亦不是凭空出现的，从历史渊源来看，善意原则在民事诉讼法中的出现与人们对诉讼的认识与理解有关。在自由主义盛行的时代（尤其是19世纪），诉讼一直被视为私人之间的一种对抗活动。在诉讼过程中，法官不负有任何调查职责，只需凭借当事人在诉讼中提出的内容作出裁判。在“攻击与防御方法、当事人之

---

* 陈怡，澳门城市大学法学院助理教授、法学博士，主要研究方向：民事诉讼法、民商法。

〔1〕 See António Menezes Cordeiro, Litigância de Má-Fé, Abuso do Direito de Acão e Culpa "In Agendo" (2. Edição), Almedina, 2011, p. 125.

间武器平等"[2]理念的影响下，民事诉讼法作为当事人斗争、对抗的规则存在，[3]当事人在诉讼活动中享有绝对的自由，其为维护自身利益所采取的任何手段都被视为合理的防御手段，当事人的行为与国家无关，因此法律对其没有任何忠诚的要求。但随着时间的推移，诉讼绝对私人性质的观点逐渐被抛弃，人们意识到诉讼不仅是当事人之间的事，还涉及社会安定和司法公正等公共利益问题。基于这些认识，诉讼不再是当事人可以使用任何手段进行对抗的战场，而被视为国家公权力介入私人纠纷的手段，或者说是法官与当事人合作，用以发现事实真相、公正解决纠纷的工具。各种不公正、恶意的诉讼行为不仅有损对方当事人的利益，而且有害于司法公正。基于这种认识，民法中的善意制度[4]开始被引入民事诉讼程序领域。

20 世纪初，德国在若干司法判例中援用民法典的善意原则对当事人的诉讼行为进行评判，[5]从而开启了善意原则向民事诉讼程序延伸适用的先河。在此基础上，一些学者开始关注当事人诉讼自由的界限问题，首当其冲，诉讼中权利的滥用问题被广泛关注。随后，结合一系列司法判例，德国学者将民事诉讼程序中的善意原则细化为四个方面内容：禁止滥用诉讼地位、禁止反言、禁止滥用诉讼权力以及抑制。[6]其中，滥用诉讼地位包括出尔反尔、压制、不可主张以及其身不正。[7]应当指出，善意原则要求私人在行使权利或履行义务时应

---

〔2〕 张卫平：《民事诉讼中的诚实信用原则》，载《法律科学（西北政法大学学报）》2012 年第 6 期。

〔3〕 张卫平：《民事诉讼中的诚实信用原则》，载《法律科学（西北政法大学学报）》2012 年第 6 期。

〔4〕 民法理论中的"善意"一词，具有两种含义：一种为客观善意（亦称道德意义上的善意或善意原则），另外一种为主观善意（又称为心理意义上的善意）。本文在民事诉讼程序语境中讨论的善意原则限于第一种范围的善意，即客观善意。关于民法善意原则的讨论，参见唐晓晴编著：《民法一般论题与澳门民法典总则》（上册），社会科学文献出版社 2014 年版，第 138—140 页。

〔5〕 如德国法院在 1921 年 6 月 1 日的 RGZ102（1921）判决中指出，当事人之间的诉讼法律关系和实体法律关系一样，都受到民法善意原则的约束。See António Menezes Cordeiro, Litigância de Má-Fé, Abuso do Direito de Acão e Culpa "In Agendo" (2. Edição), Almedina, 2011, pp. 125 -126.

〔6〕 See António Menezes Cordeiro, Litigância de Má-Fé, Abuso do Direito de Acão e Culpa "In Agendo" (2. Edição), Almedina, 2011, pp. 127 -128.

〔7〕 António Menezes Cordeiro, Litigância de Má-Fé, Abuso do Direito de Acão e Culpa "In Agendo" (2. Edição), Almedina, 2011, p. 129.

当诚实守信，秉持不欺骗、不欺诈之态度行事[8]，但就定义而言，其本身是一个不确定的概念。[9]德国学理上认为真实是善意的核心内容，因此立法将善意原则细化为真实陈述的义务。葡萄牙民法学者瑞德阿拉尔康（Rui De Alarcão）认为“善意”原则意味着忠诚义务和合作义务。受这一观点影响，葡萄牙学者认为善意原则在民事诉讼程序中可以被细化为两方面的内容——消极意义的善意和积极意义的善意。消极意义的善意实质是由忠诚义务衍生出来的一种不作为义务，要求当事人不得进行任何破坏诉讼程序的行为；积极意义的善意是由合作义务衍生出来的积极作为义务，要求当事人在诉讼程序中要与法官、对方当事人以及其他诉讼参与人相互合作，使纠纷在合理期限内得到妥善解决。

具体到立法层面，受德国司法理论发展的影响，欧洲大陆许多国家自 20 世纪三四十年代起陆续将善意原则延伸适用至其民事诉讼法，[10]虽然各国具体的立法规定因各种客观因素有所差别，但有一点是毋庸置疑的，即善意原则延伸适用至民事诉讼领域，当事人的诉讼法律关系应当受善意原则约束。而基于善意原则的精神，诉讼中各种滥用诉讼权利或诉讼程序的行为自然也不同程度地成为法律规制的对象。如，1939 年葡萄牙《民事诉讼法典》第 264 条规定当事人在诉讼中负有忠诚的义务，同时在第 465 条对恶意诉讼及其责任作了明确规定。1961 年葡萄牙《民事诉讼法典》第 266 条规定了合作原则，明确规定法官、诉讼代理人以及当事人在诉讼中必须相互合作，以便及时有效地解决纠纷。第 266A 条关于程序上的善意义务条款则明确规定当事人必须要善意行事以及遵守合作义务。第 266B 条规定，诉讼中包括当事人、律师、法官在内的所有人之间有相互尊重的义务，当事人不得在书面或口头陈述中无理地冒犯对方当事人的声誉等。受葡萄牙立法的影响，回归后，

---

[8] 唐晓晴编著：《民法一般论题与澳门民法典总则》（上册），社会科学文献出版社 2014 年版，第 138 页。

[9] 唐晓晴编著：《民法一般论题与澳门民法典总则》（上册），社会科学文献出版社 2014 年版，第 138 页。

[10] 值得注意的是，由于善意概念的不确定性，各国立法对善意内涵外延的理解亦存在一定的差别，因此善意原则具体在不同民事诉讼法上的规定也有所差别，一些国家立法上并不对善意原则作出总括性规定，仅将善意原则细化到具体的规定中，如德国 1933 年“民事诉讼法”将其细化为真实陈述的义务；有些国家则将善意原则明确写进民事诉讼法，再辅以其他详细规定。

澳门在新的《民事诉讼法典》中亦保留了有关合作原则、善意以及恶意诉讼的规定，唯一不同的是，为了凸现合作原则与善意原则的地位和重要性，《澳门民事诉讼法典》将合作原则和善意原则放置到《民事诉讼法典》第一编基本规定中，将其作为统领整个民事诉讼法的原则；同时，在要求当事人善意行事的基础上，进一步将善意原则的内容细化为当事人不应提出违法请求，亦不应陈述与真相不符之事实、声请采取纯属拖延程序进行之措施及不给予合作。

二、澳门恶意诉讼规制的立法流变

（一）殖民统治时期：恶意诉讼规制在葡萄牙的发展及其在澳门的延伸适用

1. 律令时期的规定

受罗马法的影响，葡萄牙早在阿方索四世时期就在律令中对恶意诉讼作出规定，如果法官发现当事人在诉讼中恶意提出控诉、主张或者反驳，法官可以自由裁量给予当事人应有的处罚。[11]此外，阿方索律令中还规定了诬告宣誓制度，即起诉人发誓其提起诉讼具有正当的理由，不是恶意诉讼，或应诉人要发誓表明他将正当地答辩，维护自己的权益。如果拒绝宣誓，对于原告而言，这意味着败诉以及被认定为恶意诉讼人；对于被告而言，则表明其认可原告的要求。[12]这一规定此后一直被延续到菲利普律令中。

2. 法典化时代的规定

1876年，葡萄牙制定了第一部《民事诉讼法典》，其中第121条规定，若法官发现败诉方当事人存在恶意诉讼，将按诉讼目标额的10%对其判处罚款。[13]值得一提的是，法典虽然对恶意诉讼后果作出规定，但却对何谓恶意诉讼没有作出明确定义，仅仅是规定了上述一般意义上的处罚条款，因此，关于恶意诉讼的判断，法官在裁判中享有很大的自由裁量权。但正因为如此，司法实践中，

---

〔11〕 See António Menezes Cordeiro，Litigância de Má-Fé，Abuso do Direito de Acão e Culpa "In Agendo"（2. Edição），Almedina，2011，p. 37.

〔12〕 See António Menezes Cordeiro，Litigância de Má-Fé，Abuso do Direito de Acão e Culpa "In Agendo"（2. Edição），Almedina，2011，p. 37 –38.

〔13〕 该条原文为：O art. 121：Quando o juiz entender que a parte vencida litigou com má fé，impor-lhe-há na sentença a mulcta de 10 por cento do valor em que decair。

法官在适用该条款时较为谨慎，很少将违法的行为认定为恶意诉讼，[14]从而导致 1939 年葡萄牙在对《民事诉讼法典》修订时，一改以往采用的恶意制度一般条款的立法模式，在恶意诉讼责任的后面首次对恶意诉讼的定义作出规定，并且以类型化列举的方式明确了恶意诉讼的范围。根据该法典第 465 条的规定，当事人进行恶意诉讼将被判处罚金，如果当事人主张，还要赔偿对方当事人的损失。恶意诉讼行为不仅包括当事人提出其不可能不知道是毫无根据的要求或反驳，还包括故意篡改或者隐瞒与案件有关的事实，为了达到非法目的或者阻碍司法程序、妨碍查明事实真相而不当使用诉讼手段。1961 年，葡萄牙新修订的《民事诉讼法典》在延续前述规定的基础上，对恶意诉讼的规定作了少许修改。该法典第 456 条第 1 款规定，恶意诉讼人将被判处罚金，如果当事人主张，还要向对方予以赔偿；第 2 条提出恶意诉讼人的概念，明确恶意诉讼人不仅包括提出明知是毫无根据的主张或抗辩的当事人，还包括有意篡改事实真相或遗漏重要的事实，以及为了达到非法的目的阻碍司法诉讼程序或者查明事实真相，以可受非议（谴责）的方式使用程序或程序手段之人。与 1939 年《民事诉讼法典》将当事人提出没有理由不知道是毫无根据的主张或抗辩视为恶意诉讼不同的是，1961 年《民事诉讼法典》对恶意诉讼确立了更严格的审查标准，认为只有当事人提出明知是毫无根据的主张或抗辩时，才构成恶意诉讼。1962 年 7 月 30 日，葡萄牙通过第 19305 号训令将其 1961 年《民事诉讼法典》延伸适用于澳门，其中第 456 条关于恶意诉讼及其责任的规定相应地也成为澳门恶意诉讼制度规定的法律渊源。1995 年，葡萄牙再次对民事诉讼法进行修订，其中也对 1961 年《民事诉讼法典》第 456 条第 2 款关于恶意诉讼人的规定作出进一步的修改，将恶意诉讼的恶意范围从故意扩大到严重过失，明确恶意诉讼人的主观过错包括故意和重大过失。同时，为了强调诉讼中的合作义务，法典还增加严重违反合作义务为恶意诉讼的一种类型。虽然葡萄牙 1995 年《民事诉讼法典》改革中诸多修订措施最终没有在澳门公布适用，但其中许多修改措施后来也为《澳门民事诉讼法典》参考与借鉴，其中包括前述恶意诉讼制度的有关修改内容。

---

〔14〕 See Paula Costa e Silva，A Litigância de Má-Fé，Coimbra Editora，2008，p. 389.

（二）回归后的立法概况：《民事诉讼法典》之规定

1986年，中葡两国签署关于澳门问题的联合声明后，澳门进入回归过渡期，至此，澳门包括民事诉讼法在内的有关法律制度开始本土化的过程。澳门立法机关在借鉴葡萄牙20世纪90年代对《民事诉讼法典》进行修订与改革经验的基础上，结合本地社会的实际情况，对原先延伸适用至澳门的葡萄牙1961年《民事诉讼法典》进行了修改，并于1999年10月8日通过第55/99/M号法令核准颁布了《澳门民事诉讼法典》，规定该部法典于1999年11月1日起开始生效。值得一提的是，虽然《澳门民事诉讼法典》是澳门法律本土化的产物，但无论是立法框架与结构体例的安排，还是具体制度的规定，很大程度上都沿袭与继受了1961年葡萄牙《民事诉讼法典》的规定，这其中亦包括对恶意诉讼行为进行规制的有关规定。首先，澳门继受了葡萄牙1961年《民事诉讼法典》第266条、第266A条以及第266B的规定，在《民事诉讼法典》第一卷第一编关于诉讼的基本规定中确立了合作原则（第8条）、善意原则（第9条）和相互间行为恰当之义务（第10条）。除此以外，《澳门民事诉讼法典》在参考葡萄牙1961年《民事诉讼法典》第456条及之后相关规定的基础上，吸收借鉴葡萄牙1995年《民事诉讼法典》改革中关于恶意诉讼制度的修改意见，在第二卷关于诉讼程序一般规定的第五编——诉讼费用、罚款及损害赔偿中专章对恶意诉讼人（第385—388条）的概念及责任的承担等内容作了详细的规定。

三、澳门规制恶意诉讼的立法及司法实践

（一）实行主客观相结合的过错原则

《澳门民事诉讼法典》第385条第2款对何谓恶意诉讼人作了明确的规定，从中亦可以窥探恶意诉讼的内涵与外延。

《澳门民事诉讼法典》第385条第2款规定：

> 因故意或严重过失而作出下列行为者，为恶意诉讼人：a）提出无依据之主张或反对，而其不应不知该主张或反对并无依据；b）歪曲对案件裁判属重要之事实之真相，或隐瞒对案件裁判属重要之事实；c）严重不履行合作义务；d）以明显可受非议之方式采用诉讼程序或诉讼手段，以达致违法目的，或妨碍发现事实真相、阻碍法院工作，或无充分理由而拖延裁判之确定。

从上述法律规定可以发现，澳门现行民事诉讼法中的恶意诉讼由主观和客观两方面要件构成，二者缺一不可。其中，主观要件要求存在过错，这亦表明澳门民事诉讼法中的恶意诉讼是以过错作为归责原则的。换言之，如果行为人主观上不存在过错，即使客观上存在不当的诉讼行为，亦不构成恶意诉讼。2017 年 3 月，澳门中级法院曾在第 89/2017 号一宗涉及债务人不当抵销债权的案件〔15〕中指出，“在欠缺主观要件的事实下，被上诉人（债务人）不可能被判处为恶意诉讼人”。具体而言，主观过错包括故意或严重过失两种形态。从前述立法概况可知，回归之前，延伸适用至澳门的葡萄牙 1961 年《民事诉讼法典》中的恶意诉讼主观过错标准是比较严格的，仅限于故意，直到 1995 年葡萄牙对民事诉讼法进行修改时，才将严重过失纳入恶意诉讼主观过错的范围，澳门民事诉讼法中的现行规定亦是吸收了葡萄牙 1995 年立法的修订结果而来。所谓故意，顾名思义，即有意为之，但何谓严重过失？实践中，葡萄牙司法界认为严重过失应理解为严重大意、违反最低限度的谨慎义务以至于行为人没有注意到一般人都可以发现的不当行为，〔16〕但结合有关司法判例来看，澳门司法实践中对严重过失的审查较严，一般不认为违反谨慎义务即构成严重过失。如，2010 年 1 月 3 日，澳门终审法院在第 42/2009 号案的裁判书中曾明确指出：“如果当事人只是提出没有理据的请求，不是由于知道缺乏理据的情况而想这样做，而是因为没有查明其请求是否具备事实和法理依据，最终作出一个过失行为，即违反了查明和谨慎的义务。”〔17〕对于这种过失行为，法院认为其“并非能导致以恶意诉讼作出处罚的故意或严重过失”。〔18〕

---

〔15〕 参见澳门中级法院 2017 年 3 月 23 日作出的第 89/2017 号案裁判书，澳门法院网，http：//www. court. gov. mo/sentence/zh-1ced3b0f31a2a. pdf，最后访问时间：2019 年 2 月 22 日。

〔16〕 参见 STJ 6 -Dez. -2001（Afonso de Melo），01A3692，转引自 António Menezes Cordeiro，Litigância de Má-Fé，Abuso do Direito de Acão e Culpa “In Agendo”（2. Edição），Almedina，2011，pp. 56 –57。

〔17〕 参见澳门终审法院第 42/2009 号案裁判书，澳门法院网，http：//www. court. gov. mo/sentence/zh/455，最后访问时间：2019 年 2 月 23 日。

〔18〕 澳门终审法院第 42/2009 号案裁判书，澳门法院网，http：//www. court. gov. mo/sentence/zh/455，最后访问时间：2019 年 2 月 23 日。

除了主观过错，恶意诉讼在客观方面还要求存在违法的行为。本质上来看，恶意诉讼属于滥用诉权或滥用诉讼程序的行为，但就具体表现形式及形态而言，滥用诉权及滥用诉讼程序的行为具有多样性，[19] 并非所有滥诉、滥用程序的行为都可以构成恶意诉讼。《澳门民事诉讼法典》第 385 条对能构成恶意诉讼的违法行为进行了明确规定，根据该款规定，澳门民事诉讼法语境下的恶意诉讼行为包括四种：（1）提出明显缺乏依据的主张或抗辩；（2）歪曲或隐瞒与裁判有关的事实；（3）严重违反合作义务的行为；（4）不当使用诉讼程序或诉讼手段。学理上，葡萄牙学者通常认为前两种属于违反真实义务的行为，后两种属于违反合作义务的行为，并因此分别称之为实质性的恶意诉讼行为和程序性的恶意诉讼行为。[20] 另外，特别要提出的是，作为程序上的一种违法行为，恶意诉讼的构成是不以损害后果为前提条件的，换言之，只要当事人实施了法定的违法行为，并且满足了主观过错的要求，即构成恶意诉讼，法官便可对该行为进行制裁，不论客观上是否存在实质性的损害后果。其原因在于恶意诉讼作为诉讼法上的一个制度，具有公法的性质，其主要目的为预防与纠正各种不当利用诉讼程序的行为，及时维护诉讼秩序，而非作为一种民事责任，消除、弥补不法行为给他人造成的损害。

（二）恶意诉讼行为类型化

《澳门民事诉讼法典》对恶意诉讼行为作了类型化规定，根据第 385 条第 2 款及相关规定，澳门立法上规制的恶意诉讼行为有下列几种类型：

1. 提出毫无根据的主张或反驳

关于该条，学理上讨论得较多的是关于滥诉与诉权保障之间的关系。二战以后，随着人权理论的发展，诉权也出现了宪法化的潮流与趋势。国际社会中越来越多的国家、地区将诉权写入宪法或者宪制性文件，将公民的诉权视为宪法保护的一项基本权利。如葡萄牙《宪法》第 20 条第 1 款规定：“确保任何人都有权诉诸法律及法院，以维护其权利及正当利益，不得因缺乏经济能力而遭

---

〔19〕 关于滥用诉权及滥用诉讼程序行为表现形式的讨论，参见汤维建：《论民事诉讼中的诚信原则》，载《法学家》2003 年第 3 期。

〔20〕 See António Menezes Cordeiro, Litigância de Má-Fé, Abuso do Direito de Acão e Culpa “In Agendo” (2. Edição), Almedina, 2011, p. 59.

拒绝公正。”[21]回归后，《澳门特别行政区基本法》第 36 条亦明确规定：“澳门居民有权诉诸法律，向法院提起诉讼，得到律师的帮助以保护自己的合法权益，以及获得司法补救。”既然公民的诉权是受宪法或宪制性法律文件保障的一项基本权利，那么诉权与实体权利的关系如何？诉权的行使是否应当以实体权利的存在为前提？就诉权理论的发展来看，18、19 世纪时期，学理上盛行的观点是诉权与实体权利的一元说，以萨维尼、波蒂埃（Pothier）等为代表的一众法学家一致认为诉权乃私法上的一种权利，诉权是实体权利的一个阶段或一个侧面，因此，本质上，诉权在起源上依赖于实体权利存在，而且与实体权利是一体的。[22]19 世纪末期，随着诉讼法与实体法的分离，诉权私权理论逐渐被抛弃，学理上亦逐渐将诉权与实体权利区别对待，认为诉权是独立于实体权利的一项程序性（或公法）权利，[23]而这种观点亦是现代诉讼法对诉权性质的普遍认识。

既然诉权是独立于实体法权利存在的一种权利，诉权的行使亦无须以实体权利的存在为前提，那么以当事人的主张或反驳缺乏根据来判定行为人的行为构成恶意诉讼是否欠妥？应当指出，根据现代诉权理论，诉权的行使虽然不以实体权利的存在为前提，但这绝不意味着诉权是一项绝对的权利，可以以任何极端的方式行使。正如澳门中级法院在第 57/2002 号裁判文书中所言：“尽管存在当事人被赋予的诉诸法院时的‘自由’……但这一自由不是绝对的或无限制的。很自然地，亦确定了趋向于确保争议之良好构成以及相应的‘对案件予以公正裁判’的某些‘限定’。在这些限定中，应强调《民事诉讼法典》第 264 条第 2 款依据善意原则衍生出来的责任，该条规定：‘当事人有责任自觉地不提出违法请求，亦不陈述与真相不符之事实、声请采取纯属拖延程序进行之措施’。”

---

[21] 此处译文直接引自澳门印务局的中文译本。参见 https://bo.io.gov.mo/bo/i/cn/crpcn/crpp1t1_cn.asp#a20，最后访问日期：2022 年 6 月 23 日。该条原文：Artigo 20.°1. A todos é assegurado o acesso ao direito e aos tribunais para defesa dos seus direitos e interesses legalmente protegidos, não podendo a justiça ser denegada por insuficiência de meios económicos. https://bo.io.gov.mo/bo/i/pt/crppt/crpp1t1.asp. 最后访问日期：2022 年 6 月 23 日。

[22] 关于诉权与实体权利在理论上的讨论，参见吴奇琦：《论诉权与实体权利的合一与分流》，载《北方法学》2013 年第 1 期。

[23] 关于诉权与实体权利的分流，参见吴奇琦：《论诉权与实体权利的合一与分流》，载《北方法学》2013 年第 1 期。

立法者赋予公民诉权，旨在赋予他们获得司法救助的权利，使其可以维护自身的合法权益，因此，公民在行使诉讼权利时也要遵守这一立法目的，而不是在明显缺乏事实或法律依据的情况下行使这一权利，否则将被视为滥用权利而受到惩罚。但是，如果单纯地以主张或者反驳缺乏根据为标准来判定当事人构成恶意诉讼势必会阻碍、削弱当事人诉权的行使，因此葡萄牙在立法上对该条增加了主观限制因素——不应不知缺乏理据，即要求当事人起诉或抗辩时明知自己的主张缺乏事实或法律根据，或者当事人主观上虽不存在提起毫无根据的诉求或抗辩的故意，但是由于严重过失，忽略了要求或抗辩缺乏理据的事实。换言之，当事人知道或者应当知道其主张或反驳毫无依据却坚持为之的，构成恶意诉讼。葡萄牙学者保拉·斯科塔·埃·席尔瓦（Paula Costa e Silva）认为，这一规定的正当性源自当事人诉前的调查和注意义务，即当事人在提起诉讼前负有查明其请求理据的基本义务。值得注意的是，在当事人应当知道主张或反驳缺乏理据却不知的情况中，这种不知很显然是由于过失造成的，就过失的形态而言，既可能是一般过失，也可能是重大过失，但并非所有过失引起的“不知”都可以构成恶意诉讼。当事人提出一个毫无理据的请求或反驳，如果是因为没有尽到注意和调查义务，进而未查明其请求或反驳是否具备事实和法理依据，则属于一般过失行为，只有以本质上能加重其疏忽程度的方式作出行为，即因重大过错或严重过失作出行为时才构成恶意诉讼。[24]

实践中，澳门法院在对该条进行解读时基本上采纳了葡萄牙学者的上述理论观点，并曾多次在相关司法判例中予以引用，[25]强调只有当有关诉讼主体对提出的毫无根据的要求或反驳存在故意或严重过失时，才构成恶意诉讼。如澳门中级法院在 2011 年第 338/2011 号案中，针对上诉人（原审被告）由于被上诉人（原审原告）在原审中放弃所有诉讼请求，要求判令被上诉人构成恶意诉

---

〔24〕 See Paula Costa e Silva，A Litigância de Má-Fé，Coimbra，Editora，2008，pp. 393 – 395.

〔25〕 参见澳门终审法院第 42/2009 号裁判书，澳门法院网，http：//www. court. gov. mo/zh/subpage/researchjudgments? court＝tui，最后访问时间：2019 年 2 月 16 日；澳门中级法院第 12/2005 号裁判书，澳门法院网，http：//www. court. gov. mo/sentence/zh/11053，最后访问时间：2019 年 2 月 16 日。

讼时指出，“诉诸法院是《澳门基本法》第36条所赋予居民的基本权利，故即使原告放弃诉讼请求或败诉，也不代表其是恶意诉讼人。为此，需有实质证据证明其在故意或严重过失下作出《民事诉讼法典》第385条第2款所规定之行为”。[26]

2. 歪曲或隐瞒与裁判有关之事实

民事诉讼程序的主要目的与价值在于公平解决纠纷。为实现该目标，法院的裁判必须以查明事实真相为前提。如前所述，德国1933年将真实陈述的义务写进《民事诉讼法典》后，善意原则的适用范围更为宽泛，真实义务也因此被吸收进善意原则，[27]并在学理上被视为善意原则的核心内容。因此，基于善意原则，当事人及其代理人在诉讼中负有如实陈述事实的义务。但要特别指出的是，如实陈述并不意味着任何与客观真实不符的陈述都将被视为恶意诉讼行为。因为法律如果要求当事人的陈述绝对地与客观事实相一致，则意味着对诉讼当事人施加事先充分调查其主张事实的责任，亦即表明当事人只有确认其陈述事实的真实性后，诉讼权利才能得到合法行使，无疑，这会严重阻碍当事人行使诉权，请求法院对其不确定的争议做出裁判。结合前述主观要件，该条所指的恶意行为不仅包括有意的行为，即陈述明知虚假的事实、有意歪曲事实真相或者否认众所周知的事实，而且包括当事人由于重大过失而遗漏有关事实的行为。这表明，诉讼中的善意当事人所陈述的事实不仅是其主观上认为真实的，而且这种真实的认识必须是基于审慎注意义务产生的。换言之，当事人如果未尽到最低限度的勤勉义务，轻率鲁莽地相信一个虚假的事实或否认一个客观存在都将构成恶意诉讼。如，在第268/2012号案一宗涉及房屋租赁的纠纷中，第二被告系涉诉房屋的业主，在答辩时却提交旧合同声称未曾同意承租人第一被告将房屋转租给第三人，且是在诉讼中才知悉转租事实。但事实上，在签订租约后，第二被告和第一被告曾对租约作过修改，表明第二被告同意第一被告将房屋转租，并且第二被告在诉讼前已知悉第一被告将房屋转租给原告。澳门初级法院认为第二被告在明知租约已被更改的情况下，仍故意提交未被改

[26] 参见澳门中级法院第338/2011号裁判书，澳门法院网，http://www.court.gov.mo/sentence/zh-53590d3eba884.pdf，最后访问时间：2019年2月20日。

[27] 参见［日］谷口安平：《程序的正义与诉讼》，王亚新、刘荣军译，中国政法大学出版社1996年版，第143页。

动的原合约副本，刻意隐瞒同意第一被告转租以及在诉讼前知悉原告承租涉案房屋等对案件裁判重要之事实，构成恶意诉讼。澳门中级法院在上诉审中维持了初级法院的这一判决。[28]再如，在第105/2013号一宗涉及土地买卖的案件中，相关证据显示几名被告从未质疑与原告之间的土地买卖证书是虚假或无效的，但在诉讼中几名被告却完全否认原告购买以及出租涉案土地的事实。针对几名被告前言不对后语的行为，澳门初级和中级法院均判定其构成恶意诉讼。[29]

3. 严重违反合作义务

如前所述，这是葡萄牙1995年《民事诉讼法典》修改时新增加的一种独立的恶意诉讼行为。受葡萄牙的影响，《澳门民事诉讼法典》第8条确立了民事诉讼程序的合作原则。根据该条规定："一、在主导或参与诉讼程序方面，司法官、诉讼代理人及当事人应相互合作，以便迅速、有效及合理解决争议。二、在诉讼程序中任何时刻，法官得听取当事人、其代理人或诉讼代理人之陈述，并请其就事实上或法律上之事宜作出有关解释，以及将上述措施所得之结果知会他方当事人。三、上款所指之人经通知后必须到场，并就被要求作出解释之事宜作出解释……"关于善意原则的第9条第2款则进一步细化了善意的内容，强调当事人在诉讼中必须要按第8条之规定予以合作。由此可见，以善意为基础的合作原则强调了诉讼主体间具有合作的义务，以便查明事实真相，及时、有效以及公正地解决纠纷。这意味着当事人及代理人在诉讼中不仅不能作出阻碍诉讼程序正常进行的行为，而且要积极与法官合作，服从法官的诉讼指挥权，保障诉讼程序正常进行，以便达成解决纠纷的目标。当事人如若不履行合作义务，则可能构成恶意诉讼。

值得注意的是，并非所有违反合作义务的行为都构成恶意诉讼。为了区分行为的性质和后果，立法上对违反合作义务的行为作了区分与限制。违反合作义务构成恶意诉讼，不仅行为人主观上要存在故意或严重过失，而且在行为上，违反合作义务的程度必须是严重的。因此，对于一般性的、轻微违反合作义务的行为，不构成恶意诉讼，只能按一般的违法行为处理，根据民事诉讼法其他

---

〔28〕 参见澳门中级法院第268/2012号裁决书，澳门法院网，http：//www.court.gov.mo/sentence/zh-53590d41483dc.pdf，最后访问时间：2019年2月23日。

〔29〕 参见澳门中级法院第105/2013号裁决书，澳门法院网，http：//www.court.gov.mo/sentence/zh-53590d46d2b8c.pdf，最后访问时间：2019年2月23日。

规定承担相应的法律后果，如根据《澳门民事诉讼法典》第 422 条之规定，[30]违反协助发现事实真相之义务的行为，将会被罚款或是引起相应的诉讼法律后果。

4. 以明显可受非议方式使用诉讼手段或程序

按照葡萄牙学者保拉·斯科塔·埃·席尔瓦的观点，这一行为类似于民法中规定的权利之滥用，属于诉讼法律地位之滥用或者滥用诉讼程序，即行为在形式上合法，但对诉讼权能和诉讼程序的利用却违背了其立法默认的目的和功能。[31]因此，根据《澳门民事诉讼法典》第 385 条第 2 款第 d 项之规定，该恶意行为的判断除了要求行为人具有主观过错，还强调行为目的的非法性，即为了达到非法目的、阻碍法院查明事实真相抑或无故拖延裁判之确定。其中，非法目的并不仅限于明显违反法律规定的行为，还包括在诉讼中通过事实陈述诋毁对方当事人良好的声誉、名声、信用，或规避法律的行为等；而无故拖延裁判之确定通常是意识到裁判结果可能会不利于己的当事人（败诉方）为了避免不利裁判对其产生影响而采取的行为，对此，葡萄牙学者阿尔贝托·多斯·雷斯（Alberto Dos Reis）指出，该条主要是为了禁止滥用上诉权。从司法实践来看，这类行为通常发生在上诉程序中，而且往往伴随其他类型的恶意诉讼行为。如在第39/2011号一宗涉及解除房屋买卖预约合同的纠纷中，被告在一审答辩时认可收到原告支付的 220 万元购房款。该案初级法院判令被告向原告返还 220 万元购房款。被告对此提起上诉，并在上诉理由中以案中只证明了原告带来了以其为受益人的本票，并没有证明他本人收到该款项为由，声称原告的付款行为没有得到证实。对此，终审法院认为，虽然原审法院未按照规定将原、被告在诉辩时确认的付款事实记载为已确定事实，但是依据《澳门民事诉讼法典》第 562 条第 3 款之规定，

---

[30] 《澳门民事诉讼法典》第 442 条规定："一、任何人均有义务协助发现事实真相，不论其是否案件之当事人；为此，须回答向其提出之问题，接受必要之检验，提交被要求提交之物，以及作出被指定之行为。二、如不提供应给予之协助，则判处缴纳罚款，且不影响依法可采取之强制方法；如属当事人不提供协助，则法官自由评价该行为在证明力方面所生之效力，且不妨碍因《民法典》第三百三十七条第二款之规定而将有关举证责任倒置。三、如提供协助将导致下列情况，则提供协助之义务终止：a）侵犯人之身体或精神之完整性；b）侵入私人生活、住所、函件或其他通讯方法；c）违反保守职业秘密之义务或违反公务员之保密义务，又或违反保守本地区机密之义务，但不影响第四款规定之适用。四、如以上款 c 项为依据提出推辞提供协助之请求，则刑事诉讼法中关于审查推辞之正当性及免除履行所援引之保密义务之规定，因应所涉利益之性质经作出配合后，适用于此情况。"

[31] See Paula Costa e Silva, A Litigância de Má-Fé, Coimbra Editora, 2008, pp. 411 -413.

除了依批示被列为已确定的事实，具有完全证明力证据的事实（如当事人自认事实），亦应被认为已认定之事实，法官在裁判时亦应予以考虑。终审法院特别强调，对于这点，“被告及其律师代表也是不能不知道的”，因此，对于被告歪曲其在原审中自认的事实，提起上诉的行为，终审法院认为，“被告提出了其本不应不知无依据之主张，并以明显可受非议之方式采用诉讼手段，以达致违法目的”，这是一个“不诚实的诉讼行为”，并据此认定被告及其代理律师为恶意诉讼人。[32]

另外，特别值得一提的是，该条实际上亦表明了滥用诉讼程序行为与恶意诉讼之间的关系：实践中，滥用诉讼程序的行为具有多样性，但是并非所有滥用诉讼程序的行为都能够称为恶意诉讼。只有当该行为是以明显可受非议之方式作出时才构成恶意诉讼，否则只能视为一般的违反行为。

5. 诉讼欺诈

诉讼欺诈（也称欺诈性诉讼），是指当事人之间相互合谋串通，欺瞒法官，虚构诉讼，以达到不法目的的行为。[33]本质上，在欺诈性诉讼当中，诉讼当事人之间并不存在真正的利益纠纷和冲突，所谓的冲突与矛盾只停留在诉讼表面，其纯粹是一种迷惑法官与法院的手段而已，诉讼的真正目的旨在获得一个有利于双方共同利益的既定判决。就内容来看，该判决可能会损害案外第三人的利益，或者是一个规避法律甚至违法的结果。因此，诉讼欺诈本质上违背了诉讼公平公正地解决纠纷的目的与价值，是一种滥用诉权和滥用诉讼程序的行为。受葡萄牙影响，《澳门民事诉讼法典》当中并没有将诉讼欺诈单列为一种独立的恶意诉讼行为，而是将其作为“不正当利用诉讼”的行为予以单独规定。但是，这绝不意味着二者没有任何关系。葡萄牙学者塞西莉亚·里贝罗（Cecília Ribeiro）认为法律意义上的恶意诉讼是一个很广泛的概念，包括了行使诉权过程中单方或双方的所有奸诈狡猾、不诚信，旨在侵害他人利益的行为。[34]在他看来，无

---

〔32〕 参见澳门终审法院第39/2011号裁判书，澳门法院网，http://www.court.gov.mo/sentence/zh-5397e2531b934.pdf，最后访问时间：2019年2月23日。

〔33〕 内地有些研究也将这种诉讼称为“虚假诉讼”，参见周翔：《虚假诉讼定义辨析》，载《河北法学》2011年第6期；朱健：《论虚假诉讼及其规制》，载《法律适用》2012年第6期；有些研究则认为虚假诉讼包括单方进行的虚假诉讼和双方合谋型的虚假诉讼，双方恶意串通进行的诉讼属于“合谋型虚假诉讼”，参见纪格非：《民事诉讼虚假诉讼治理思路的再思考——基于实证视角的分析与研究》，载《交大法学》2017年第2期。

〔34〕 See Paula Costa e Silva, A Litigância de Má-Fé, Coimbra Editora, 2008, p. 389.

论诉讼当事人是否尊重案情亦即不管是否构成欺诈诉讼，还是只是采取工具性措施，只要违反了倾向于为公正裁决创造有利条件的各种法律规范，即构成恶意诉讼。[35]因此，按照塞西莉亚·里贝罗的观点，恶意诉讼中的恶意既可以是单方的，也可以是双方的，而且欺诈性诉讼也可以构成恶意诉讼。[36]《澳门民事诉讼法典》第568条关于不正当利用诉讼的行为条款中规定：

> 如当事人之行为或案件之任何情节，使人确信原告及被告利用诉讼，以作出虚伪行为或达致法律禁止之目的，则有关裁判应防止当事人欲达致之不正当目的实现。

根据该条，诉讼中，当法官发现双方当事人不正当利用程序时，应当及时采取措施阻止当事人不法目的的实现。具体而言，这种措施包括通过废止、宣告诉讼程序无效。另外，由于进行欺诈性诉讼的当事人在诉讼中故意隐瞒事实真相，且其动机是为不法目的进行诉讼，因此，从构成要件来看，该行为可以构成恶意诉讼，根据《澳门民事诉讼法典》第385条第1款之规定，法院可以对其不正当利用诉讼之行为进行罚款。由于欺诈性诉讼中诉讼双方当事人相互串通，同时具有不当利用诉讼的恶意，因此葡萄牙一些学者也将这种不正当利用诉讼的行为或欺诈性诉讼称为“双方恶意诉讼”，[37]将其与《澳门民事诉讼法典》第385条规定的四类“单方恶意诉讼”相区别。

（三）惩罚与救济功能兼并

法律后果是法律对某一特定行为进行规制的体现与表现形式。《澳门民事诉讼法典》第385—388条中对恶意诉讼的法律后果作了明确的规定。概括而言，恶意诉讼产生的法律后果主要有三种：

1. 罚款

作为对恶意诉讼人的一项处罚措施，罚款制度最早可以追溯至罗马法中对滥诉者适用的罚金制度。受罗马法的影响，早在17世纪时，葡萄牙就在菲利普

---

〔35〕 Paula Costa e Silva，A Litigância de Má-Fé，Coimbra Editora，2008，p. 389.

〔36〕 值得一提的是，学理上，内地有些学者认为诉讼欺诈不同于恶意诉讼，参见于海生：《诉讼欺诈的侵权责任》，载《中国法学》2008年第5期。

〔37〕 See Marta Alexandra Frias Borges，ALGUMAS REFLEXÕES EM MATÉRIA DE LITIGÂNCIA DE MÁ-FÉ，Dissertação de Mestrado da Universidade de Coimbra，Coimbra，2014，p. 62.

律令中规定了对恶意诉讼当事人可以判处罚金。1876 年，葡萄牙制定第一部《民事诉讼法典》，其中第 121 条正式确立了恶意诉讼罚金制度，规定法官如发现败诉方存在恶意诉讼，则按诉讼目标额 10% 的标准科处罚金。此后葡萄牙多次对《民事诉讼法典》进行修订，其中罚金的标准亦随着立法的修改多次变更，但是对恶意诉讼人进行罚款的制度却被一直延续至今，并为澳门继受。《澳门民事诉讼法典》第 385 条第 1 款规定："当事人出于恶意进行诉讼者，须判处罚款。"罚款作为规制恶意诉讼人的一种民事处罚措施，其目的与功能并不是为了救济因为恶意诉讼受到损害的当事人，而是用以制止当事人滥用诉讼程序行为的一种措施与手段，制裁破坏司法制度的行为。基于此，罚款系由法院依职权作出的一项处罚措施。[38]

2. 损害赔偿

从起源来看，恶意诉讼最初被视为一种破坏国家司法秩序和违反法律的行为，因此制裁措施带有浓厚惩罚色彩，具有预防、惩罚及打击报复的目的，并没有过多关注因恶意诉讼利益受损的当事人。因此，损害赔偿一开始并不是与恶意诉讼规制制度相伴相生的措施。17 世纪，随着民事责任制度向诉讼程序渗透，司法者才开始注意到恶意诉讼行为给当事人造成的损害问题，甚至在一些判例中判处恶意诉讼人对恶意诉讼行为给对方造成的损失予以赔偿。[39]进入法典化时代后，葡萄牙在 1876 年第一部《民事诉讼法典》中明确规定（第 126 条）法官可以自由裁量判处恶意诉讼人向对方当事人支付合理的赔偿，但与此同时，立法也对赔偿范围作了严格限定，规定赔偿数额不得超过诉讼费用的 2 倍。特别值得一提的是，立法以诉讼开支为参考系数规定了赔偿数额的上限，但同时明确规定赔偿不包括诉讼费用。[40]由此可见，立法者在规定赔偿制度

---

〔38〕 See Paula Costa e Silva, A Litigância de Má-Fé, Coimbra Editora, 2008, p. 214.

〔39〕 See António Menezes Cordeiro, Litigância de Má-Fé, Abuso do Direito de Acão e Culpa "In Agendo" (2. Edição), Almedina, 2011, p. 39 – 40.

〔40〕 葡萄牙 1876 年《民事诉讼法典》第 126 条规定："Nos casos dos artigos 121. ° e 122. ° o juiz condemnará tambem a parte vencida a pagar á outra uma indemnisação que elle arbitrará em quantia certa. $1. ° A indemnisação nunca poderá exceder o dobro das custas, e ficará reduzida a esta importancia quando pela conta final se conhecer que era maior a quantia arbitrada. $2. ° N'essa indemnisação não se comprehendem as custas do processo"。

时并没有将当事人因恶意诉讼受到的损失完全、真正考虑其中，因此，就性质与功能而言，葡萄牙1876年《民事诉讼法典》规定的恶意诉讼损害赔偿制度与民法意义上的损害赔偿制度有一定的区别，与通常意义上的弥补、修复损失的功能相比，此时的赔偿制度只不过是一种加强处罚的措施与手段，[41]其目的主要还是在于制止当事人的恶意诉讼行为。至1939年《民事诉讼法典》进一步规定，如果对方提出请求，则恶意诉讼人应予以赔偿。立法还进一步规定了赔偿的范围——当事人因恶意诉讼产生的开支和费用，如诉讼代理人或技术人员的服务费等；以及恶意诉讼给当事人造成的其他损失。由此可见，赔偿的范围不仅包括恶意诉讼行为给对方造成的实际损害，还包括预期利益损失。这一规定一直被葡萄牙《民事诉讼法法典》延续至今，《澳门民事诉讼法典》也继受了上述规定，在其第386条中确立了恶意诉讼的损害赔偿制度。

此外，特别要指出的是，《澳门民事诉讼法典》第386条规定的损害赔偿制度仅仅是针对第385条列举的四类单方恶意诉讼行为。在欺诈性诉讼中，由于双方当事人是不法利益的共同体，双方都存在恶意，不存在因恶意诉讼受到损害的当事人，因此自然不存在向另外一方当事人予以损害赔偿一说，但这绝不意味着因欺诈诉讼受到损害的相关利益主体无法得到救济，进行欺诈性诉讼的当事人也无须对其损害他人利益的行为承担任何民事责任。具体而言，如果法官在诉讼中未能及时察觉当事人不正当利用诉讼，并对虚假诉讼作出了裁判，立法也为案外善意第三人提供了有效的救济途径与渠道。根据《澳门民事诉讼法典》第664条之规定，[42]当案外第三人利益因为当事人不当利用诉讼之裁判受到影响时，可以就该裁判提起上诉；第三人利益因此受到损害的，虽然不能根据第386条主张损害赔偿，但是可以依据《澳门民法典》第477条之规定向恶意诉讼人主张侵权损害赔偿责任。

3. 纪律处分

就适用对象而言，该项是专门针对律师的处罚措施。葡萄牙对律师在诉讼

---

[41] See António Menezes Cordeiro，Litigância de Má-Fé，Abuso do Direito de Acão e Culpa "In Agendo"（2. Edição），Almedina，2011，p. 46.

[42] 《澳门民事诉讼法典》第664条规定："如争议系基于当事人间之虚伪行为，且法院因不知悉有关之欺诈行为而无行使第五百六十八条赋予其之权力，则在有关终局裁判确定后，受该裁判影响之人得透过基于第三人反对而提起之上诉对该裁判提出争执。"

中行为的规制，最早亦可追溯到菲利普律令。菲利普律令中曾规定，[43]如果律师给当事人的建议违反律令或法律的明确规定的，法官可以对其进行处罚。如果律师违反原告的意愿，提出与事实不符且明显违反法律的上诉请求，则要承担相应的费用。1769年8月18日制定的《法律正当理由法》（Lei da Boa Razão）中进一步规定律师对诉讼中的轻率、诡辩行为存在恶意时，要被判处罚金。[44]法典化后，葡萄牙在1939年《民事诉讼法典》中规定了恶意诉讼归责于代理人的条款（第468条）。[45]在此基础上，葡萄牙1961年《民事诉讼法》第459条明确规定，[46]诉讼代理人对其在诉讼中的恶意行为承担直接责任，并由律师协会对其进行有关的处罚，令其在合理范围内分担当事人的诉讼费用、罚款及损害赔偿责任。《澳门民事诉讼法典》基本上沿用了葡萄牙的上述规定，在388条中规定："如证实当事人之诉讼代理人对其在案件中恶意作出之行为负有个人责任，则知会代表律师之机构，以对其处以有关处分，并判处该诉讼代理人就诉讼费用、罚款及损害赔偿负担被视为合理之份额。"

特别要指出的是，虽然立法规定诉讼代理人对其在诉讼中的恶意行为承担直接责任，但是结合司法实践来看，法院对诉讼代理人并没有实际的处罚权，法院只能对诉讼代理人是否存在恶意诉讼进行判断，并将结果知会律师公会，由律师公会对该诉讼代理人采取相应的处罚措施。如，澳门中级法院曾在第68/2002号案件以及第148/2002号案件的裁判文书中，针对原审法院宣告被告人的

---

[43] As Ordenações Filipinas dispunham："E aos advogados，que aconselharem contra nossas ordenações，ou Direito expresso，incorrerão nas penas em que incorrem os Julgadores，que julgam contra Direito expresso. E os que fizerem petição de aggravo contra os autos，e não conforme a verdade，que nelles se contém ou a fizerem manifestamente contra Direito expresso，pagarão por cada peticao，que assi fizerem，dous mil réis para as despesas da Relação". 转引自 António Menezes Cordeiro，Litigância de Má-Fé，Abuso do Direito de Acão e Culpa "In Agendo"（2. Edição），Almedina，2011，p. 41。

[44] See António Menezes Cordeiro，Litigância de Má-Fé，Abuso do Direito de Acão e Culpa "In Agendo"（2. Edição），Almedina，2011，p. 41.

[45] See Paula Costa e Silva，A Litigância de Má-Fé，Coimbra Editora，2008，p. 217.

[46] 葡萄牙1961年《民事诉讼法》第459条规定："Quando se reconheça que o mandatário da parte teve responsabilidade pessoal e directa nos actos pelos quais se revelou a má fé na causa，dar-se-á conhecimento do facto à Ordem dos Advogados ou à Câmara dos Solicitadores，para que estas possam aplicar as sanções respectivas e condenar o mandatário na quota-parte das custas，multa e indemnização que lhes parecer justa。"

诉讼代理人为恶意诉讼人，并在裁判文书中直接对其判处罚款的做法予以否定，认为对于诉讼代理人，法院只能对其行为是否构成恶意诉讼进行判断，并在裁判生效后将裁判结果告知律师公会，由律师公会按照相关程序决定是否要该诉讼代理人缴纳罚款。[47] 言下之意，即使诉讼代理人在诉讼中构成恶意诉讼，法院亦无权直接对其采取处罚等制裁措施。

4. 关于刑事责任问题

受葡萄牙法律影响，《澳门刑法典》中并没有专门针对恶意诉讼的罪名。根据罪行法定的原则，对于刑法上未规定为罪的行为，不能予以定罪处罚，但这是否意味着在澳门的法律体系中，恶意诉讼人不会承担任何刑事责任呢？对此，澳门中级法院曾经在第 777/2014 号一宗当事人涉嫌通过恶意诉讼获得土地所有权的案件中指出，“在法律审层面来说，上诉庭认为依照《民法典》第 8 条的释法原则，有关把诉讼诈骗视为仍得以诈骗罪去论处的法律见解是合理的。这是因为即使《民事诉讼法典》第 385 条及续后各条文对恶意诉讼人的定义和惩处作出相关规定，但这并不能排除诉讼诈骗行为在刑法层面的可被惩处性。……如某一具体诉讼的与诉人真的被证实作出了完全符合《刑法典》第 211 条所规定的诈骗罪罪状所指的行为时，那么根据《刑法典》第 1 条第 1 款的罪刑法定原则，便应可被刑事追究和惩处，尽管其人从未在相关诉讼程序内被裁定为属恶意诉讼人亦然。故诉讼诈骗是可被刑事论处的，当行为人尤其有提及虚假事实或掩饰真实事实时，便属使用了诡计的情况”。[48] 由此可见，

---

〔47〕 针对初级法院宣告被告人的诉讼代理人构成恶意诉讼，并直接判处缴纳罚金的行为，澳门中级法院在第 68/2002 号案的裁判书指出：“我们相信（鉴于第 388 条的规定）原审法院不应当对现上诉人作出已经作出的判处。相反，面对着恶意诉讼之（可能性）判断，本来应当首先知会澳门律师公会，以便在那里，在适当的程序中裁定该问题……因此，应当废止被上诉的裁判中关于裁定判处现上诉人 10 个计算单位罚款的部分，并维持其中作出的恶意诉讼的判断。”第 148/2002 号案 2003 年 1 月 23 日作出的裁判书认为：“原审法院不应直接判处上诉人缴纳罚款，而首先应当面对恶意诉讼之（可能性）判断，告知澳门律师公会，以便在该公会的适当程序中，就此（是否判缴罚款）问题作出决定。换言之，即使应得出结论认为嫌犯之诉讼代理人个人恶意诉讼，也不能像现有裁判那样判令其缴罚款。”参见澳门中级法院第 68/2002 号裁判书，澳门法院网：http：//www. court. gov. mo/sentence/zh-5371fb330e3af. pdf，最后访问时间：2019 年 2 月 23 日；澳门中级法院第 148/2002 号案裁判书，澳门法院网，http：//www. court. gov. mo/sentence/zh/9373，最后访问时间：2019 年 2 月 23 日。

〔48〕 参见澳门中级法院第 777/2014 号裁判书，澳门法院网，http：//www. court. gov. mo/sentence/zh-be160b20624e3. pdf，最后访问时间：2019 年 2 月 23 日。

虽然《澳门刑法典》中没有专门针对恶意诉讼的罪名，但是恶意诉讼人的行为如果触犯刑法中其他的罪名，还是会引起相应的刑事后果与责任。

（四）适用范围广，涵盖三大诉讼程序

虽然澳门继受葡萄牙的规定，将对恶意诉讼的规制规定在民事诉讼法当中，但是从司法实践来看，这些规定的适用范围并不仅仅局限于民事诉讼程序。作为一种规制不当诉讼行为，旨在维护诉讼秩序的制度，恶意诉讼制度也延伸适用至刑事、行政诉讼程序中。从立法层面来看，《澳门刑事诉讼法典》第4条规定："如出现未有规定之情况，而本法典之规定亦不能类推适用，则遵守与刑事诉讼程序相协调之民事诉讼程序规定；如无此等规定，则适用刑事诉讼程序之一般原则"；《澳门行政诉讼法典》第1条规定："行政上之司法争讼程序受本法典之规定及关于司法体系组织之法律之规定所规范，且补充适用经作出必要配合之民事诉讼法之规定"。上述相关法典中关于法律适用的一般规定为民事诉讼法中有关恶意诉讼法律规定的延伸适用提供了法律依据。

而就司法层面来看，司法实践中也不乏法院在刑事诉讼乃至行政诉讼中对恶意诉讼人作出处罚的例子。笔者曾在澳门法院网以"恶意诉讼"为主题搜索到31份相关的裁判书，其中涉及刑事诉讼程序和行政诉讼程序的案件分别有14件和2件。[49]澳门终审法院2001年9月28日在第12/2001号案裁判中曾指出："对恶意诉讼行为作出处罚，是为了使诉讼程序在正常、公正的条件下进行，确保公正裁判的顺利产生，防止对诉讼程序的滥用。在刑事诉讼里，既要通过惩处犯罪者来维护社会秩序和安宁，也要保护被告的合法权益。参与刑事诉讼的主体不仅仅是被告，还有检察院、辅助人和附带民事赔偿申请的当事人。只要不抵触刑事诉讼的具体规定和原则，防止恶意诉讼行为并处罚负有责任者是有必要的。"[50]在裁判书中，合议庭还进一步指出，虽然《澳门刑事诉讼法典》没有对恶意诉讼作出明确的规定，但根据该法典第4条之规定，"《民事诉讼法典》第385条关于恶意诉讼的规定，经适当调整后可适用于刑事诉讼程序"。[51]

---

〔49〕 统计时间截至2019年2月23日。

〔50〕 参见澳门终审法院第12/2001号裁判书，澳门法院网，http：//www. court. gov. mo/sentence/zh-53590d09ed337. pdf，最后访问时间：2019年2月23日。

〔51〕 同上。

（五）小 结

基于前述的分析与讨论，对澳门规制恶意诉讼制度的结论可简单归纳如下：

第一，立法规制恶意诉讼的正当性源于善意原则。根据现代法治精神，法律保护公民依法享有的诉权，但是基于善意原则的法律精神，立法要求诉讼主体在诉讼中应当按照法律默认的目的和功能去行使诉讼权能、使用诉讼程序。恶意诉讼制度最早可以追溯至罗马法，但从葡萄牙的立法演变可以看出，自 20 世纪开始，恶意诉讼制度在葡萄牙的发展变化与善意原则在民事诉讼法中的延伸适用及发展有密切关系。受葡萄牙的影响，澳门在《民事诉讼法典》中确立了善意原则，诉讼当事人在诉讼程序中违反善意原则行使诉权或使用诉讼程序将会产生特定的诉讼法律后果，在特定情况下甚至会构成恶意诉讼。

第二，从历史渊源来看，澳门现行的恶意诉讼制度源自葡萄牙的立法规定。从律令至现今的民事诉讼法，葡萄牙关于恶意诉讼的规定在立法模式上历经了从一般概括性规定到具体类型化的演变。具体就构成来看，恶意诉讼的适用对象从败诉方延伸至所有诉讼当事人及其代理人，主观过错的范围从故意扩大到严重过失，呈现出扩大的趋势；但与此同时，恶意诉讼的行为类型却严格限缩于几种法定类型；就法律效果而言，也从单一的诉讼法律后果（罚款）发展成为诉讼法律后果与实体法律后果兼具，亦即恶意诉讼人不仅会被科处罚款，而且可能要接受实体法的评价，承担损害赔偿责任。这表明，较之恶意诉讼以往以惩罚、预防为主，具有浓厚公法色彩的功能与性质，现代立法中的恶意诉讼制度惩罚与救济功能并存，其不仅旨在维护诉讼程序的道德性，而且强调对当事人受损利益的保护和救济。

第三，受葡萄牙的影响，澳门现行民事诉讼法对恶意诉讼也采取了类型化列举的立法模式，对恶意诉讼的内涵外延作出了明确的规定。恶意诉讼以过错为归责原则，表现形式仅限于法定的几类实质性或程序性恶意诉讼行为，从而将恶意诉讼与其他的滥诉、滥用程序行为相区别。就主体而言，恶意诉讼人的范围包括当事人（既可以是败诉方，也可以是胜诉方）及其代理人；在适用范围方面，除了民事诉讼程序，澳门司法实践中还将恶意诉讼制度延伸适用至刑事诉讼及行政诉讼程序，这是澳门恶意诉讼制度在立法上的一个独特之处，亦表明恶意诉讼的规制在整个程序法中的地位与重要性；就法律后果而言，恶意诉讼的规制惩罚与救济功能兼并，恶意诉讼人主要承担诉讼法律责任（罚款）及民事法律责任（损害赔偿）。虽然《澳门刑法典》中并无专门针对恶意诉讼的罪名，但这并不意味着恶意诉讼不会引起任何刑事后果，倘若恶意诉讼人的行为触犯了刑法法定的罪名，同样会构成犯罪，要受到相应的刑罚。

四、澳门恶意诉讼规制对我国内地的启示

（一）内地关于恶意诉讼规制的立法及司法现状

1. 立法分散、规定模糊

谈及我国内地关于恶意诉讼的立法，2012 年可谓是一个分水岭。在此之前，我国内地立法中一直没有关于恶意诉讼的明确规定。2012 年，新修订的《民事诉讼法》在“总则”第 13 条确立了民事诉讼诚实信用原则，并在“对妨害民事诉讼的强制措施”一章中增加了两条（第 112 条和第 113 条）关于当事人在诉讼或执行中恶意串通侵害他人合法权益的规定，但这两条其实也只是概括性地规定当事人之间恶意串通，企图通过诉讼、调解等方式侵害他人合法权益，或是通过上述方式逃避履行生效法律文书义务，法院可以依法对其进行处罚或追究刑事责任。同时，针对第 112 条规定的当事人利用诉讼恶意串通损害第三人利益的情形，我国《民事诉讼法》第 56 条中还增加了第三人撤销之诉的规定，给利益因当事人合谋受损的案外第三人提供救济途径。2016 年 6 月，最高人民法院《关于防范和制裁虚假诉讼的指导意见》（法发［2016］13 号）（以下简称《指导意见》）发布，在这个效力级别类似于司法解释的法律文件中，最高人民法院首次对虚假诉讼作了具体的界定。根据《指导意见》的第 1 条规定，虚假诉讼一般包含以下要素：（1）以规避法律、法规或国家政策谋取非法利益为目的；（2）双方当事人存在恶意串通；（3）虚构事实；（4）借用合法的民事程序；（5）侵害国家利益、社会公共利益或者案外人的合法权益。此外，2015 年 11 月，《刑法修正案（九）》中增加了虚假诉讼罪（《刑法》第 307 条之一），规定以捏造的事实提起民事诉讼，妨害司法秩序或者严重侵害他人合法权益的行为构成犯罪。

结合上述有关立法来看，恶意诉讼在内地至今仍然不是一个法律上的概念，立法上使用的概念为“恶意串通”“虚假诉讼”等，但无论是《民事诉讼法》第 112 条、最高人民法院 2016 年发布的《指导意见》抑或《刑法》第 307 条之一，规制的对象本质上均属于虚假诉讼，而且这些规定都是以个别条款的方式分散于不同的法律、法律文件当中，至于何谓虚假诉讼，其内涵外延如何，立法没有一个清晰准确的说明。虽然最高人民法院《指导意见》第 1 条列举了虚假诉讼的一些要素，但其周延性是值得进一步商榷的。如果按照前述葡萄牙学者塞西莉亚·里贝罗关于恶意诉讼既包括单方的恶意，又包括双方串通的恶意理解，现行《民事诉讼法》以及最高人民法院《指导意见》对虚假诉讼的规制范围实际上仅限于双方恶意串通的虚假诉讼。

2. 单方恶意诉讼规制不足

如上所述，内地立法对恶意诉讼的规制主要是以双方恶意的虚假诉讼为主，但这并非意味着立法对单方恶意诉讼的规制一片空白。除了刑法修正案中的“虚假诉讼罪”，《刑法》第 306 条中还规定，在刑事诉讼中，辩护人、诉讼代理人伪造证据的行为可构成的“妨害司法罪”。此外，民事诉讼法和行政诉讼法中对此也有些相关的规定。如《民事诉讼法》第 111 条第 1 款第 1 项中将伪造、毁灭重要证据，妨碍人民法院审理案件的行为规定为妨害民事诉讼的行为，法院可以依据情节轻重对当事人分别处以罚款、拘留；《行政诉讼法》第 59 条第 1 款第 2 项规定，诉讼参与人或其他人伪造、隐藏、毁灭证据或者提供虚假证明材料，妨碍人民法院审理案件的，法院可以根据情节轻重，予以训诫、责令具结悔过或者罚款、拘留等。

从上述规定可以看出，内地对单方恶意诉讼没有一个清晰的界定，立法对于单方恶意诉讼的规制比较单一，只是针对某类恶意诉讼行为（主要是毁灭、伪造证据）进行规制。但从司法实务来看，除了伪造、毁灭证据，实践中不乏当事人一方隐匿证据、以捏造事实提起诉讼，或者隐瞒事实真相，进行虚假陈述，损害对方当事人利益等形态的恶意诉讼行为。单方恶意诉讼的表现形态具有多样性，因此，从适用对象及范围的角度来看，《民事诉讼法》第 111 条第 1 款第 1 项以及《行政诉讼法》第 59 条第 1 款第 2 项对单方恶意诉讼行为的规制非常有限，除了伪造、毁灭重要证据的行为，其他违反诉讼善意原则（或诚实信用原则）的单方不法诉讼行为在当前的法律制度中难以得到充分有效的规制，[52]受害人也难以即时获得有效的救济。鉴于此，构建单方恶意诉讼制度，完善恶意诉讼规制的法律规范体系势必成为今后立法亟待完善的一个内容。

（二）澳门恶意诉讼规制制度对内地的启示

澳门在继受葡萄牙立法的基础上，建立了较为规范完善的恶意诉讼规制制度，其立法经验及司法实践对内地恶意诉讼规制制度的完善具有一定的参考价值与启发意义。

第一，关于立法模式的选择。从澳门恶意诉讼规制在立法上的演变可以看出，就恶意诉讼规制制度的立法模式而言，通常有一般性概括规定与具体类型化规定两种方式。从法律适用的角度来看，一般性概括规定较为抽象，法官在对恶意诉讼行为进行判断过程中具有较大的自由裁量权，因此法律的适用具有不确定性；而类型化列举式的规定较为具体，明确了恶意诉讼行为的范围，有利于法官适用统一标准对恶意诉讼行为作出准确的判断。也正因如此，葡萄牙在1939年对民事诉讼法恶意诉讼制度的规定进行修改时就摒弃了这种立法模式，改用具体类型化的规定，并为澳门立法沿用至今。我国幅员辽阔，地区之间经济文化发展水平差异较大，法官的业务水平参差不齐，为避免法官行使自由裁量权时出现较大的差异，造成同案不同判的情况，内地立法在构建恶意诉讼制度时，无论采取何种立法模式，都有必要明确恶意诉讼行为的内涵外延或者构成要件，为裁判者对恶意诉讼行为的判断提供一个明确、统一的裁判标准。

另外，从实践来看，恶意诉讼并非民事诉讼中特有的现象，除了民事诉讼，行政诉讼甚至刑事诉讼中都可能出现当事人滥用诉权、滥用诉讼程序的情况。继2016年针对民事诉讼出台的《最高人民法院关于防范和制裁虚假诉

---

〔52〕 目前实践中，法院通常将诉讼当事人隐瞒案件事实，进行虚假陈述的行为视为妨碍民事诉讼的不法行为，并依据《民事诉讼法》第111条第1款第1项之规定对其予以制裁。参见赵艾：《苏州虎丘法院对虚假陈述开出5万“罚单”》，《人民法院报》2018年4月18日第3版；以及林翠妍、洪仲海民间借贷纠纷再审民事判决书（2018）最高法民审28号，中国裁判文书网，http：//wenshu. court. gov. cn/content/content? DocID = c4bdf896-0fed-4195-a485-a8bd011652f4，最后访问时间：2019年2月23日。但笔者认为，该条关于妨碍民事诉讼的不法行为之规定过于简单笼统，对何谓单方恶意诉讼缺乏统一的识别、判断标准，在司法层面上会影响到恶意诉讼的规制效果。

讼的指导意见》之后，2017 年 9 月又发布了《最高人民法院关于进一步保护和规范当事人依法行使行政诉权的若干意见》，明确指出要正确引导当事人依法行使行政诉权，严格规制滥用诉权、恶意诉讼等行为。毫无疑问，在实行立案登记制改革后，如何有效地预防、规制各类诉讼中出现的恶意诉讼已然成为当前内地立法、司法工作的一个重心。澳门将民事诉讼法中规制恶意诉讼的规定延伸适用到行政、刑事诉讼领域，从立法技术角度来看，这一做法对于内地如何在三大诉讼法中构建起统一的恶意诉讼规制体系，进而对民事、行政乃至刑事诉讼中的恶意诉讼进行有效规制提供了一种立法选择与参考。

第二，明确归责原则，厘清恶意诉讼与虚假诉讼以及其他滥用诉权、滥用诉讼程序行为的关系，有效规制单方及双方合意的恶意诉讼行为。从前述的讨论可以看出，本质上，恶意诉讼、虚假诉讼均属于违反善意原则的滥用诉权、滥用诉讼程序的行为，但是是否所有滥用诉权或滥用诉讼程序的行为都属于或者可构成恶意诉讼，这是在探讨恶意诉讼内涵外延时值得思考的一个问题。恶意诉讼的规制不仅关乎诉讼秩序及当事人的正当诉讼权益，还涉及诉讼主体诉讼权利的自由行使与保障问题。就语义来看，恶意诉讼是一个强调主观意识（恶意）的概念，而滥用诉讼权利或者诉讼程序更多的是一个描述客观行为结果的概念，诉讼主体滥用诉讼权利、滥用诉讼程序既有可能是有意为之，也有可能是因为轻微的过失，纯粹过度行使权利。澳门立法上通过主客观要件的规定，将恶意诉讼与一般过失造成的滥用诉讼权利、滥用诉讼程序相区分的做法，可以给内地立法探讨恶意诉讼的内涵及其与滥用诉权、滥用诉讼程序的关系带来一些启发。恶意诉讼本质上属于滥用诉讼权利以及滥用诉讼程序的行为，但是并非所有滥用诉权、滥用诉讼程序行为都可构成恶意诉讼。恶意诉讼的判断需要考虑行为主体主观过错及行为目的、动机，至于主观过错的程度是限于故意，抑或应包括重大过失，视乎立法者的考虑。但有一点不容忽视，恶意诉讼与滥用诉权、滥用诉讼程序之间不是完全等同的关系，一般过失造成的滥用诉讼权利、滥用诉讼程序行为不应纳入恶意诉讼的范畴，否则将严重妨碍当事人诉权的行使。

此外，如上所述，理论上，恶意诉讼既可以是诉讼一方进行的恶意诉讼行为，亦可以是双方合意进行的恶意诉讼行为。虚假诉讼本质上应当属于恶意诉讼，但内地法律及司法实践中又倾向于将虚假诉讼理解为双方恶意串通的诉讼行为，导致法律对单方恶意诉讼行为的规制极为有限。澳门在《民事诉讼法典》中通过第385条恶意诉讼以及第568条不当利用诉讼的规定，可以对单方以及双方合意进行的恶意诉讼行为进行有效规制。为进一步完善对单方恶意诉讼行为的规制，内地在日后的立法中可以参考澳门的做法，引入恶意诉讼概念，构建对单方和双方合意的恶意诉讼行为均能有效规制的制度。

第三，制定处罚与救济兼并的规制措施。恶意诉讼行为不仅扰乱了国家正常的诉讼秩序，损害国家司法权威，而且客观上也使他人（对方当事人或案外第三人）的正当权益受到不同程度的损害。澳门立法对恶意诉讼的规制实践表明，现代立法中的恶意诉讼规制惩罚与救济功能并存，立法规制恶意诉讼不仅为了惩罚扰乱诉讼秩序的行为，维护司法权威，而且强调对恶意诉讼受害当事人受损利益予以保护。就法律效果而言，除了处罚等诉讼法律措施，立法中确立恶意诉讼损害赔偿制度，不仅有利于为恶意诉讼受害人提供有效的救济，而且客观上加重了恶意诉讼的法律责任，从而提高恶意诉讼的成本与风险，一定程度上更有利于达到遏制、防范恶意诉讼的效果。内地现行法律中未对恶意诉讼损害赔偿制度作出专门的规定，虽然当事人权益因恶意诉讼受到损害时，可以依据《民法典》中侵权责任的规定向恶意诉讼人主张有关损失，[53]但由于立法的缺失，实践中往往对恶意诉讼损害赔偿的范围存在较大争议。[54]鉴于此，澳门立法中确立恶意诉讼损害制度的做法值得内地参考与借鉴。

---

〔53〕《民法典》生效之前，求偿法律依据为《侵权责任法》。如在入选2019年中国法院十大知识产权案件的“深圳市腾讯计算机系统有限公司与谭发文因恶意提起知识产权诉讼损害责任纠纷案”中，腾讯公司就以谭某恶意提起专利侵权诉讼为由请求法院判令谭某向其赔偿损失。在该案中，法院明确指出恶意诉讼在本质上属于侵权行为，并判令谭某向腾讯公司赔偿50万元。参见广东省高级人民法院（2019）粤民终407号民事判决书，http：//www.gdcourts.gov.cn/index.php?v=show&cid=170&id=55242，最后访问时间：2020年11月30日。其他相关的司法案例可参见（2016）浙0482民初5197号、（2017）浙04民终810号民事判决书；或参见周倩：《恶意诉讼的认定与侵权责任》，载《人民法院报》2018年3月1日，第6版。

〔54〕徐俊、俞硒：《民事恶意诉讼的损害赔偿》，载《人民法院报》2014年11月20日，第7版。

粤港澳大湾区法律文化建设的机遇和难题[1]

於兴中*

摘　要　粤港澳大湾区的文化建设意味着三种法律体系的冲突与融合。三种法律体系意指在澳门实行的欧洲大陆法、在香港实行的普通法，以及建立在中华法系、大陆法系、普通法系与社会主义法系基础上的当代中国的法律体系。这些古老而特点鲜明的文化传统及其法律传统在世界上存在了几千年，今天历史终于赋予大湾区前所未有的机遇，整合现有法律资源并建构理想的未来。这显然是一项伟大而艰巨的任务，其中包含着不同价值系统以及相应制度安排的冲突、磨合与融汇，是一项旷日持久的硕大工程。而这项工程的难处除了文化冲突和融合引起的问题需要解决，还在于今天我们所处的瞬息万变的时代。大数据、云计算、人工智能、算法、区块链等新技术飞速改变着人们的生活方式和文化观念。文化建设首先面临的是稳定与变化、时间与空间、长期价值和短期效用之间的矛盾，其次才是文化主体价值的冲突与融合。然而，这项工程的意义恰恰也就在于它所面临的挑战。

关键词　文明秩序　大陆法系　普通法系　规范二元论

粤港澳三地都属于中国领土，中国人在其上休养生息，延续文明。由于历史原因，澳门从16世纪中叶开始接受欧洲文化，香港从19世纪中叶开始引入英国文化，但两地都保留了中国传统。广东处于与西方接触交流的最前沿，也是内地各省中国际化程度较高的省份。粤港澳大湾区的文化建设意味着三种文明秩序和三种法律体系的冲突与融合。三种文明秩序分别为中国固有的道德文

---

* 於兴中，康奈尔大学法学院王氏中国法讲席教授，杭州师范大学沈钧儒法学院特聘教授，主要研究方向：法理学。

〔1〕 本文系根据笔者在2019年8月12日由澳门特区政府主办的“粤港澳大湾区发展建设的文化使命国际论坛”上的发言稿改编。

明秩序、源自西方的法律文明秩序及宗教文明秩序。三种法律体系意指在澳门实行的欧洲大陆法、在香港实行的普通法，以及建立在中华法系、大陆法系、普通法系与社会主义法系基础上的当代中国的法律体系。这些古老而特点鲜明的文化传统及其法律传统在世界上存在了几千年，今天历史终于赋予大湾区前所未有的机遇，整合现有法律资源并建构理想的未来。这显然是一项伟大而艰巨的任务，其中包含着不同价值系统以及相应制度安排的冲突、磨合与融汇，是一项旷日持久的硕大工程。而这项工程的难处除了文化冲突和融合引起的问题需要解决，还在于今天我们所处的瞬息万变的时代。互联网、物联网、万物网、大数据、云计算、人工智能、算法、区块链……这些新技术飞速改变着人们的生活方式和文化观念。在一个急速变化的时代，凡事都如风驰电掣甚至转瞬即逝。文化建设首先面临的是稳定与变化、时间与空间、长期价值和短期效用之间的矛盾，其次才是文化主体价值的冲突与融合。然而，这项工程的意义恰恰也就在于它所面临的挑战。本文拟从三地法律制度的异同入手，进而讨论文化传统融合与冲突的深层问题，后人类时代的人与制度面临的普遍困难，以及实在与虚拟、人文与科技、现实与理想、道德与法律等相关内容，以期对大湾区文化建设，尤其是法律文化建设这一重要议题有足够深刻的认识，并且发掘有效的方法和途径。

一、粤港澳三地法律制度的异同

粤港澳三地同为中国领土，承继中国传统文化，通中文，讲粤语，实为同胞之地。到近代走上了不同的道路，现代化的过程中具有各自的优势和困难。中国传统的道德文明秩序遭遇了来自西方的法律文明秩序和宗教文明秩序。粤港澳大湾区文化建设的机遇赋予三地主体资格，使其协调、兼容、合作、融合。

就法律制度而言，粤港澳大湾区实行三种不同的法律制度。这三种法律制度的协调和融汇是大湾区法律文化建设的一个重要任务。近年来，就世界范围来看，大陆法系和普通法系，即制定法和案例法相结合的趋势已经越来越明显。就法律制度的基本价值而言，像尊重、平等、正义、自由、权利等核心价值，既是可以普遍接受的，也是建立人类共同体所必需的核心价值。大湾区法律文化的建设，应该以这些价值作为指导原则。本节就三地法律制度的梗概略作叙述，以为下文讨论提供基础。为便于叙述，先从中国法律传统入手。

（一）中国法律传统：规范二元论与德礼政刑

在《论语》中记载的德礼政刑规范二元论是理解中国古代法律思想和法律传统的钥匙。[2]这种规范二元论在《孔子家语》中有比较详细的讨论。用两套规范分别调整秩序与非秩序的这种构思是中国文化传统固有的特点，所谓“国之大事，在戎在祀”，“治之经，礼于刑”，“出礼入刑”，“德礼为政教之本，刑法为政教之用”……都是对这种规范二元论的经典而生动的描述。[3]之所以存在这样的一种规范二元论，与中国古代法起于刑、刑起于兵，而礼起于祀、成于道德的事实是分不开的。而这种规范二元论成型之后在中国历史上延续两千年，可能还受到了中国传统文化中辩证实用理性和儒道两家阴阳学说的理论支持。这种规范二元论在现实中之所以能够得到制度上的体现与保障，大概是由于执行法律的法官往往出身于儒家传统。

“道之以政，齐之以刑，民免而无耻；道之以德，齐之以礼，有耻且格。”[4]首先，这种规范二元论把“德礼”和“政刑”两种体系对立起来，认为在治理国家上德礼规范系统要优于政刑规范系统。“道”和“齐”两个概念刻画了古代中国人对治理的认识和心态。在治理国家上面首先是“道”，其次是“齐”，引导民众成为遵守秩序的君子和臣民。如果引导起不到它所应起的作用，即通过引导，民众还是无法顺服帝王的统治，则应该用一些具体的规范来使他们和统治者保持一致，顺服并接受统治者的统治。相比之下，用“德”引导、用“礼”来约束民众的行为，要优于用政令和策略引导民众，而用刑法使民众归附。

最理想的即所谓“至治”或“至政”，乃是“德治”；次为“礼治”；再次为“政治”；最后是“刑治”。在这种思想的指导下，古代中国的法律制度的核心是刑治。社会治理的主要任务由德、礼、政三种规范承担，刑治只是前三者都不管用时不得不采取的手段。故此，中国的法律从来都没有走出惩罚犯罪的局限。众所周知，中国古代只有诸法合体的刑法典，从《秦律》到《唐律》，再到《大清律例》都是以刑法为主体的法典，而没有发展出西方历史上那样的

---

〔2〕 参见杨伯峻：《论语译注》，中华书局2006年版，第12页。

〔3〕 参见俞荣根：《儒家法思想通论》，广西人民出版社1998年版，第253—256页。

〔4〕 杨伯峻：《论语译注》，中华书局2006年版，第12页。

民法或商法。同时，中国古代没有独立的司法机关和专职的法官，也未曾出现专职律师。一言以蔽之，中国古代的传统是一种道德文明秩序，而非法律文明秩序。

（二）粤港澳三地的现代法律制度

清朝时期，中国政府聘请日本法律专家从日本引进法律制度，以使中国法律制度现代化。日本的法律源于德国，属大陆法系，以制定法为最明显的特点。1912 年中华民国成立后，中国政府维持大陆法系。尽管大陆在 1949 年后废除了中华民国的所有法律制度，但其法律制度却受到苏联法律制度（也可视为大陆法系）的深刻影响。中国政府对香港、澳门恢复行使主权之后，根据“一国两制”的制度安排，香港仍然保留普通法制度，澳门则采用了基于葡萄牙大陆法系的法律制度。两地各有自己的终审法院和立法机构，但它们各自的基本法均由全国人民代表大会常务委员会解释。

1. 广东

中华人民共和国法律，正式称为具有中国特色的社会主义法律制度，在全国各地适用，因此也适用于广东。在 1978 年以前，中国政府对正式的法律制度并不特别关注，因为当时的理解是，无产阶级不能让法律束缚手脚。在 20 世纪 50 年代中期大陆曾尝试引入苏联的社会主义法律制度，但是，从 1957 年 9 月“反右”运动开始到 1976 年年底“文化大革命”结束，中国的政法制度缺乏正式法律制度的大部分特征。1978 年改革开放以来，法律被看作支持经济发展的有用工具。从那时起，中国继续发展正式的法律制度，立法数量大幅度增加，并且对司法和执法也日益关注，从而使法律环境有了相当的改善。经过 40 多年的努力，中国已经建立了相当完整的法律体系，其中包括宪法、民商法、刑法、行政法、经济法、程序法等。

2. 香港

香港的法律制度以法治及司法独立的精神为基础，大致沿袭自受殖民统治时期英国的法律制度。1997 年政权交接后，以《香港基本法》作为特别行政区法律制度的宪制性文件。根据“一国两制”的原则，香港的法律制度得以继续原有的普通法体系，并由成文法作补充。因此，香港的法律制度与内地的法律制度，以至于与澳门特别行政区的制度都截然不同。现时适用于香港的法律，以成文法形式的香港法例编汇通行。香港特区目前实施的法律包括：《基本法》、

《基本法》附件三载列的全国性法律、中国政府对香港恢复行使主权之前香港的法律（包括普通法和衡平法）、香港立法机关制定的法律。与国防、外交及其他在香港特别行政区自治范围以外的事务有关的中华人民共和国全国性法律，可以由香港特区公布或自行立法，在香港施行。

3. 澳门

澳门的法律体系以葡萄牙法律为主要参考，因此属于源自欧洲大陆的民法传统。大陆法系起源于罗马法，并以书面立法为主要法律渊源。大陆法系是高度系统化和结构化的，法律的主要形式是经立法机构制定的规则，一般以法律和法典形式公布。法院根据法典和法规的规定就具体案件作出判断，从中得出特定案件的解决方案，必须在法典的一般规则和原则的基础上进行广泛的推理。

在澳门，目前生效的所有立法均以两种官方语言——葡萄牙语和汉语提供。由于其历史背景，澳门绝大多数的法规，特别是主要法规（民法、民事诉讼法、刑法、刑事诉讼法和商法）最初都是用葡萄牙文起草的，而且是基于葡萄牙法典。

回归祖国以后，《澳门特别行政区基本法》成为澳门的最高法律，原有的法律制度基本上得以保留。法律制度发生了一些变化，但基本脉络还是大陆法系，与中国内地的法律体系和通行的法律方法有相像的地方，但并不相同。

二、三地法律制度的融合与冲突

《粤港澳大湾区发展规划纲要》（以下简称《纲要》）提出要“共建人文湾区”，包括共同塑造和丰富湾区人文精神内涵、共同推动文化繁荣发展、加强粤港澳青少年交流、推动中外文化交流互鉴等。大湾区建设为粤港澳三地的文化进一步交融发展提供了历史机遇。根据《纲要》，三地可以开展一系列文化交流与合作，共用文化资源，共谋文化建设，共建人文湾区。同时为中外文化大交流，加深不同文化、不同文明之间的相互理解尊重和共同发展提供平台，为人类文明的发展进步和世界和平作出独特的贡献。

因为法律制度是文化的重要组成部分，三地法律文化的协调与融合自然而然是建设和发展大湾区文化的应有之义。与机遇同在的是不可忽视的冲突和困难。不言而喻，这些困难中最主要的是关于司法独立的不同态度、专业化与民粹主义的冲突，以及法律推理上的区别。

（一）关于专门的司法机构的态度

专职司法的观念源自西方，但已被各国的法律制度广泛接受。其原理是非常简单的。遇到纠纷的时候，最能够得到公正解决的途径是寻求一个中立的第三者，并保证该第三者自主决定，这便是专职司法的核心思想。问题在于，任何具有决策地位的机构和人都有可能滥用或者误用自己的权力，因此，第三者的权力也绝对不是无限的。就是说，专职司法要求司法机构的问责制。当一个第三者作为中立的力量来调节矛盾纠纷时，一方面，应该保障其独立行使职权，但另一方面，也应该防止其无度地使用它的权力。因此，解决纠纷的权力和对当事人的责任是相辅相成的。司法独立和司法责任是并行不悖的。

在一些国家，司法审查的能力增强了司法机关检查立法机关的能力。例如，当司法机关认为政府部门拒绝履行宪法义务时，可以通过强制措施采取某些行动，或者宣布立法机关通过的法律违宪，从而使用这种权力。司法人员任命方式及任期保障能够确保司法人员秉公断案。现代各国保障司法公正的方法，通常是法官一经聘用，为使法官能安心地工作，行政和立法部门不能轻易地解除法官职务或减少薪酬。此外，立法机关不得质疑法官已判之案。

《澳门司法组织纲要法》明确规定了澳门法院的独立性，司法组织的一般原则，尤其是有关法院的种类和审级，法院的组成、权限和运作，司法官、诉讼代理人，以及澳门司法高等委员会和澳门司法委员会的组成等。《澳门司法组织纲要法》还使澳门在历史上首次拥有了高等法院，从而大部分的上诉案件都可以在澳门进行审判，仅在一些特殊情况下，才会就澳门法院的裁判向葡萄牙的法院进行上诉。

1999 年 12 月 20 日，中华人民共和国政府对澳门恢复行使主权，因此，“一国两制”、高度自治、享有独立的司法权和终审权，法院独立进行审判，只服从法律而不受其他干涉，这些原则成为澳门司法制度的磐石。《澳门特别行政区基本法》规定，澳门特别行政区享有独立的司法权和终审权。法院独立进行审判，只服从法律，不受任何干涉。

再来看看香港，香港于 1842 年受英国殖民统治以后，专职司法一直是传统。1997 年 7 月 1 日，中国政府对香港恢复行使主权。香港司法机构的独立性以及普通法的延续，已载入香港的宪法性文件《香港特别行政区基本法》。

现行中国宪法中也有关于专职司法之规定。《中华人民共和国宪法》第 131

条规定："人民法院依照法律规定独立行使审判权，不受行政机关、社会团体和个人的干涉。"尽管中国《宪法》规定法院和检察院独立行使司法权力，但中国共产党仍明确规定其对司法的领导，并设立专门的司法领导机关"政法委员会"。另外，内地目前还没有实行法官的高薪制和终身制。

鉴于以上在专职司法问题上三地的不同，三地司法机关之间的协调会是一个棘手的问题，需要运用智慧才能求同存异。

（二）专业化思潮与民粹主义

法律文化的一个重要内容是法律专业化。港澳两地法律职业化相对成熟，法的专业化程度也比较高。但在中国内地的语境中，对法律专业性的重视仍然不够。在西方，法治的兴起、法律制度及法律职业的兴起，都是基于专业化的要求。现代化的发展在很大程度上意味着专业化。专业化也是法律秩序赖以建立的基础。如果没有专业性，人们为何要信任律师？众所周知，律师并不总是为正义而战，但由于其专业性，人们会信任律师及其工作的机构。在中国的语境下，当涉及个人利益时，人们所依赖的是关系。有时拥有关系要远比精通业务强得多。当然，随着改革开放的深入，对专业性越来越重视，但在中国，法律专业化仍然有很长的路要走。

（三）法律推理：逻辑与经验

粤港澳法律制度的协调与融合，以及法律文化的建设还要面对法律推理的问题。一言以蔽之，还要协调根据规则推理和根据案例推理之间的关系。根据规则推理，即把某一规则用于一个具体案件中，做出一项司法判决。规则是指导人们在特定情况下作为或不作为的行为规范。典型的规则一般针对某一种人、某一种行为或某一种情况。可以表述为：在 X 类情况下，Z 类人应该实施或不实施 Y 类行为。

根据规则推理就是把一项规则具体运用于个别案件，以定分止争或彰善惩恶。这个问题貌似简单，实则极其困难。一条规则不一定完全适用于一个具体案件，而某一具体案件的是非曲直也不一定全在某一条规则所规范的范围之中。面临一个案件，法官往往需要选择规则。规则选择的过程首先是一个难题。没有法律规定法官在具体的案件中应该如何选择适当的规则，也没有可靠的机制保障法官在一定情况下所选的规则就必然是适当的。虽然有明确的法律分类，诸如民事、刑事、行政，等等，但这种分类在很大程度上只是为了立法和法学研究的方便。事实上，一个案件可能会牵涉各个领域，并不专属民事或刑事某一领域。

普通法系的法官做出司法决定时须“遵循先例”，但我们还是无法用一种普遍接受的方式或术语来概括在这个体系中法官在进行法律推理时到底在做什么。[5]由于“遵循先例”对法官来说意味着首先必须对以往的有关案例有所了解，并找出能用于眼前案件的规则来，然后把它用于解决手头的案件。寻找案例的目的是为了寻找规则。似乎可以说，“遵循先例”的做法也仍然是根据规则推理，一如成文法系法官所进行的推理过程。所不同的是，普通法系法官的规则得自以前的判例，而成文法系法官的规则来自预先制定的抽象的法条。无论从案例中寻找规则和从法条中寻找规则有多不同，一旦找到或选定规则，两种法系的法官所做的事情都是一样的，即把规则运用于具体案件。

在普通法系中，法官在寻找先例中的规则时，实际上是将手头的案件的基本案情和以往案件中的案情进行比较，找出与手头案件类似的先例。然后根据以往的案件的处理原则或规则对手头的案件做同样处理。这就是说，法官是在根据例子进行推理。根据例子推理是人最基本的推理能力，被称为类比推理。比如，张三曾经入室偷盗，盗取若干财物，而被判刑若干年，如果类似情况发生在李四身上，也同样会被判刑若干年。同类案件同样处理乃是一项最重要的公正原则。这样看来，普通法系中的法律推理又可以被看作是一种类比推理。

因为法官在判决过程中要参照的先例很可能不止一个，加之先例之间也会经常发生矛盾，对手头案件的判决可能不仅基于某一个先例。法官往往在比较了若干个先例之后，选择出其认为最适于手头案件的规则或先例，予以效法，或者索性根据以往的先例归纳出一条规则来。这就是说，法官似乎在做一种归纳推理。

三、法律文化深层次冲突问题

根据一般的见解，法律文化指一个共同体、民族或国家在长期的共同生活

---

〔5〕 关于普通法中的法律推理，请参阅 Edward H. Levi，*An Introduction to Legal Reasoning*，University of Chicago Press，1949；中译文本为［美］艾德华・H. 列维：《法律推理引论》，庄重译，中国政法大学出版社 2001 年版。

过程中形成的相对稳定的与法有关的观念、制度、学说和意识的总和，是法的制度、法的实施、法律教育和法学研究等活动中所积累起来的经验、智慧和知识，是人们从事各种法律活动的行为模式、传统、习惯。由于文化传统的不同，各国的法律文化也各不相同，甚至大相径庭。法律文化深层次的冲突可能更难协调解决。

三地法律文化的深层冲突首先表现在产生于本土的道德全能主义与借鉴习得的法律拜物教的冲突上。什么是道德全能主义？在中国文化中一切事物的解决都要参照道德价值观，靠人际关系，靠情感和情绪。所有这些集中起来形成一个道德的社会秩序，是以道德全能主义为特点。在中国文化中一切事物都以道德为导向。应该这样做或不应该这样做取决于个人的道德价值观，感情培养，利益互惠，关系和交往等，这些都具有道德导向。而在法治国家，只有法律崇拜。崇拜法律制度、规则和权利，是法律拜物教的特点。在一个道德为本的社会，人们把关系和交往看得比权利更重。在西方语言中，法律也意味着权利，Recht、Droit 和 Dilletto 等词都含有法和权利的双重意思。因此，这种文化价值观的冲突是相当尖锐的，也可能表现为三地法律文化融汇的障碍。

此外，更为广泛的是心性文化与智性文化的冲突。心性文化是以人情、关系、道德为特点，而智性文化则是以理性、功利主义、规则性为其特点。心性文化孕育了道德文明秩序，而智性文化则孕育了法律文明秩序。法律文明秩序中最常见到的概念范畴有法治、民主、自由、权利、义务、正义、理性、财产、个人、合同、诉讼，等等。这些概念范畴大部分具有两重性，既可作为抽象的原则、概念、价值，又可进一步分为具体的规则。其中最重要的是权利和法律，而其基础则是理性。其价值取向可以概括为以理性为背景的规则中心主义。

四、面向世界和时代的问题

（一）后人类时代人的生存危机

今天，我们已经生活在所谓的后人类时代。后人类时代是巨变的时代，也是危机四伏的时代。

首先，令人担忧的问题表现在人对自己失去了信心，包括对自己建立起来的制度的信心。就经济层面来看，到现在为止，马克思指出的资本主义的诸多弊病，都没有办法解决。资本主义的剥削，资本主义公司文化的奴役性，资本主义制度的科层性，几乎是无法消灭的。经济学家给人一种很专业的感觉，但是没有一个经济学家预料到过某一次经济危机的发生，而且当一个经济危机来临的时候，也没有一个经济学家能够提出一套有效的应对办法。与此相对应的是，人们对于制度设计和专家的不信任。区块链金融的兴起在一定意义上反映了人们对现有的银行系统和金融交易市场的失望。

在法律方面，我们知道法律制度是西方过去一二百年里努力建立起来的一栋制度大厦。它依赖的是法律的确定性、可预见性、同案同判，及法律面前人人平等等一系列原则和制度。但是经过 20 世纪初法律现实主义者和 20 世纪末批判法学学者多年的努力，人们已经很清楚地认识到法律的不确定性和内部矛盾。而且法律制度会受到各种外在条件的影响，包括各种外界势力的影响，因此很难做到理想的公正和客观。因此，人们对法律制度也在慢慢地失去信心。

其次，是人类的理性单向度的高速发展，这就是人工智能。笔者一直认为人的精神世界里有三个组成部分：心性、智性和灵性。在西方通常被分为理性和非理性。人工智能的发展是人类理性单向度的发展。其后果将导致一种单向度的人的出现。这种人具有发达的智性，但心性和灵性则不能得到应有的发展。无论是弱人工智能，还是强人工智能，其都离不开算法。到现在为止存在的人工智能都是弱式的，也就是输入一种算法，它就按照那个算法产生回应，你输入什么，它就会产出什么。但是可能即将出现一种比较统一的、超越的、抽象的，所谓的 AGI，就是指一般的或者通用的、普通的人工智能。这样的人工智能有可能存在于各个领域。就像库兹韦尔说的，也许在十年之内、二十年之内，或者三十年之内我们就会进入一个高智能的时代。

最后，是多权利主体的出现。权利学说可称得上是人类历史上最重要的理论发明。它作为弱者赖以生存的保护装置在面对强取豪夺的政府和机构的压迫和剥削时，展现出无与伦比的生命力。长期以来，权利的主体始终都是人——自然人和法人。然而，由于环境伦理学的发展，大地法理学[6]的兴起，以及社会机器人的出现，权利的主体已经不仅仅是人。权利的主体被延伸到了人以外

〔6〕 大地法理学是近年来兴起的一门学问，仍然处于发展阶段，并且获得了联合国的承认。笔者在《法理学前沿》一书里有专章介绍大地法理学。参见於兴中：《法理学前沿》，中国民主法制出版社 2015 年版。

的动物、山川草木,乃至机器人。今天的人评价他人是否道德,不是看他是否做过坏事或是有什么作风问题,而是看他是否善待动物和山川草木。在厄瓜多尔、新西兰这两个国家都出现了国家和人民之间订立的契约,公开承认某条河流有自己的权利。现在有很多人在讨论机器人的权利,听起来这是一件特别奇怪的事情。为什么要给机器人权利呢?因为有了机器人之后,有些企业主为了逃税,避免代缴保险,就不愿意再雇人了。所以,有些人觉得不公平,便主张给机器人上税。既然机器人有交税的义务,那就必须有相应的权利。不能够让人家光有义务,没有权利。更有甚者,有些国家在考虑赋予机器人选举权!简而言之,这种多权利主体的出现使得人的主体性在不断下降。

(二)真实与虚拟

互联网重新界定人生。第一,互联网的存在冲破了各种各样的限制。第二,这是一种跨越时空的存在,我们现在的存在不光是物理(physical)存在或者说现实的真实存在,更重要的是我们的生命通过互联网得到延伸。第三,互联网使得我们曾经所谓"世界公民"的可能性慢慢在加强。

第一,互联网冲破各种限制。在我们的真实生存环境里面,我们受到各种各样限制。一是时空的限制;二是语言的限制,语言对人们的限制;三是种族的限制;四是国家的限制;五是性别的限制;六是信仰的限制;七是职业的限制,职业的限制更明显;八是教育的限制;教育的限制更加明显,采取什么样的教育体制就培养什么样的人;九是社会地位的限制。尽管我们一直提倡人人平等,男女平等或者所有的人都是平等的,但那是不可能的,因为人的社会地位不一样,社会地位也是有限制的。上面列举的好多限制都是硬性的限制,那就是说在社会真实存在里面,很难逾越这种限制。但是在虚拟存在里,这些限制都变成了软性的,或者限制相对减弱。

第二,应该提到的是所谓跨越时空的存在,就是说生命的延伸。在没有互联网之前,我们的生命只是所谓的"physical existence",人最多可能活到150岁。尽管如此,生命有截止的时候。但作为虚拟而存在,实际上是在延伸人的生命。即使一个人的"physical existence"不复存在,其在网上还会继续存在。所以在某种意义上来说,虚拟存在是对真实存在生命的延伸。在今天,我们可能觉得这种真实存在要比虚拟存在重要,但是事实上,现在普通人在网上花的时间要远远超过实际跟人接触的时间。虚拟存在已经成为我们必须要去认识的现实。我们将虚拟世界仅仅视为一种交流的手段，并没有充分认识到它的重要性。

第三，互联网使人成为世界公民的可能性大大增加。现在世界上确实有一些人是真正的世界公民。比如说北欧的人，还有在好几个国家边境上长大的人，生下来就会讲三四种语言。世界公民的理想，理论上来讲，不抱任何偏见地说，应该是个人存在的一种最高的理想。尤其是在全球化之后，应该是一个很好的理想。这种理想如果没有互联网，则比较难实现。互联网的存在，可以使个人在某个地方和世界其他地方的人交往，通过网络跟他们联系，比如身处亚洲的人可以和南非的、澳大利亚的或者南美洲的人联系，这都是很可能的。也就是说互联网的存在，使得个人对世界的关心以及接触世界其他地方人民、文化的机会大了很多。在这种意义上来说，互联网也在重新界定我们的人生。

五、结 语

从政治法律的角度看，粤港澳大湾区文化建设的使命在于立足现有的基础，不断努力发展，协调不同法律制度、不同政治制度之间的衔接和融贯。粤港澳大湾区文化建设，既是当地的大事，也是世界的大事，既要坚持传统，也要提倡发展创新。打造出适合新时代的、适合粤港澳本地的、适合全球发展的新的文化模式。它的精神特征是开放、多元、包容。在中国文化的大背景下，求同存异，和而不同。

多元并存、包容互助、开放进取、立足大湾区、意在全世界。文化的多元，法律制度的多元，经济体制的多元，社会生活的多元等，都是粤港澳大湾区非常鲜明的特点。与多元存在和多元文化相匹配的是开放宽容的态度。大湾区政治法律文化的建设需要开放宽容，互助合作，兼收并蓄，海纳百川的气度和格局。大湾区发展建设的文化使命，应该在一体多元的结构下，充分尊重不同文化传统的主体存在、思维方式及其组成部分。在这里逻辑推理、经验归纳和直觉判断高度结合。

大湾区政治、法律、文化的建设离不开文化的互鉴。今天大湾区的法律文化本就是借鉴而来。文化建设需要借鉴吸收其他文化的优秀的内容和形式，但不一定拘泥于传统的借鉴模式。借鉴可以是局部、细碎的，借鉴的对象也可以是概念、术语、象征符号、方法等方面。

立足于大湾区法律文化的建设，是大湾区的历史使命，但同时它又是一项世界性的工程。今天的世界已经通过互联网“打成一片”。地域性通过世界性走向世界。粤港澳法律文化建设的成果必然也会惠及世界上的其他国家和地区。因此，除了内部协调之外，还应该积极应对当今世界的诸多问题，和国际上的机构和学者一道思考和探讨今天的世界所面临的问题，诸如新科技带来的不利因素以及文化向何处去的难题，处理好文化多元和文化碎片化、文化孤岛等问题。同时，应该充分认识法律的作用及其局限性。在协调发展方面，法律可以解决一些最基本的核心问题，但不是全部。合作的成功取决于合作者的诚意和不拘一格的方法与措施。

找到心流
——读 《快乐律师》

王兰萍*

摘　要　律师职业并非一如影视剧里那般既崇高又精英，当理性看待律师时，其职业的困难、职业的挑战和职业的问题便迎面而来。在这种情况下如何感受律师的快乐？律师怎么才能快乐？答案在于入职前应该了解律师人格，读法学院应该认清到底该学到什么。在这些都了解清楚之后，坚守律师职业，就可以找到人生价值的高光时刻，因为心流在此，就不怕困难而充满乐趣。

关键词　律师人格　法学院　心流

美国大型律所中有37%的律师在三年内辞去工作。律所面临着新律师的大量流失，一年中几乎要失去1/5的律师，大部分离职律师进入了其他法律行业工作。同时，律师职业内部酗酒、自杀的比例异常高，高出非律师职业3.6倍。约有1/5的律师存在药物滥用问题，这个数据几乎是全美国平均水平的2倍。律师职业所伴随的时间压力、高工作强度、对抗性立场、非胜即败的结果，使从事这一职业的人看起来是罹患抑郁症的高危人群。

人有心灵之需便产生相应职业。在社会生活中有三类职业可称为解忧精神层面的职业。一是医师，人生病痛看医生，医者拯救人于疾病，承担着对人的可见痛苦的救赎。二是律师，人遭遇不法伤害，遇到严重麻烦不能自解，如被打、被骂、被骗、被辱、被侵犯，出走、走失、失踪、死亡，等等，遇到社会生活中的困难，束手无策时找律师提供专业帮助，律师能够帮助遇难的人守护自己的财产、保护人身安全。三是心理医生（或牧师），作为患难、苦难之人的

---

* 王兰萍，法学博士，兰州大学法学院教授，商务印书馆编审。

倾听者，人在悲伤时刻的见证者，痛苦情绪的释放处，心理医生能够抚慰这些遇难者、病痛者及其家属。心理医生帮助人从苦海中解脱，同时自己也收获了人生价值——帮助别人，授人玫瑰，手留余香，收获自己快乐。难怪一项民意调查研究中心的报告表明，职业满意度排名最高的是心理医生（或牧师）。特别是牧师，他们会被邀请参与社会生活中对个人意义重大的时刻，如与他人一起庆生、抗争疾病、迎接死亡时刻的到来。牧师在工作中面对倾诉者，发挥创造性，解决问题，缓解他人压力，经常与生活不幸的人交流，下行比较的快感不自觉产生。

这些工作论性质，都有利于提高个体自身满足感。那么律师呢，相比较而言，律师的快乐感却不容乐观。律师在职业生涯中，其服务的客户通常在遭遇困难或面临危机之时才来找律师，如离婚、受到人身伤害、遗嘱需要认证，或需要刑事律师，这些时刻、这些事情会来得非常急迫，所以，律师工作是一种难上加难的工作。由于这些原因，律师流失，律师患抑郁症，律师高危，律师不快乐。

现在高速发展的科技，又让律师的服务对象（合伙人）可以占据律师的任何时间。律师像一门生意而非职业，有些律师甚至迫于经济压力可能会同意客户的一些要求，即使这样做等于在职业道德的悬崖边跳舞，律师执业的文明程度面临倒退。出现这些问题的原因是律师人数增多、行业竞争加剧，对新律师指导缺失，从前学习型且交往密切的律师小圈子消失，还有社会总体文明程度下滑等。

鉴此，律师在社会中越发感到孤立，并且不再相信别人。这些都难免。如果律师随时都可能面临血淋淋的诉讼战术和人身攻击（而且不只来自于对方律师），就可以想到律师每天的工作像是去打仗。那么这样的工作与生活都不是一般人能够承受得了的。

一、律师职业堪忧何处？

律师这一群体，比大多数人更加内向、多疑、冷静且逻辑性强。律师容易陷入上行比较的痛苦，以及忍受失业带来的糟糕心境，因为失业断绝了律师与同事的关系。为了缓解压力，增进关系，一般律所为同事互动提供很多机会，如设立共同合作项目、设置午餐交流时间、举行办公室聚会和全所垒球比赛。参与这些活动你的快乐感可能就变多，不过，今天的茧式生活盛行，社会关系正在逐渐消亡。

另外，以身体带动心理的转变，也是非常奇妙的方法。连续2—3周，持续用跑步机运动，会带动心理状态改善。当然要记住神学家的“平安祷告”：接受那些我不能改变的；赐予我勇气，来改变那些我能改变的；用智慧分清这二者的区别。由此，归纳发现提升生活满足感至少有六个要素：安全感、自主权、真实、关联、胜任感和自尊。当然，差不多每个人都会隐藏一部分真实的自我，不过，一定要知道：你隐藏得越少，你的快乐就越多。还可以采取一些方法来提升自尊，让自己更快乐，这些方法包括：与自己和解，为自己试想一个理想的将来，避免过度深思熟虑，或做一些让自己感觉良好的事，比如做善事或应对一项困难的挑战。此外，快乐的一个附带利益，就是让别人也受到你快乐的感染。

二、找到心流

心流是一种将个人精神力完全投注在某种活动上的感觉，这是一种行为与意识相融合的状态。在心流的体验中，我们处于当下，而非过去或将来，并且是完全用心而专注地做一些可以产生心流的活动。产生心流的活动应该具有如下特征：一是这项活动要求，你必须运用自己的技能，自欺欺人在这里行不通。二是技能要求不可太高，以避免引发焦虑，也不能太低，以免让你觉得似乎在跟水平太低的人打网球那样没有意思。三是必须要有清楚的目标，以便让你有明确的行动方向。四是这件事可以让你停止胡思乱想，并且从单调的生活中抽离出来。符合这四点，你就算找到了心流。

思考一下什么工作可以让你发挥强项。对你所做的事手到擒来，并且由于胜任这项工作而带来掌控感——这与快乐息息相关。你的职业是否处于你的价值观、乐趣、强项三者的交叉点上？找到以上三点皆兼顾的那份工作，你就变得更加快乐。获得心流就是你无比愉快的状况：如我非常喜欢写作，乐于跟文字打交道，我会为每一份文书撰写七份草稿，并且告诉自己每写一个草稿都比前一个好。又如什么都比不上真正的庭审带劲，遇到陪审团审判就更让人兴奋了，特别是开庭陈词前的几分钟是一个奇妙的时刻，好像全世界都是你的。除了从你嘴里说出来的话，其他任何事情都不重要了。你的客户觉得全世界都在与他为敌，只有你为他而战，这会给你带来巨大的满足感，因为似乎全世界都是你的。基本上，每个人都想对这个世界做出一些贡献，你也一样。假如你实在感觉不到心流，那么就可以考虑换个工作。如一个税法律师转到公益诉讼后，可能会说：不论是审阅文件还是做法律研究，我都是对事件了解最多的人，这种掌控事物的感觉非常好。他终于找到了心流。

在选择职业路径时，要遵从你的内心，去寻找你乐意去做的事，那种疲倦时将你从床上拉起来的事，当你生病时依旧想做的事，即使赚不到钱也想做的事，就是你乐意的事情。当你对 90 万美元到底应该归谁失去兴趣时，你就要明白自己的职业路线应该变一变了。亚里士多德说，真正的快乐不止来自于好的感受，更要出于好的原因而拥有好的感受——也就是做好事之后的那种感觉。一个律师若感到自己的工作对公共利益没有任何贡献，他就会经历“最大的职业挫败感”。别小看不赚钱的法律援助，它所带来的益处，可以大大鼓舞整个律所的士气，无论在办公室聚会还是在郊游，都达不到这样的激励。

凡事都有定期，天下万物都有定时。在忧郁中我们意识到逝者如斯，因而能深刻地感知生命的短暂，进而更加珍惜这个世界上脆弱的美丽。一颗忧郁的心，猜想着忧郁具有进化学上的意义，可以让人对坏事或突发事件保持警惕。诚然，人类历史中的主要问题不是快乐，而是生存。一些传统价值观依然重要，若一味追求个人幸福而忽略了家庭和他人，只会对社会造成伤害。律师幸福感的五个要素是：找到自己感兴趣的工作；让工作和自我价值相匹配；平衡工作和生活；建立工作中更深层的人际关系；体味细小的幸福。

三、法学院阶段的职业准备

法律在影视剧里被塑造成集财富、权力、戏剧性与英雄主义为一体的工作，然而现实中却完全是另一回事。大多数律师陷在日复一日的生活中，让人在法庭上肾上腺素飙升的事情少之又少，也很难有机会为处在下风的一方逆风翻盘。律师处理的每一件事情几乎都是不快乐的人来要求你解决他们不快乐的问题。不快乐的人喜欢向别人诉苦，想让你也变得不快乐。还会常常遇到几个月来被对方律师毫无底线的诉讼策略折磨得少活几年这种事。

如果你喜欢解决问题，有批判性思维，那就去读法学院。最好的万能药不是金钱，而是人。仔细挑选你的同学群体，警惕一个充满敌意的世界。《生活幸福课》告诉我们：在事业中拥有热情和目标的人更快乐；为自己设定个人化工作评价标准的人更快乐。法学院只为人们设定狭义的成功标准，这包括高薪、在法院做书记员、在精英律所工作，等等。这是成功无数可能性中极为局限的一部分，它与你是否快乐可能毫不相关。可悲的是我们常常被一个普遍的错误认知所迷惑：在班级名列前茅是通往快乐的必经之路。其实，如果你从全美顶尖法学院毕业，那么你的幸福感，或许还不如从四等法学院毕业的人。

法学院的第一年是转型期。此时，你认识到绝大多数法律问题并没有正解——法律是不确定的。

其实唯一正解并不存在，理想的工作并不存在。你要找到带给自己最大的满足体验并能发挥个人优势的工作。当我们回顾在法学院读书的日子，可能会发现在那里找到了延续一生的友谊。法学院里苏格拉底对话教学，锻炼了你的敏捷思维，向客户清楚阐明观点，明白实际工作遇到的大部分问题并没有唯一的答案。

四、结　语

快乐的律师才更有工作效率，快乐本身就是奖赏，年轻一代不愿忠于现有工作或许是获得幸福感的一个阻碍。警惕那些忙碌又缺少快乐的律师，因为他们更可能做出不文明、走捷径、罔顾职业道德的行为；律所希望律师们的第一个工作用词永远是能，永远不要说不能；律师不单是发现问题的人，更是解决问题的人。你想成为有创造性的律师，就要能把不可能变成可能。尽管冲突、不信任、不领情是律师人生中不可避免的一部分。但是，还是应该好好对待身边的人，尤其是在你“食物链”下游的人。法律援助公益服务活动，可以提升律师的精神面貌，使你自信满满。最后，还要交一些工作之外的好朋友，这会让你的生活柔软有弹性，在别处找到愉快天地。